U0748375

项目管理

整合方方面面

汪小金◎著

创造源来的价值

跨界学习

论语 足球 团队 易经
大学 需求 孔子 方法
计划 跑步 文字 目标
苹果 价值
中庸 敏捷 个人 学习
休闲
生活 工作 运动 健身 旅游
饮食 交际 读书

中国电力出版社
CHINA ELECTRIC POWER PRESS

内容简介

本书是第三届汪博士项目管理核心大讲堂的文字整理稿。全书以通俗、严谨、融合和实用的方式解读项目管理的核心内容，提供了一个较完整的项目管理方法体系。该方法体系以需求创造开始，以价值实现结束，用有效的方法、完善的计划、敏捷的执行、优秀的个人、卓越的团队和明确的目标来建立从需求到价值的完美连线。书中融进了作者从国学经典、足球运动、长跑锻炼和饮食调整中得到的许多启发，展示了跨界学习的重要性和项目管理的通用性。作者用项目管理进行长跑锻炼和饮食调整的经验具有很好的参考价值。

图书在版编目（CIP）数据

项目管理：创造源来的价值／汪小金著．—北京：中国电力出版社，2020.11（2023.7 重印）

ISBN 978-7-5198-5044-9

Ⅰ.①项… Ⅱ.①汪… Ⅲ.①项目管理 Ⅳ.①F224.5

中国版本图书馆CIP数据核字（2020）第192074号

出版发行：中国电力出版社

地　　址：北京市东城区北京站西街 19 号（邮政编码 100005）

网　　址：http://www.cepp.sgcc.com.cn

责任编辑：李　静（1103194425@qq.com）

责任校对：黄　蓓　李　楠

装帧设计：九五互通　知行兆远

责任印制：钱兴根

印　刷：中国电力出版社有限公司

版　次：2020 年 11 月第一版

印　次：2023 年 7 月北京第二次印刷

开　本：787 毫米 ×1092 毫米　16 开本

印　张：21.75

字　数：363 千字

定　价：88.00 元

作者简介

汪小金，澳大利亚维多利亚大学哲学博士（项目管理方向），皇家墨尔本理工大学工程项目管理硕士，江西财经学院（现更名为江西财经大学）经济学学士，（美国）项目管理协会（PMI）认证的项目管理专业人士（PMP®），项目管理全球标准《项目管理知识体系指南（PMBOK®指南）》第4版至第6版英文原版征求意见稿审阅人、中文翻译版审校专家。自1983年9月起，一直从事项目管理工作。现任云南大学工商管理与旅游管理学院项目管理教授，致力于在工作和生活中有效应用项目管理方法，促进项目管理事业在中国和世界的发展。

| 汪小金详情 | "汪小金项目管理"抖音 |

汪小金曾于1983—1993年，在原水利电力部鲁布革工程管理局，参与我国第一个采用现代项目管理方法的大型土建工程——鲁布革水电站建设项目的管理工作。鲁布革水电站建设项目是我国现代项目管理应用的经典案例。

第一届汪博士项目管理核心大讲堂

2008年4月19日至20日，汪小金博士在昆明蓝血项目管理系统有限公司主讲"项目管理核心大型讲座"，幸世鹏老师和寸斌老师分别在19日和20日提供半小时串讲。

讲座由39个小专题组成，如"其实我们都在做项目""整合创造优势""以结果为导向"旨在阐述适用于任何项目的项目管理的核心内容及项目管理对改进思维方式的用途，帮助大家认识到每个人都可以用项目管理方法改进工作和生活。

讲座的主要内容可概括为：稳定核心，才能灵活应变；细化目标，才能道路清晰；接受限制，才能强力执行；基于约束，才能有效创新；掌控风险，才能确保成功；做大团队，才能整合资源；关注利益，才能协调立场；评价过去，才能改进未来。

第二届汪博士项目管理核心大讲堂

2015年，沿用2008年大型讲座的基本思路，汪小金博士再次在昆明蓝血项目管理系统有限公司主讲项目管理讲座，并把名称确定为"项目管理核心大讲堂"。同时，还确定了大讲堂的口号：稳定核心才能灵活应变，掌握原理方可出奇制胜。大讲堂每季度一天。除了汪小金博士主讲，刘琨老师、王爱萍老师、段腾波老师和张锋老师分别提供了半小时串讲。

第一天的主题是"东道西术融合于项目管理"，包括这四讲：其实我们都在做项目，项目管理通用方法，系统思维与整合管理，以及成果导向和经验总结。

第二天的主题是"借四方之力实现八方共赢"，包括这四讲：项目经理的自我修养，建设项目团队，管理好你的上级，以及项目相关方管理。

第三天的主题是"高效应变把威胁变成机会"，包括这四讲：项目规划和执行概要，高效的项目监督与控制，高瞻远瞩的项目变更管理，以及化威胁为机会的风险管理。

第四天的主题是"依靠职业打通人生成功路"，包括这四讲：我的33年项目管理道路，既为组织更为职业工作，职业道德、责任和文化，以及项目管理职业现状和前景。

第三届汪博士项目管理核心大讲堂

2019年，汪小金博士第三次在昆明蓝血项目管理系统有限公司主讲"项目管理核心大讲堂"。大讲堂的总主题是"创造源来的价值"，每季度一天。除了汪小金博士主讲，袁明义老师、鲍静溪老师、张泉老师和马保静老师分别提供了半小时串讲。

第一天的主题是"源于需求，成于价值"，包括这四讲：需求的创造和细化，需求管理错误的防范，价值的设计和实现，以及价值导向的思维和行为模式。

第二天的主题是"源于方法，成于目标"，包括这四讲：方法及其理念基础，项目管理的模块、流程、工具和技术，价值的项目化落实，以及项目目标的具体化。

第三天的主题是"源于计划，成于敏捷"，包括这四讲：制订管理和目标计划，制订资源和风险计划，严格且敏捷的执行、监控和收尾，以及敏捷方法的基本要点。

第四天的主题是"源于个人，成于团队"，包括这四讲：提升个人自我修养，开拓光明职业道路，建设高效项目团队，以及获取众人有力支持。

汪小金博士还在深圳软件园主讲了本届项目管理核心大讲堂，每季度一天，共四天。

2019年第三届汪博士项目管理核心大讲堂

深圳软件园--汪博士项目管理核心大讲堂

开篇语

第一场
源于需求，成于价值

上半场
源于需求
- 需求的创造
- 需求的细化
- 防范与己方需求相关的错误
- 防范与他方需求相关的错误

下半场
成于价值
- 价值的定义
- 价值的主要类别
- 处理好六大关系
- 从三方面入手创造价值

第二场
源于方法，成于目标

上半场
源于方法
- 方法的定义和类别
- 项目管理方法及其理念
- 项目管理的模块划分
- 项目管理的流程、工具和技术

下半场
成于目标
- 价值的项目化落实
- 设定有挑战可实现的目标
- 项目目标的基本维度
- 项目目标各维度的关系

第三场
源于计划，成于敏捷

上半场
源于计划
- 项目启动和管理计划编制
- 项目目标计划编制
- 项目资源计划编制
- 项目风险计划编制

下半场
成于敏捷
- 严格且敏捷的项目执行
- 严格且敏捷的项目监控和收尾
- 敏捷的基本含义
- 敏捷项目的管理

第四场
源于个人，成于团队

上半场
源于个人
- 认识和提升自我
- 工作手段、项目目标和国学启示
- 我的项目管理职业历程
- 组织和职业环境中的职业发展

下半场
成于团队
- 项目团队的主要特性
- 项目团队建设屋
- 项目相关方管理
- 管理好上级和客户

结束语

项目管理：创造源来的价值

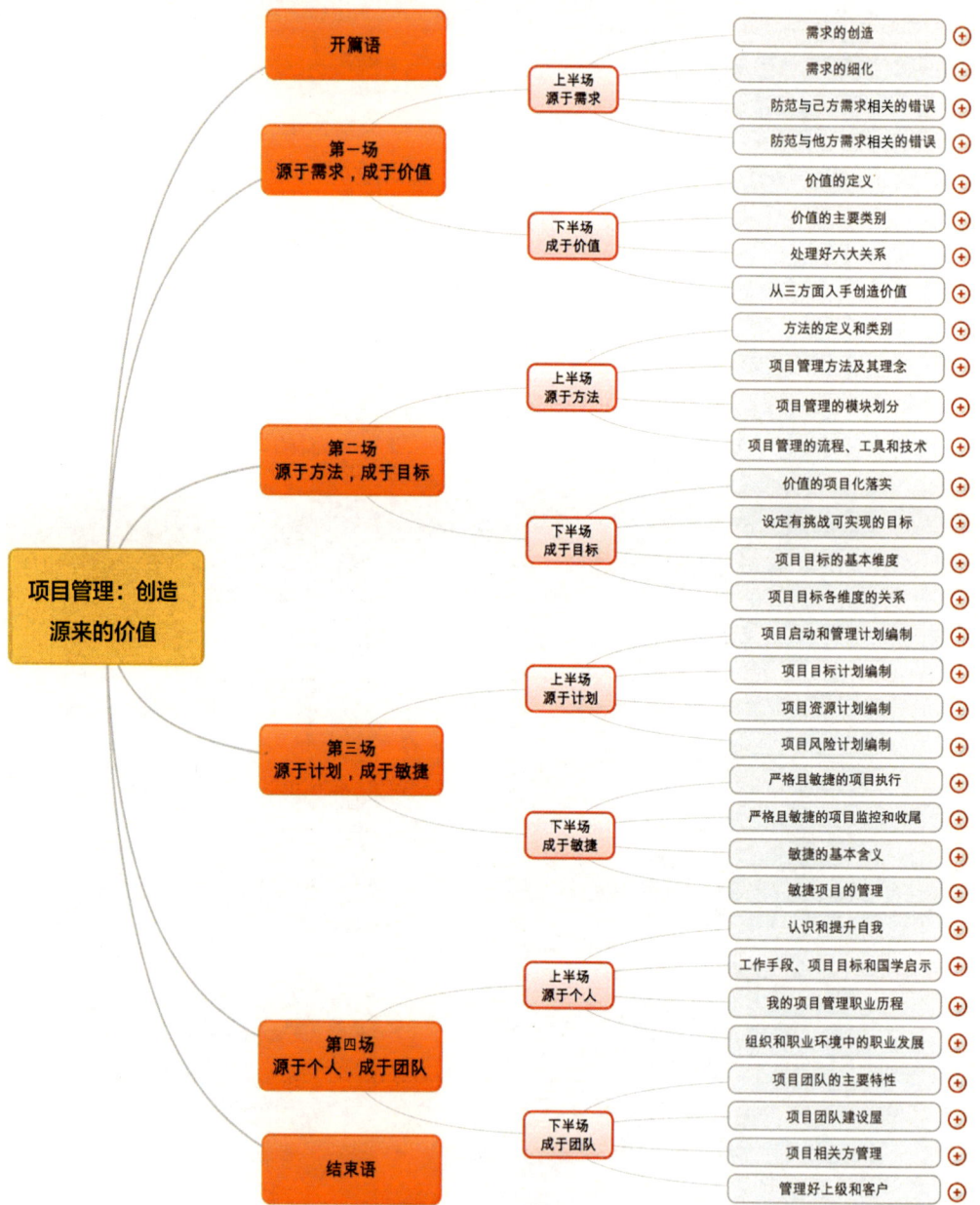

全书内容结构图

目录

任何动物都会实现日常价值，只有人类才会为了发展，而通过做项目去创造有源头且独特的价值。项目是必须在规定时间内完成且具有独特性的任何事务。项目管理方法则是用于有效完成各种项目的方法，有助于人们更好地做事。

可把项目管理方法体系比喻成一架飞机。需求的创造是尾部的发动机，价值的实现是前方的导航器，有效的方法和明确的目标是连接需求和价值的机身，完善的计划和适当的敏捷是一侧机翼，胜任的个人和优秀的团队是另一侧机翼。

价值的源泉是需求的产生，需求的满足在于价值的实现。项目起源于需求的产生，终结于价值的实现。项目是连接需求与价值的桥梁。任何无明确需求作基础的项目，都注定会失败；任何没产出应有价值的项目，都肯定已失败。

建设"项目"桥梁，须用规范且灵活的项目管理方法，去定义和实现期望且明确的项目目标。项目管理方法由理念、模块、流程、工具、技术和行为构成。项目目标由反映需求的范围、进度、成本和质量要求构成。

编制完善的项目计划，是项目管理方法的内在要求。完善的项目计划并非一成不变，而是具有一定的敏捷性，允许根据情况变化进行相应调整。无论是项目执行、项目监控还是项目收尾，都必须既严格遵守计划，又适时敏捷应变。

项目由人来做，为人而做。人，既是个体，又会结成团队。没有优秀的个人，就没有优秀的团队；有了优秀的个人，不一定就有优秀的团队。由优秀的个人组成的优秀的团队，是按要求完成项目成果并让项目相关方满意的保证。

随着人工智能的发展，越来越多的重复性工作交给机器去做，人类就必然越来越多地做独特性项目。在当今和未来世界，人与机器的本质区别就在于：人会做项目，而机器不会！因此，每一个人都需要学习和应用项目管理方法。

方法是"方＋法"。"方"，是做事的基本原则和规则，"法"，是做事的具体程序和技术。有通用方法，专用方法，结构化方法，以及非结构化方法。这些方法又可组合出基本方法、应用方法、专有方法和顶尖方法。方法改进无止境。

项目管理方法由相关的理念、模块、流程、工具和技术组成，并且由项目管理工作者采取行为加以应用。项目管理的三大基本理念包括：强调整合管理，注重做出特色，以及贯彻成果导向。掌握了这些理念，才能用好项目管理方法。

为了便于操作，可把项目管理方法分解成各模块。模块可以是项目阶段或知识领域。各项目阶段的集合就是项目从开始到结束的项目生命周期。各知识领域就是通常要管理的基本内容，包括目标、人员和风险这三大高层次领域。

在任一项目阶段或知识领域，都须应用合适的流程、工具和技术去开展管理工作。每个流程都要使用特定的工具和技术去加工特定的输入，得到所需的输出。专家判断是最常用的技术，任何需要人的主观努力的工作都离不开它。

想要实现的重大价值，必须用一个一个项目去落实。这类价值就是长远且高大的战略目标，要通过项目组合管理、项目集管理、项目管理和运营管理去实现。运营是对项目成果的持续性使用，是重复性工作。项目是独特性工作。

项目目标须反映真实需求。应该按制定目标的扎根原则，制定既有挑战性又可实现的项目目标。"扎根"是首字母缩写词ROOTS的译文。只有以成果为导向、日思夜想、高水平且具体的目标，才是扎根于内心、反映真实需求的。

从微观上讲，做项目就是要在规定的范围、进度、成本和质量要求之下完成项目成果。这四个要求就是项目目标的基本维度。这些要求的实现又会受各种各样风险的影响。必须在允许的风险区间内确定和实现这四个方面的要求。

项目的范围、进度、成本和质量要求，既相互联系，又相互制约。要使它们达到平衡，还要根据风险对它们进行调整。特定的项目目标需要有特定的假设条件来配合。项目目标不能一成不变，而必须是敏捷的，留有调整的余地。

第四场
源于个人，成于团队

开篇语

欢迎来到第三届项目管理核心大讲堂！

项目管理，可用于或大或小的各种项目；无论用于什么项目，总有一些核心内容保持不变。这个大讲堂，就是要跟大家交流项目管理中的核心内容。正所谓：稳定核心才能灵活应变，掌握原理方可出奇制胜。

时间，是最稀缺、最重要又最易浪费的资源。要有效利用时间，就必须把有待完成的事务挤到一个规定且紧张的时间段内去完成。这样一来，每一件事务都成了一个项目。项目就是必须在规定时间内完成的任何事务。越重要且越独特的事务，就越要为其规定完成时间。因此，项目也就成了每个人经常要做的事情。要在规定且紧张的时间段内完成事务，就必须使用有效方法。项目管理就是这种有效方法。掌握了项目管理的核心内容，就能够不断改进方法，提高工作效率，提升工作效果。

别说自己不够聪明，别怪自己不够勤奋，更别恨自己不能坚持。基于项目管理的核心内容，持续改进工作方法，聪明、勤奋和坚持都会水到渠成。许多研究生写论文都有严重的拖延症，总是要等到最后时刻才来赶工。他们为什么会拖延，那是因为想要回避写论文；为什么想要回避，那是因为害怕；为什么害怕，那是因为不擅长；为什么不擅长，那是因为没有掌握写论文的有效方法。所以，根本原因还是方法缺失。希望这个大讲堂能够为大家改进工作方法提供一个较好的基础。

第一届和第二届项目管理核心大讲堂分别于2008年和2015年举办。主讲这个大讲堂，对于我来说，既是巨大的挑战，又是很好的机会。我希望在保持核心内容基本不变的同时，每隔几年都整理一下我对项目管理方法和为人处世之道的最新感悟。

本届大讲堂的主题是：创造源来的价值。这个"源"字，意指有源头且独特的。我们将讨论如何通过做项目来创造有源头的独特价值。这种独特价值，不同于日复一日重复实现的日常价值。实现日常价值，是为了维持生存；而创造独特价值，是为了实现发展。任何动物都会实现日常价值，只有人类才会创造独特价值。

本届大讲堂总共四天（场），内容分别为：源于需求，成于价值；源于方法，成于目标；源于计划，成于敏捷；源于个人，成于团队。这些内容构成了一个比较完整的项目管理方法体系。就像一架飞机，需求的创造是尾部的发动机，价值的实现是前方的导航器，有效的方法和明确的目标是连接需求和价值的机身，完善的计划和适当的敏捷是一侧机翼，胜任的个人和优秀的团队是另一侧机翼（见图0-1）。

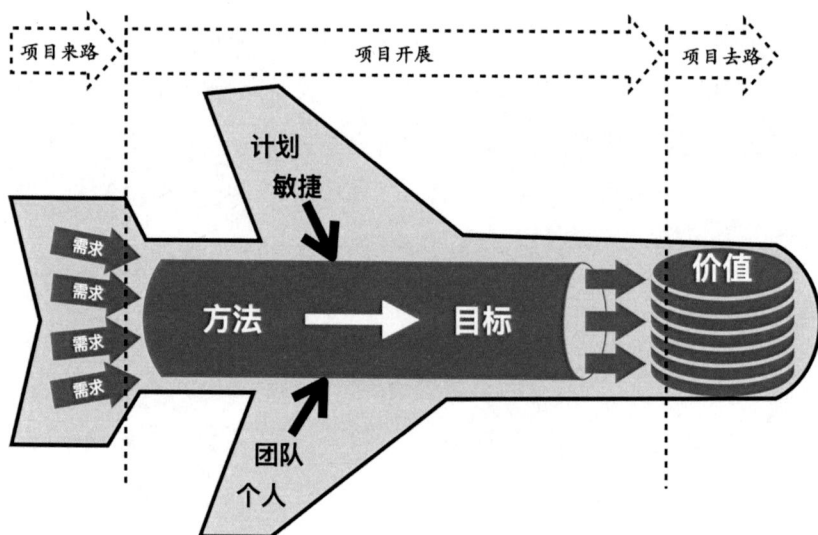

图0-1　项目管理方法体系

第一场

源于需求，成于价值

开场白

价值的源泉是需求的产生，需求的满足则在于价值的实现。项目起源于需求的产生，终结于价值的实现，项目是连接需求与价值的桥梁（见图1-1）。

任何没有明确的需求作基础的项目，都注定会失败；任何没有创造出应有的价值的项目，都肯定已失败。

所以，第一场的主题就是：源于需求，成于价值。我们要讨论需求、项目与价值之间的连线。

明确了需求和价值，项目才能既有来路，又有去路。

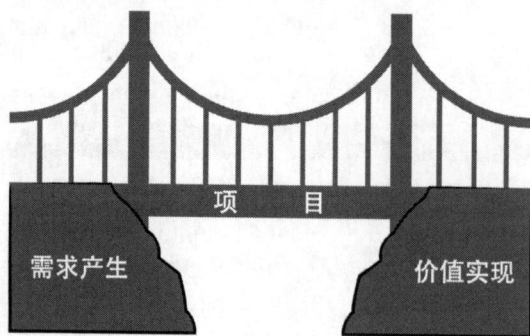

图1-1 项目是连接需求与价值的桥梁

需求的创造

不能闭门造车

21世纪的项目经理，必须关注需求，关注价值。以往，项目经理只需闭门造车，即：你告诉我要一个什么成果，我为你做出来即可；至于你为什么要它，以及你想用它做什么，我一概不管。这种闭门造车式的做项目，有两个很大的缺点。

第一个缺点是，客户对想要的成果的表述，不一定全面和准确。客户通常不是相关领域的专业人士，否则就不必找你做项目了。他只是想要某个成果，往往并不能把它表述得那么全面和准确。项目经理基于客户并不全面和准确的表述去做出一个成果，那它能满足客户真实需求的程度当然就会很低。我曾经要印一本个人画册。我把基本需求和排版设想，发给了三家印刷公司，请他们报方案给我。我最先排除的就是那家完全按我的要求去做的公司。我并不是排版设计方面的专业人士，我的基本需求和排版设想都是很初级的。对方作为专门的图文制作公司，不应该一点创新都不做吧。因此，请大家记住：完全照客户的要求去做，也许完全不能让客户满意。

第二个缺点是，做项目的人不会有热情和创造力，只会例行公事。你告诉我要一个什么成果，我就依葫芦画瓢地做出来，这当然无须热情和创造力。做项目的人不知道将来的成果能给使用者带来什么价值，也就是不知道做这件事的意义，那当然只会尽最小的努力，把这件事做得说得过去就行了。如果做项目的人知道谁将使用相应成果去做什么，那么做事就会更有热情和创造力。哈佛商学院的研究表明，看到顾客，厨师做饭会更香[①]。用无声视频，让厨师在做饭的过程中能看见顾客，顾客对食物的满意度就比双方都看不见对方提升15%；如果双方都能看到对方，顾客的满意度就会提升22.5%。

做一件事，应该了解是出于什么需求，要实现什么价值，防止只是为做事而做事。有了前端的需求和后端的价值，即便做事的过程比较艰难，你也会很快乐地去做，而且能够把事情做成功。

基于比较创造新需求

需求，其英文既可以是"need""want""expectation"也可以是"requirement"。前三个是比较抽象的需求，最后一个是从前三个细化出来的、很具体的需求。例如，我肚子饿了。"我要吃饭"，这是一个need；"我要吃可口的饭"，这是一个want；"我要吃能改善健康状况的饭"，这是一个expectation。它们分别是客观需要、主观想要和发展期望，一个比一个高级。只有低级的得以实现，高级的才有可能实现。然后，还要细化出"我要吃某种具体的饭菜"这个requirement。

大家熟知的马斯洛需求层次理论，其中的生理需求和安全需求，可归类于客观需要；归属需求和尊重需求，可归类于主观想要；自我实现需求，则是发展期望。需求的创造，就是要创造客观需要、主观想要和发展期望。需求的细化，则是对需要、想要和期望进行具体化，得到一个一个requirement（可译为"需求"或"要求"）。

不断创造和实现新需求，这是人类有别于其他动物的根本。其他动物都只有求生存的本能需求，而无法为自我发展去创造出新需求。人类创造新需求的能力，来自人的认知能力。人因为有认知能力，就能够区分出不同的东西。有了区分，就有比较。有了比较，就有好坏。有了好坏，就有欲望，促使人们去追求所谓的好东西。这种追求，也就是新需求。可以说，人类超出其作为动物的本能的一切需求，都是基于比较而人为地创造出来的。例如，把自己的住房与别人的做比较，发现别

---

① 贝里纳托. 看到顾客，厨师做饭更香 [J/OL].（2014–11–24）. https://www.hbrchina.org/2014–11–24/2559.html?mobile.

人的更好，就有了买好房的需求。

这里所讲的"需求创造"，以及"基于比较创造新需求"，比起项目管理界所用的专业术语"需要评估"（needs assessment），更加积极，更加主动[①]。需要评估是指开展SWOT（优势、劣势、机会和威胁）分析，发现需要解决的问题或应该抓住的机会。优势、劣势、机会和威胁的两两组合，就会产生出不同的需求。例如，以内部的优势去抓住外部的机会，以内部的优势去克服外部的威胁。说到底，SWOT分析还是一种比较。无论是优势、劣势、机会还是威胁，都是比较出来的。没有比较，就没有得意，没有伤心，也就无须发展。

人类文明的起源和发展，都在于人会"比较"。例如，在中国的传统经典文献中，"比较"是最重要的主题。《易经》的基础就是"阴"和"阳"的比较，过阴则补阳，过阳要补阴。《论语》通过比较"君子"和"小人"，引导人们去做君子。《道德经》在强调"道"这个始终不变的本源的基础上，告诉人们其他一切都是相比较而言的。

比较，是每个人都会的，但关键是做什么样的比较？不同类型的比较，会产生出不同的需求。可以向当前的优秀者看齐，做标杆式比较，以便主动求变，改进局部；可以顺大趋势前进，做顺势式比较，以便顺势而变，与大趋势同行；还可以创造和引领趋势，做超前式比较，以便突破地变，抢占制高点（见图1-2）。这些"比较"都是主动积极的，只是层次有所不同。

[①] 专业术语"需要评估"则更加中立和严谨。参阅：Project Management Institute. *Requirements Management: A Practice Guide*[M]. Project Management Institute, 2016.

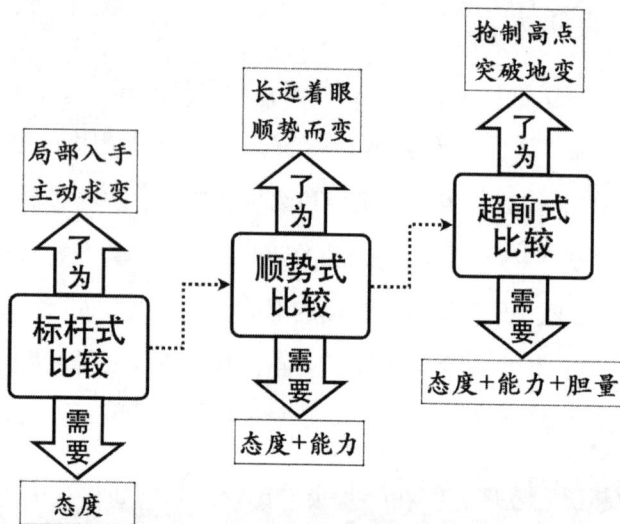

图1-2　三种比较的基础和目的

从主动求变到突破地变

当今世界，技术日新月异，市场瞬息万变，客户要求越来越高，如果只是被动地变、缓慢地变、自然地变，那就无法在市场上生存和发展。必须主动求变、顺势而变和突破地变，才能获得广阔的生存和发展空间。

■ 主动求变

主动求变，主要是一种态度，与能力没多大关系。如果你的心态是害怕变化的，那就会有意无意地抗拒变化。如果你抗拒变化，那你的日子就会很不顺利，因为变化总是客观存在的。无论你是知晓还是忽视，变化都必然发生；无论你是喜欢还是厌恶，变化都无法避免；无论你是接受还是抗拒，变化都扑面而来。忽视必然发生的，厌恶无法避免的，抗拒无法拒绝的，那当然就是自我折磨，自毁前程。

■ 顺势而变

顺势而变，不仅需要态度，还需要能力，特别是对事物发展的充分预见力。人与人的主要区别，其实并不在于能否坚持，是否有毅力，而在于是否有足够的预见力。就像一个人挖井，不停地在不同地方挖，都没有挖到水。我们就说这个人太没有毅力，太不能坚持了，他只要坚持多挖几下就能挖出水。其实这并不是他没有毅力，不能坚持，而是他没有预见力。如果他能够预见到再挖几下就能挖到水，那就肯定能坚持挖下去，直到挖到水。所以，我们不应该批评他没有毅力，而要帮助他提高预见力。

那么，该怎么培养自己的预见力呢？首先，必须养成不迟到的习惯，力争做任何事都不迟到。一个习惯迟到的人，总会慢半拍或一拍，绝对不可能对事物发展有预见力。其次，必须学会观察，包括广泛观察和仔细观察。因为将要在未来出现的某种大现象，通常都会在当今的某时某地某事中有了某种小苗头，就看你能否识别它。这也就是所谓的"未来已来"。一旦发现了这样那样的小苗头，就为做出合理的预测提供了很好的基础。最后，必须学会思考，包括不停地思考，发散地思考，收敛地思考。不停地思考是指你必须持续不断地思考。不能今天想一下，明天又不想了，你甚至晚上睡觉时也要想。通过不停地思考，来把观察到的各种现象联系起来、延伸出去、提升上去，提炼出你自己的知识和智慧。发散地思考是指不要把自己的思维束缚住，一定要尽量扩展出去。收敛地思考是指在充分发散思考之后，还要把思维收敛回来。

每个人都应该"做好当前的事，预测未来的势"。有了充分的预见力，你就很容易预测事物发展的大趋势，也很容易就加以利用。在20世纪80年代末期，我就预见到了项目管理的未来发展趋势，并下决心通过出国攻读项目管理硕士学位来顺应这个趋势。

预测和利用大趋势，其实并不太难。这是因为大趋势的数量不会多，大趋势往往很明显，而且大趋势有足够的包容性。如果没有足够的包容性，那就算不上是"大趋势"了。有了这样的包容性，即便走的并非完全的正道，也不至于偏得太离谱。例如，我当年预测到项目管理未来的大趋势，就去澳大利亚读项目管理专业，走的道比较正。假设不是去澳大利亚，而是去其他地方读项目管理专业，虽然可能学的不一定那么正，但是也没关系，还是符合大趋势的。

可以很容易地列出目前已显现的几个大趋势，包括数字经济的发展，人口老龄化和老年人健康状况的改善，人口受教育程度的提高，人工智能取代人类从事越来越多的重复性工作。从这四个大趋势中，又可以推论出一个更大的趋势，那就是：未来人类从事的工作会越来越不依靠体力，而是依靠经验、知识和智慧。这是一个多么大的趋势呀！它会使越来越多的老年人退而不休，成为终生劳动者。他们在退休以后，直到死亡之前的一段较短时间，都是有效的劳动者。

■ 突破地变

突破地变，在需要态度和能力的基础上，还需要充分的胆量。没有充分的胆量，你就不敢去突破，因为突破之中必然存在着巨大风险。当然，你要去突破，还是离不开前面的"主动求变"和"顺势而变"这两条。只有前两条做得比较好了，才谈得上"突破地变"。

罗振宇先生2019年年末的跨年演讲"时间的朋友"，主题是"小趋势"。他提醒人们关注和利用所谓的"小趋势"，即：影响趋势的趋势，带来改变的改变。我的观点与他稍有不同。我认为，我们应该关注和利用"大趋势"，并在条件具备时设法创造和培育"小趋势"。对于别人创造出来的某种改变，你其实很难判断它能否带来更大的改变，所以很难判断它是否构成了一个小趋势，也就很难加以关注和利用。今天，回过头去看，可以说当年猫砂的发明是一个小趋势，但当时又有谁明确地知道它是一个小趋势呢？

所谓"突破地变"，就是要创造和培育小趋势，甚至要设法把它培育成大趋势。你在决定创造出一个有意义却并不大的改变的同时，就应该仔细规划一下将如何培育它。不大的改变，要发展成大趋势，必须同时具备以下三个条件：有广泛的潜在受益者；符合更大的社会发展趋势；创造者本身投入足够的时间和精力。例如，（美国）项目管理协会（Project Management Institute, PMI）在1984年创立的"PMP®职业资格认证"，之所以能够发展成一个大趋势，就是因为它符合这三个条件[1]。

---

[1]PMI 是总部位于美国宾夕法尼亚州的全球性项目管理专业协会；"PMP"的全称是"Project Management Professional"，可译为"项目管理专业人士"。"PMP"是 PMI 的注册商标。

■ 优秀者之所以优秀

优秀者从不设竞争对手，而会设各种各样的标杆，向标杆看齐和靠拢。设标杆与设竞争对手，完全不同。设标杆，我会希望标杆越来越好，因为他越来越好了，我的目标就越来越高，我就会越来越有动力；而设竞争对手，把对方当作敌手，我会希望他越来越差，甚至会去打击他。我自己从不设竞争对手，无论是在项目管理界还是云南大学，没有任何人是我的竞争对手，反而许多人都是我的标杆。标杆是局部的榜样，任何人只要在某个局部做得好，我就要向他学习。对一个会设标杆的人，那一定是：二人行必有我师。

优秀者从不盲目、无方向地行动，而会与大趋势同行。只有与大趋势同行，才能事半功倍，并且不走错路。还有，优秀者不会只满足于跟随式发展，而会在条件具备时去创造和培育小趋势，使自己能够在某个方面处于领先地位。

创造群体需求

无论是个人还是组织，在致力于创造自身需求的同时，还要致力于创造群体的需求，培育自己的志同道合者。只有有了众多的志同道合者，我们才能不被孤立，才能相互支持、共同发展。

创造群体的需求，可采取以下三个主要办法。

□ 控制我能控制的。我们都有一个自己能够控制的或大或小的范围。我们必须把这个范围内的事情真正地控制好。否则，就谈不上做好别的事情了。

□ 影响我能影响的。我们也都有一个自己能够施加或大或小的影响的或大或小的范围。我们应该尽力去影响这个范围内的人和事。

□ 放任我该放任的。我们总有一个更大的，既不能控制也不能影响的范围。对于这个范围内的人和事，只能放任，把它们当作必须面对的环境。我们必须了解环境、尊重环境，尽量不与环境发生冲突，然后设法适应环境、利用环境。千万不要跟环境作对！

　　例如，你是某公司的总经理，能够控制公司的某些政策，就应该通过制定相应的政策，要求各种相关岗位的员工都去考PMP®认证；你也能够借助自己的朋友圈，去影响许多人，以便他们产生考PMP®认证的需求；对于你既不能控制也不能影响的人，则充分尊重他们的需求（例如考其他的项目管理认证），并创造出一些与他们的合作机会。

引导客户创造新需求

　　对于需要通过为客户做项目来获取收入的个人或组织来说，又该如何引导客户去创造新需求呢？除非是必须严格按客户提供的设计来实施的项目，否则我们都应尽力以合理方式去引导客户创造出一些新需求。可以引导客户对原有需求进行升级，例如，从原有的"客观需要"上升到新的"主观想要"甚至"发展期望"，从而提升与客户合作的高度。可以引导客户对原有需求做横向扩展，例如，客户本来只有这一个需求，经过引导，说不定就会扩展出一个或更多的新需求，从而扩大与客户合作的广度。还可以引导客户把短期需求延伸为长期需求，从而延长与客户合作的时间。

　　例如，客户找你定制一台设备。你可以只给他制造这台设备。严格地讲，这只是在做"工程"（engineering），而不是在做"项目"（project）。你也可以再进一步，分析客户为什么需要这样的设备，他究竟想要解决什么问题或抓住什么机会，从而帮助客户设计一台更适合的设备，甚至提供一套完整的解决方案。这才是在做项目，甚至是在做包括多个相互关联的项目在内的项目集。要提供一套完整的解决方案，就可能要做多个相互关联的项目。你甚至还可以更进一步，以客户对这台设备和相应解决方案的需求作为出发点，去分析客户的商业模式，引导客户优化商业模式。如果真的能够上升到这个层面，那你与客户之间的合作，就会牢不可破。既然是你引导出来的需求，那么客户理所当然地会把相关的项目交给你去实施。这属于：引导客户与我们同行，把客户的需求引向我们共同向往的远方。

看到威胁中的需求

当别人都看到机会时，你可以设法看到威胁，并去创造有助于规避或减轻威胁的需求。例如，在大家都看到社会的数字化转型所带来的巨大机会时，你可以设法看到相应的威胁。除了数字化和信息联网必然带来的信息安全威胁，数字化转型还会带来以下威胁。

- ☐ 使许多人在某些方面能力减弱。例如，数字化导航设备的广泛应用，会使许多人逐渐丧失辨别方向的能力。
- ☐ 使人们失去许多亲身体验的机会。你的大部分时间都沉浸于虚拟的数字世界，哪里还有时间和必要去亲身体验各种实情实景？像大学校园，依偎谈恋爱的学生少了，独自玩手机的学生多了。
- ☐ 使人们的好奇心日益降低。好奇心来自对事物的认知的局限性。越是看不到，就越是想看，一旦全看明白了，也就不再想看了。在数字化世界，各种事物的各种特性都清楚地被记录下来，而且能在电脑上进行千变万化的组合，人们也就无须带着好奇心去探索了。

我们可以针对这些威胁，创造出相应的需求，以防止人们能力减弱，给人们提供体验实情实景的场所，以及给人们提供进行人工探索的场所。

从威胁中找机会，对每个人来说都很有用。每个人都有自己的劣势，都会面临劣势所带来的威胁。如果这个劣势是你无法克服的，那就要设法独辟蹊径，寻找能够规避或减轻威胁的机会。例如，著名足球评论员董路老师在评论运动员武磊先生时，曾说过：武磊在比赛中基本不会受伤，而且他的大多数进球都是非对抗下的进球。武磊为什么有这样的能力？董老师进一步解释道：他小时候以1米5的个头打1米7的个头，这样持续了好几年，他没法对抗，只能躲避；躲避并不容易，要靠观察，靠跑位，还要跑出进攻和进球的机会。武磊先生是基于一个劣势去开发出一个相应优势的典型例子。

需要评估过程

需求创造，相当于PMI在《需求管理实践指南》中所写的"需要评估"[①]。需要评估，之所以没有写进PMI的《项目管理知识体系指南（PMBOK®指南）》（以下简称《PMBOK®指南》）[②]，是因为它属于项目的前期准备工作之一，而不是项目生命周期中的工作。《PMBOK®指南》重点关注项目从正式立项到正式关闭之间的项目生命周期中的工作[③]。PMI在《需求管理实践指南》中指出，需要评估是在项目生命周期之前开展的一项工作，旨在定义有待解决的问题或有待利用的机会，为后续的需求管理过程奠定基础。PMI为开展需要评估列出了四大主要技术：SWOT分析、决策树分析、差距分析和标杆对照。其实这四大技术的共同点都是进行"比较"。SWOT分析是通过比较来发现优势、劣势、机会和威胁；决策树分析是把这个方案与那个方案做比较，选择最好的方案；差距分析是比较当前状况与理想状况，发现差距；标杆对照也是做比较，要把自己的现状与标杆做比较，以便向标杆靠拢。

在进行需求创造或需要评估（即搞清楚要解决的问题或要利用的机会，搞清楚自己或客户的需要、想要和期望）之后，接着就应该对需要、想要和期望进行具体化和可操作化。这也就是《PMBOK®指南》中的"收集需求过程"，或《需求管理实践指南》中的"需求启发与分析过程"。这两个过程的本质是一样的，都是要对需要、想要和期望进行具体化和可操作化。

---

①Project Management Institute. *Requirements Management: A Practice Guide* [M]. Project Management Institute, 2016.
② "PMBOK" 是 PMI 的注册商标。
③Project Management Institute. 项目管理知识体系指南（PMBOK®指南）[M]. 6版. 北京：电子工业出版社，2018.

2

需求的细化

引言

暂且不说对别人的需求，必须进行具体化和可操作化，即便对自己的需求，也要进行具体化和可操作化，然后才有可能加以实现。各种日常需求的具体化和可操作化，通常可以自然地完成，但是独特需求，就无法自然地具体化和可操作化。例如，我要吃饭，我要吃可口的饭，我要吃能够改善健康状况的饭。对这个日常需求，你无须花多大的精力，就可以自然地把它具体化为要吃的饭菜的种类和数量。但是，如果你在这个阶段有一个特定的目标，那就是要在不影响健康的前提下减肥。对这个独特需求进行具体化和可操作化，就必须下一番功夫。你必须认真评估自己的身体状况，收集多方面的信息，仔细研究和策划，甚至必须请营养专家和健身专家来帮你制订方案。越是独特的需求，其具体化和可操作化就越难。

千万不要在未对需求进行具体化和可操作化的情况下，就急于去实现需求。这就相当于不要在没有确定前行路线时就急于出发，急于到达目的地。即便因情况不明，暂时无法完全确定前行路线，至少也要"看一段走一段，再看一段再走一段"，确保不犯严重的路线错误。这里的"看一段"，就是对需求进行具体化和可操作化。

对需求进行具体化和可操作化，又可分成三个相互关联的步骤：收集信息，分析信息，以及形成文档。它们有基本的先后顺序，但又相互交叉，并可能需要循环开展。任何一步没有做好，都可能导致对需求的错误理解。

收集信息

收集信息，又可按以下三个步骤来开展：第一步，确定信息来源，包括各种相关方、各种文件资料等；第二步，选择并使用各种合适的信息收集工具与技术，例如，个人访谈、头脑风暴、焦点小组会议；第三步，搜集信息，例如，开展访谈、开展头脑风暴、召开焦点小组会议。所搜集的信息，必须具有真实性、系统性和全面性（见图1–3）。

图1–3　优质信息的特性

■ 信息的真实性

真实性，很好理解，但并不容易做到。即便别人不想骗你，他也可能因各种原因而提供不真实的信息。例如，你问他的问题是他本来就不知道的，他就只能编一个答案给你；他知道你喜欢什么，就可能提供你所喜欢却并不真实的信息来迎合你；或者他可能害怕说真话会有危险，就会为保护自己而说假话。

所以，你想要从别人那里得到真实的信息，就必须注意：只问他所知道的事情，不对他进行偏好引导，让他相信说真话是安全的。如果要发问卷调查表，那么你所问的每一个问题都必须是被调查者无须思考就能回答出来的，你必须说明答案无任何好坏或对错之分，还要声明不涉及任何个人隐私以及所收集的信息只用于指定的合理目的。

■ 信息的系统性

系统性，是指拟收集的各种信息，既要有区别又要有联系，例如，各种信息能够相互补充，相互印证，相互关联。如果各种信息都是零散的，那就无法对它们做后续分析。

若开展问卷调查，究竟要收集被调查者的哪些个人基本信息？这就应该从系统性出发加以考虑。应该只收集这样的基本信息：你将据此判断调查样本的合理性，例如，性别比例；你假设基本信息不同的人会有不同的意见或情况，例如，男性和女性会有不同意见；你假设基本信息与被调查者的意见或情况有一定的相关性，例如，性别与手机自拍功能使用频率之间有相关性。

■ 信息的全面性

全面性，是指收集的信息要能够全面地反映相关需求，防止以偏概全。全面性，并不一定就是信息多。如果信息之间具有较好的系统性，那么较少的信息，也可以是比较全面的。

问卷调查表并不是越长越好。太长了，别人就不愿意填，或者就不会认真地填。如果不给被调查者提供任何报酬，他们只是志愿填写，那问卷调查表的长度就应该控制在10~30分钟内能够填完。如何用尽量简短的问卷调查表收集尽量全面的信息，这是一个巨大的挑战。

为了确保收集信息的真实性、系统性和全面性，就要使用多种多样的工具与技术。《PMBOK®指南》（第6版）对收集需求过程列出了多达10种工具与技术，包括头脑风暴、名义小组技术、访谈、观察、引导、焦点小组、问卷调查、标杆对照、系统交互图和原型法。

分析信息

分析信息，又可以按以下两个步骤来开展：了解信息；提炼和推论需求。

■ 了解信息

对于定量信息，可以采用描述性统计中的各种方法，加以充分了解。例如，计算平均值、标准差、最大值、最小值，寻找中位数、众数，对不同组别的平均值或标准差进行算术比较。对于定性信息，应该通过逐字逐句地认真阅读去理解；也可以设法把定性信息转化成一定的定量信息来帮助理解，例如，通过内容分析，计算某个或某类词汇在一份文件中出现的频率，计算出频率占比。对定性信息的理解，非常依赖于你的知识和经验。

只有在充分了解信息之后，才有可能从信息中提炼需求，推论需求。千万不要在没有充分了解信息的情况下，就急于去提炼，去推论。这就如同，你必须先充分了解一个人，才有可能去判断他是一个什么样的人，他可能有什么言行。

■ 提炼和推论需求

充分了解信息之后，就可以从中提炼和推论需求。提炼的方法，包括找出信息之间的联系，例如，用思维导图来找出联系；以及对信息进行归类，例如，用亲和图来归类。推论的方法，包括基于定量信息的推论和基于定性信息的推论。对定量信息，可以用推论统计方法进行推论；对定性信息，可以用专家判断方法进行推论。

提炼需求，是指提炼出显性需求。推论需求，可以是从显性需求推论出隐性需求。隐性需求是人们尚未明确地表达出来的，甚至是还没有意识到的需求。设法去满足客户的隐性需求，是企业打造超前的核心竞争力的一大法宝。推论需求，也可以是从一群人的某个或某些需求推论出同一群人的其他需求，或者推论出另一群人也有相同或相似的需求。推论需求，还可以是基于当前需求推论出未来需求。推论的过程，要有合理的逻辑性、丰富的想象力和极大的创造性。

可以从信息中提炼或推论出以下几种不同的需求。

☐ 相关方需求：是指相关方想要用某种类型的产品来做什么。例如，客户想要用某种产品来实现远距离通话。相关方需求是商业需求得以实现的基础。例如，我的"外出吃饭"的商业需求，就必须基于餐馆"想要挣钱"的相关方需求才能实现。

☐ 解决方案需求：是指为了满足相关方需求，我们应该开发出具有什么功能和非功能特性的产品。例如，开发出一款能够远程通话的手机，该手机具有一定的抗震动和抗跌落的能力。前者是功能特性，后者是用于支持功能特性的非功能特性。

☐ 过渡需求：是临时存在的，为了实现从当前状态向未来状态过渡的需求。一旦过渡完成，这类需求便不复存在了。例如，你买了一套新房子，就有搬家的需求。

☐ 项目需求：是指为了实现解决方案需求和过渡需求，而应该采取的工作过程，应该开展的相关活动，以及应该采取的相关行动。对于项目需求，客户不直接关心，项目团队才会直接关心。例如，我在准备本演讲的过程中应该做哪些事，就属于项目需求；虽然听众并不关心，但是我自己必须关心。

☐ 质量需求：是指与解决方案需求、过渡需求和项目需求都有关的技术要求。包括：功能特性和非功能特性必须达到的技术要求，为确保成功过渡所需达到的技术要求，以及项目工作过程必须达到的技术要求。

☐ 配合需求：是指仅靠某单个产品无法实现，而必须通过与其他产品的配合才能实现的需求。例如，电脑硬件必须要有软件的配合，才能发挥应有的作用。几个拟相互配合的产品的研发，通常要作为几个相互关联的项目，被放入一个项目集来协调管理。

上述所有需求都要服务于更高层级的商业需求。商业需求是已经在需求创造或需要评估中被确定的需求，是为什么要做某个项目的最终目的。

提炼或推论出的需求，应该符合以下六条标准。

☐ 正确：是指符合信息的本来意思。要确保提炼出的需求是正确的，可能需要了解信息产生的背景。例如，两个人在去上班的路上偶遇，互相问：你吃了吗？如果你提炼出他们都有吃饭的需求，那当然就不正确了。

☐ 清晰：是指不同的人有基本相同的理解。例如，"他想成为有钱人"，这就是一个不清晰的需求，因为不同的人对什么是有钱人往往有很不同的理解。如果改成：他想成为一个有1千万元存款的人，那就清晰了。

☐ 完整：是指要包含为实现一个需求所需的全部必要信息。例如，"他想要积累1千万元个人资产"，这个需求并不完整，因为其中没有时间概念。如果改成"他想要在2019年12月31日之前积累1千万元个人资产"，就算是完整了。

□ 可行：是指的确是可以实现的，包括技术上的可行性、成本效益上的可行性、时间上的可行性等。不仅在技术上是可以实现的，而且实现需求的效益成本比会大于1，还能够在规定的时间内实现。

□ 可测：是指能够用一定的指标去测量或测试。例如，"我们要建一条高产量的生产线"，这个需求是不可测的。如果改成"我们要建一条日产5万个杯子的生产线"，那才是可测的。

□ 可追：是指需求的来源和实现都是可追踪的。需求的来源是指它是从某个高层的目标派生出来的；需求的实现是指它要通过具体工作的开展和具体成果的完成来实现。

形成文档

在分析信息之后，应该编制两种文件：需求文件和需求跟踪矩阵。

■ 需求文件

对提炼或推论出的每一个具体需求，都要写入需求文件（见表1-1）。初始版本的需求文件的主要内容包括：需求编号、需求描述、需求类别、涉及相关方、测试标准、测试方法。在初始版本的需求文件中，需求数量通常会很多，有可能存在一些相互冲突的需求。所以，在编制出初始版本的需求文件之后，要对所有需求进行优先级排序，以便选择那些排序靠前的需求去实现。

表1-1   需求文件

需求编号	需求描述	需求类别	涉及相关方	测试标准	测试方法	需求排序

同一个人的各种需求，对他的重要性往往是很不一样的。即便某两个需求看起来同等重要，实际上也会有一定程度的重要性区别。例如，虽然任何人都同时有亲和、权力和成就需求，但是每个人对这三种需求的看重程度是不一样的。有的人最需要亲和，有的人最需要权力，还有的人最需要成就。

对需求进行优先级排序，可以采用"多标准决策分析"这个技术。即：先用多种标准对各种需求进行打分，如所需成本、难易程度、获益人数等标准，再依汇总得分来排列各需求的优先顺序。如果各标准的重要性不同，就要对各标准赋予不同的权重，以便进行加权汇总。当然，也可以采用专家投票的方法进行优先级排序。例如，请各位专家投出他认为最重要的20%的需求；一轮一轮进行，直到取得理想的结果。

接着，要把需求的优先级排序写入需求文件，并据此决定有哪些需求是必须在本项目实现的，有哪些需求是必须不在本项目实现的，还有哪些需求是介于这两类之间的，先暂时不做决定，等以后定义项目的范围边界时再做决定。

■ 需求跟踪矩阵

对确定要在本项目实现的需求，还要进一步编制需求跟踪矩阵（见表1-2）。需求跟踪矩阵的作用就是确保每一个需求都具有可追踪性。所谓追踪，就是要搞清楚它从哪里来，又要到哪里去，防止任何一个需求成为无源之水或空中楼阁。在需求跟踪矩阵中，把每一个需求都与高层目标联系起来，确保每一个需求都是有意义的；把每一个需求都落实到具体的可交付成果以及具体的技术工作上，确保每一个需求都是能够落地的。例如，"吃饭"需求、"喝水"需求，都服务于"生存"这个大目标，是有意义的。"吃饭"需求，要落实到这些可交付成果上面：买来的米、买来的菜、做好的饭菜、吃进肚子的饭菜。这些可交付成果又要通过这些技术工作去完成：买米、买菜、做饭菜、吃饭菜。

表1-2   需求跟踪矩阵

高层目标	具体需求		对应的成果和工作	
	需求编号	需求描述	可交付成果	技术工作

　　通常，从一个高层目标可派生出多个具体需求，从一个具体需求可派生出多个可交付成果，从一个可交付成果又可派生出多项技术工作。当然，也存在这种情况：一项技术工作有助于两个或更多可交付成果的形成；一个可交付成果有助于两个或更多具体需求的实现；一个具体需求与两个或多个高层目标有关。也就是说，目标、需求、成果、技术工作之间并非绝对的一对一关系。

　　需求跟踪矩阵，对于管理项目变更，特别是范围和质量变更，特别有用。如果有人提出要对某个技术工作做一个变更，我们就可以依据需求跟踪矩阵来倒查哪个可交付成果会受到什么影响，而这个成果受到影响之后，有哪个需求会受到影响，又有哪个高层目标会受到影响，从而可以据此评价该变更可能给项目带来的综合影响，做出批准或否决该变更的决定。

　　需求文件和需求跟踪矩阵，都是以后编制项目范围计划、进度计划、成本预算、质量计划和资源计划等的重要依据。只有搞清楚了需求，才有可能制订出合理的项目目标计划和资源计划，为项目成功奠定坚实的基础。

　　需求文件和需求跟踪矩阵编制出来后，首先要由参与编写的人员自行检查，确保从形式到内容都正确无误。接着，要请未参与编写的同行专家进行审查，提出必要的修改意见。经过自行检查和同行检查，需求文件和需求跟踪矩阵，获得通过了，再把其上报给项目的主要相关方如高层领导审批。

3

防范与己方需求相关的错误

引言

每个人或组织，不仅要少犯与自己的需求有关的错误，而且也要少犯与别人的需求有关的错误。本章主要介绍如何防范与自己的需求有关的常见错误，如何防范与别人的需求有关的常见错误留待第4章介绍。

与自己的需求有关的常见错误包括：原地打转、知行不一、自我折腾、正负零和、固执不变（见图1-4）。

图1-4 与己方需求相关的错误

减少这些错误，有利于我们处理好与自己的关系，处理好与别人的关系；也就是有利于善待自己，善待别人。按照傅佩荣教授的定义：善是人与人之间适当关系之实现①。我的理解是，人与人，不仅包括我与别人，而且包括我与自己。实现了适当关系，自己和别人都会比较舒心。

---

① 傅佩荣. 人性向善：傅佩荣谈孟子［M］. 北京：东方出版社，2018.

原地打转

原地打转，就是只像其他动物一样凭本能生存和生活，没有任何理性的追求，从不寻求任何自我挑战和自我突破。这样的人，他们的需求只是马斯洛需求层次理论中的前三个层次，即生理需求、安全需求和归属需求。他们没有尊重需求，更没有自我实现需求。他们只是日复一日地做重复性事情，对新事物没有任何兴趣，不会去做独特性项目。从表面上看，他们的日子过得优哉游哉；事实上，却很空虚，而且经不起任何考验。一旦外部发生变化，他们便无所适从。

在这个充满变化的世界上，一味追求平稳，就是最大的不平稳；一味试图不变，就会面临最大的变化；一味不冒风险，就是在冒最大的风险。因为平稳、不变和不冒险，会让你失去适应变化的能力，即便遇到一个小变化，你也会觉得是五雷轰顶。

只会原地打转的人，充其量只是一种作为普通动物的人，与其他动物没有本质区别。他们所展现的只是人的动物属性，而没有展现人的社会属性。一个人，只有不断地创造和完成自我挑战，才能越来越成为一个"真正"的人，一个有别于其他动物的人。

这里说的是"创造挑战"而不是"迎接挑战"。迎接挑战是任何人都会的，是逼出来的，甚至是其他动物也会的。例如，你在逃命的道路上遇到了一条河，要么过，要么死。虽然过河会很困难，你也不得不过，因为你现在还不想死。这就是迎接挑战。创造挑战，就不是这样了。创造挑战，是用自己的理性去创造困难，甚至是巨大的困难，并设法加以克服。每一次挑战成功，就会使你获得极大的成长。即便挑战失败，也会取得相应的教训和人生感悟。只要好好加以利用，这些教训和人生感悟也是另一种意义上的成功。

创造挑战，其实是故意制造理性与感性的冲突。例如，感性告诉我早晨多睡一会儿，理性却要求我早一点起床；感性告诉我躺着沙发上休息，理性却一个劲儿地催我去跑步。每一次理性战胜感性，就是实现了一次自我挑战和自我突破。如果你经常实现这样的挑战和突破，让理性一次又一次战胜感性，那么你的感性也会逐渐向理性靠拢，感性和理性会越来越趋于一致。例如，不仅理性要求你早一点起床，感性也会告诉你早一点起床；不仅理性会催你去跑步，感性也会催你去跑步。

我年轻时，非常不喜欢体育锻炼，在学校读书，最怕上体育课。体育课曾是我唯一需要补考的课。由于长期不锻炼，所以到2012年我50岁时，我的身体就差不多要垮了：出现高血压、高血脂、高尿酸、脂肪肝、前列腺炎，痛风几乎两周就发作一次，还时不时突然眩晕、剧烈呕吐。这时，理性就要求我：必须开始锻炼身体了。

现在，我有规律地跑步已经四年多了。刚开始的那一年，我只是用理性逼自己去跑步，感性仍然很抵触跑步。那一年很难，但后来，渐渐地，跑步就变成了一种习惯，又变成了一种享受。现在，不仅理性会要求我去跑步，而且感性也会告诉我去跑步。在跑步这件事上，我的感性已完全与理性趋同，两者之间再也不存在冲突了。

大家都知道，长距离跑步是一件痛苦的事情。那我为什么能与许多跑步爱好者一样去享受跑步呢？我看了村上春树的《当我谈跑步时，我谈些什么》[①]。书中有这么一句英文：Pain is inevitable, suffering is optional。其中文翻译是：痛楚难以避免，而磨难可以选择。这句译文不是很贴切。因为中文的"可以选择"，更偏向于"我可以选它"；而英文的"optional"，更偏向于"我可以不选它"，也就是说，"我可以不选择suffering"。经过与几位朋友对这句译文的讨论，我总结出了这样的一句话：酸痛难免苦未必，痛快易至福无边。跑步，在身体上，是从"酸痛"到"痛快"的过程；在精神上，是从"不觉得苦"到"享受福"的过程。即便身体是疲劳和酸痛的，只要一想到"苦未必"和"福无边"，那当然就能够快乐地享受跑步了。

什么叫人生修炼？所谓修炼，就是不断地用自己的理性去牵引自己的感性，让感性越来越接近理性。什么样的人才算是成熟的人？只有通过一个又一个自我挑战，实现了理性的"应该怎么做"与感性的"喜欢怎么做"之间的冲突最小化的人，才算是成熟的人。

---

① 村上春树. 当我谈跑步时，我谈些什么 [M]. 施小炜，译. 海口：南海出版公司，2015.

知行不一

如果你无法用理性去牵引感性，无法让感性越来越接近理性，那么就很容易犯第二个错误：知行不一。你虽然从理性上知道应该怎么做，但是无法让自己的行为遵从理性——行为仍然听从感性的指令。例如，很多人都知道锻炼身体很重要，这是理性的"知"，但又不能始终如一地去锻炼，而是仍然图一时所谓的舒适，这是感性的"行"。这样，也就有了大家熟知的"知易行难"这个说法。之所以会知易行难，那是因为你的"知"还是停留在显意识层面，并未深入潜意识层面。

知，可以是口知、心知或灵知。口知，是最低层次的，是用来骗人骗己的，事实上是自己也不相信的。例如，某位忽悠型培训师声称，听了他的课，听众的年收入很快可以达到100万元。心知，则是自己内心相信的，但还不一定做得到。例如，虽然你相信项目管理方法是有用的，但是还不能真正地把它用起来。灵知，则是最高层面的，某种知识或观念已经融入一个人的灵魂，无时无刻不在影响着其言行，牵引着其感性。这时，理性和感性已经融为一体，分不出彼此。例如，对于我本人来说，项目管理方法就已经融入我的灵魂。

口知，是我知道应该是这样的。心知，是我相信应该是这样的。灵知，则要更进一步，到了这样的层次：我理所当然就是这样的。以项目管理方法的应用为例。口知，就是我知道应该应用项目管理方法；心知，就是我相信应该应用项目管理方法；灵知，则是应用项目管理方法已经成了我的习惯和内在要求，不用就不行。

其实，对很多事物，我们都是先口知，再心知，最后才能够灵知。那么，我们应该如何从"口知"上升到"心知"，再上升到"灵知"呢？有效的办法，孔子早就给我们指出了，那就是"学而时习之"（《论语·学而》），即学习之后再适时加以实践。我本人之所以能够让项目管理方法融入我的灵魂，那是因为我一直都在学习、传授和实践项目管理方法。

只学不习的学生，不是好学生；只传不习的老师，当然也不是好老师。学而习之，传而习之，才能越来越知行一致。我始终是这样要求自己的。正如2019年1月1日我在做2018年工作盘点时写到的：别看我又老了一岁，其实我是更成熟了；别说我是大学教授，其实我永远是学生；别以为我是理论派，其实我也是行动派。年龄越大就越成熟，所以我不怕变老；一边教书一边学习，所以我永不死板；既懂理论又善实践，所以我绝不虚浮。

人们一方面说，知易行难，另一方面又说，心想事成。应该如何协调"知易行难"与"心想事成"这一对矛盾？我送给大家两句话：知易行难非真知，心想事成必真想。希望大家用这两句话去做到知易行易、心想事成。一件事情，只要你已经心知和灵知，只要你从潜意识中对它日思夜想了，那做起来就很容易，也就很容易做成功。

许多事情，你之所以觉得做起来很难，最根本的原因就是你内心的需求还不够强大。强大的内心需求，是你做成一件难事的力量源泉。怎么建立强大的内心需求？我总结了以下三种方法。

- □ 不断向自己倾诉自己的追求，以便达到"谎言重复一千遍就会变成真理"。
- □ 向别人吹出一个自己想要实现的牛皮，以便为了不丢面子而去实现自己吹出的牛皮。
- □ 让权威人士预言"你能成为某种厉害的人"，并且在内心坚信它。这就相当于，请别人给我算一个好命，以便我朝此努力。所以，在孩子似懂非懂的时候，请一位权威人士给孩子算个好命，预言孩子将有一个很好的未来，这是很有用的。孩子相信了这个好命和未来，他以后就会有意无意地不断朝此努力，也就能够实现这个好命和未来。

自我折腾

自我折腾会让自己总是处于纠结之中，无法心安理得地过日子。自我折腾的主要表现包括：忽视环境因素，无规律地乱变，一切从零开始。这些自我折腾，会严重降低你做事的价值，甚至会让你做事毫无价值。也就是说，你付出了很多，最后得到的却很少，甚至完全没有收获。自我折腾，让你有吃不尽的苦，受不完的累。

忽视环境因素，是指完全不考虑自己的需求该如何与周围的环境因素相协调，只顾我行我素，最后导致需求无法实现，甚至产生其他更严重的不利后果。任何我们无法施加影响又无法规避的，却又会对我们产生影响的外部因素，都是环境因素。做任何事情，都离不开环境因素的影响，包括自然环境、社会环境、文化环境、制度环境、资源环境、相关方环境等的影响。例如，我要去跑步，就需要考虑自然环境（包括天气、山水、道路等）的影响，也需要考虑相关方环境（包括路上的行人、车辆等）的影响。有了一个需求之后，就必须进行环境扫描，检查一下这个需求及其所需的实现过程是否与环境相协调，至少要确保与环境没有明显冲突。

无规律地乱变，是指没有一条自我发展的主线，经常仅凭主观冲动或见风使舵去做不同类型的事情，导致精力过于分散，无法聚焦于主航道。无论是个人的职业发展，还是公司的业务发展，都必须聚焦于主航道。如果要做主航道以外的事情，就必须考虑它们对主航道业务所能起到的辅助或促进作用。这也就是"稳定核心外围才能灵活应变"。我本人，自从20岁参加工作起，就一直围绕项目管理来做自己的职业生涯规划。我从不见异思迁，从不见风使舵，从不做墙头草。只有对自己有强大的自信心，对自己的追求有坚定的信仰，对周围的干扰有清晰的辨别力，你才能真正地致力于稳定核心和聚焦于主航道，做到心无旁骛。反过来说，你之所以会三心二意，那是因为你缺乏自信，缺乏信仰，缺乏辨别力。

一切从零开始，既可以是从不系统地总结经验教训，从不为以后积累新的"组织过程资产"；也可以是对过去的经验教训视而不见，永远都只有二次教训，而没有二次经验。组织过程资产是项目管理中的一个非常重要的术语，是过去的项目积累下来的系统的经验教训、工作流程、工作模板和工作数据。做项目，必须利用组织过程资产，也必须为以后的项目积累新的组织过程资产。一切从零开始，这句话，只能是我们的工作态度，而不能是我们的实际做法，否则每次做事的起点都太低了。

经验教训，不仅要总结，而且要系统地总结，要书面地总结。重要的经验教训，一定要系统地写下来。你做了一件事，但不写总结，那你的进步很可能只有半个单位。做完事之后，进步了一个单位，后来随时间推移，又退步了半个单位，最后就只剩下半个单位。如果你写书面总结，那同样是这件事，你的进步很可能是三个单位。做完事之后，进步了一个单位，再认真系统地写书面总结，你又进步了两个单位，累计在一起，总共就进步了三个单位。你要看一个人有没有很大的发展前途，就看他善不善于写总结。

正负零和

正负零和就是两件事的效果一正一负，相互抵消，最后的净效益为零。这样的情况到处都有。例如，你今天跑步，减掉了一公斤体重；明天又大吃大喝，增加了一公斤体重。今天做一个项目，挖了一个洞；明天又做一个项目，把这个洞填上。

之所以会出现正负零和，是因为没有认真考虑各种需求之间的协调关系。为了便于理解和应用，我又把协调关系分成三个不同层面：各种需求之间可能是依存关系、支持关系和融合关系。

依存关系是指两个或更多需求是相互依存的。去掉任何一个，另一个就无法存在，或者即便仍然存在，也无法发挥应有的作用。例如，做项目的需求，与做运营的需求，就是相互依存的。只做项目不做运营，没有任何意义；不做项目只做运营，则完全不可能。之所以要做项目，是因为我们有对项目所形成的成果进行运营的需求；之所以能够做运营，是因为通过做项目形成了可供运营的成果。例如，做生产线建设项目，是为了以后用生产线生产产品；之所以能够开展生产，是因为已经建成了生产线。

支持关系是指两个或更多需求是相互支持的，一个需求的存在能够让另一个需求更好地实现。例如，老师有传授知识的需求，学生有学习知识的需求，这两个需求就是相互支持的。老师可以让学生更好地学习，学生也可以让老师更好地传授。

融合关系则是最高层次的，是指两个或更多需求可以形成一个新系统，这个新系统有更大的作用，会产出更大的效益。例如，为了有效健身，就需要把调整饮食的需求、锻炼身体的需求和心理调整的需求整合起来，形成一个综合的健身系统。只有实现了饮食调整、身体锻炼和心理调整这三方面的融合，才能真正健好身。

　　为了避免正负零和，甚至取得更大的效益，就要借用项目集管理的方法。所谓项目集，就是一系列相互配套的项目。只有这些项目配合好了，才能取得更大的效益。项目集管理就是要抓住项目之间的横向联系，来获取假如把每个项目单独管理所不能获取的更大的效益。例如，饮食调整、身体锻炼和心理调整，就可以构成一个健身项目集。项目集中的项目，相互之间的联系会密切到这样的程度：任何一个项目失败了，整个项目集就会失败，就无法取得那个更大的效益。无论是个人的职业发展、公司的业务发展，还是一个地区甚至国家的社会发展，都要运用项目集管理的方法，用同样的资源去实现更大的效益。我们不追求不现实的"无米之炊"，但是应该追求用不同的米的配合，煮出更有营养价值的饭。

固执不变

　　在当今极速变化的世界上，如果你固执不变，那你的需求就会永远落后于时代。人工智能和数字化技术的突飞猛进，对于个人和组织的主动求变、顺势而变和突破地变，提出了越来越高的要求。只有主动求变、顺势而变和突破地变，才能生存和发展。

　　固执不变，有三个最基本的特征。

　　一是过于自信，总是以自我为中心去考虑问题。自信是必需的，但是不能过分，不能自信到盲目的程度。过于自信的人，不会反思自己的观念，不会检讨自己的言行，不会主动向别人学习。他们总认为自己的观念和言行一贯正确，总认为别人都不如自己。他们固执、死板、傲慢。真正有价值的自信，应该是对原则的自信、对追求的自信、对应变的自信，而不是固守一些具体的观念和言行，把自己封闭起来，不向别人学习。

　　二是缺乏好奇心。随着年龄的增长，每个人都会遇到一个很大的挑战，那就是如何防止思维逐渐固化，逐渐失去好奇心。如果一个人失去了好奇心，那从精神层面上讲，就无异于已经死亡。保持好奇心，这是证明自己在精神层面还活着的最好办法。很庆幸，我自己一直都保持着好奇心，特别是对项目管理的好奇心。我对项目管理的好奇心，不仅没有随年龄的增长而逐渐失去，反而随阅历的丰富而不断加强。这与我在澳大利亚的读书经历有密切关系。在那段时间，我不仅学习了项目管理的专业知识，而且极大地锻炼了自己的思维方式。中国的教育教会了我收敛思维和逻辑思维，这是非常好的；澳大利亚的教育教会了我发散思维和跳跃思维，这也是非常好的。我就把中国教育的优点和澳大利亚教育的优点充分地结合起来。

发散思维和跳跃思维，对于保持和强化好奇心，是很重要的。采用这样的思维方式，某些即使看起来不太靠谱甚至很荒谬的东西，也不见得是没有任何道理的。我在澳大利亚读书期间，除了在课堂上参与许多头脑风暴练习，我所阅读的一些课外书，也对培养我的发散思维和跳跃思维起到了很好作用。例如，《启动你的大脑》[1]，这本书就对我产生了极其深刻的影响。它让我知道了思维原来还可以如此跳跃。

PMI在2019年《职业脉搏调查》报告中，提出了一个新词汇：项目管理技商（Project Management Technology Quotient, PMTQ）[2]。技商，是一个人适应、管理和整合各种技术的能力。项目管理技商则是项目管理者在项目管理中适应、管理和整合各种技术的能力，特别是日益发展的数字化技术和人工智能技术。PMI进一步指出，项目管理技商的三大核心内容是：始终如一的好奇心，全面包容的领导力，以及面向未来的人才储备。你必须对新技术好奇，全面包容团队成员（包括技术人员和机器人成员），面向未来的技术发展去招聘、培训和使用团队成员。

三是不愿冒险。任何变化，都既有充满机会的一面，也有充满威胁的一面。如果你不愿意去冒可能随变化而来的威胁，那么也就不可能享有相应的机会。合理地冒险，是抓住机会，减轻甚至规避威胁的唯一办法。对于风险，应该主动去冒，采用有效的管理方法去冒。项目管理中就有很好的风险管理方法。

面对必然的各种变化，你一味求稳，就意味着会面临最大的不稳定。过去，我们常说，堡垒最容易从内部攻破。现在还应补充一下，堡垒也很容易从外部攻破。颠覆式竞争，往往来自本行业外部。就像马云做支付宝时所说的：如果银行不改变，我们就去改变银行。健身房，过去可能没有想到，其最大的竞争对手竟然是苹

---

[1]Hall D. Jump Start Your Brain［M］. New York：Grand Central Publishing，1996.
[2]PMI. Pulse of the Profession 2019: The Future of Work, Leading the Way with PMTQ[R]. Project Management Institute, 2019.

果公司。苹果公司的运动手表，能够记录跑步的距离和卡路里的消耗等，因此很多人就不去健身房的跑步机跑步了。所以，千万不要简单地以为自己的竞争对手就是对面的那个人。往往不是的！你最大的竞争对手往往是本行业以外的人。本行业内部的人因受到一些限制，往往很难做出对本行业的颠覆式竞争，而本行业以外的人则没有这些限制。

俗话说，知己知彼，百战百胜。"知彼"很难，"知己"更难。希望前面所讨论的五大常见错误及其防范，有助于大家更好地"知己"。

防范与他方需求相关的错误

引言

与别人的需求有关的常见错误包括：己欲施人、以偏概全、简单迁就、圈子思维、强人所难（见图1-5）。

图1-5　与他方需求有关的错误

减少这些错误，有助于我们把自己的需求与别人的需求协调起来，处理好自己与别人的关系，做到合作共赢。人与人之间的任何合作，都一定是基于某种"需求契合"（Requirements Meet）的。例如，我想卖一样东西，你又恰好想买这样东西，我们的需求就契合了，也就产生了买卖合作关系。这些常见的错误，会妨碍人们达成有效的需求契合，特别是长久有效的需求契合。

己欲施人

大家都熟知这句古话："己所不欲，勿施于人。"（《论语·卫灵公》）那是不是，己所欲，就要施于人呢？不一定！所以，可以补充一句话：己所欲，勿简施于人。如果你自己有某种需求，就理所当然地认为别人也有这样的需求，就会犯"己欲施人"这种错误。

一位朋友，家里养了一只猫，十多岁了。某天，他给猫过生日。他为猫准备了一盘鱼，猫当然很高兴。接着，他又转眼一想，过生日，怎么能缺生日蜡烛呢？于是，他在盘子的四周插了一些蜡烛并点燃，然后招呼猫过来与他一起吹蜡烛。这可惹怒了那只猫，猫就用爪子把他的手抓烂了。猫的内心肯定是这样想的：你们人过生日喜欢点蜡烛，我们猫可不喜欢，我们只要有鱼吃就可以了；"点蜡烛"这种形式主义的东西，我们猫不玩。

错把猫当人，这种"己欲施人"的错误，我们也很容易犯。我们很容易忽视人与人的区别，错误地把别人当成与自己一样的人，从而把自己的需求强加给别人。从人的动物属性来讲，人与人的日常需求并没有多大区别，无非就是吃喝拉撒睡。但是从人的社会属性来讲，人与人之间的独特需求就存在巨大差别。

人的独特需求，并不是出自作为动物的本能，而是人用脑袋想出来的，特别是通过区别和比较而想出来的。同一个人，用来做区别和比较的参照物不同，他的独特需求也会有很大的不同。例如，你说你很穷，需要钱。这要看你跟谁来比。你要跟世界首富比，那肯定是很穷的，你的确需要钱。但要跟我比，就不一定了，也许你就比我有钱。很多人之所以觉得自己缺钱，无非是因为两个原因，一是太关注钱，二是总是与更有钱的人做比较。你想要不缺钱，最简单的办法不是去挣更多的钱，而是减少对金钱的关注，并且不要与更有钱的人比钱的多少。我没有你有钱，那为什么要用自己的劣势去跟你的优势比呢？我当然要用我的其他优势来与你比了，例如，比健康、比快乐、比自由，就是不与你比金钱！

为了防止犯"己欲施人"这种错误，我们应该认真分析别人所处的环境，别人的成长背景，甚至需要进行换位思考，来识别出别人的真实需求。例如，好老师的真实需求一定是学生的学业进步，能够给他带来成就感，而不是学生给他送一点礼物。我在澳大利亚读博士期间从未给导师送给任何花钱买的礼物，倒是在我要离开澳大利亚时，我的导师送了两个小礼物给我，并在家中为我开了欢送会。毕业那一年，我推荐导师参加全校最佳导师评选，导师推荐我参加最佳博士毕业生评选。我的导师为什么对我很满意？因为我了解她对学生的真实需求，并且满足了她的真实需求。我的开题报告和博士论文都写得很好，而且在PMI获得研究生论文奖，还在全球最好的项目管理期刊发表了学术论文[①]。学生在老师心目中的地位，当然取决于学生的学业表现。

以偏概全

以偏概全，是指在了解别人的一个需求之后，就误认为这是他的全部需求，而不去考察与这个需求相关联的其他需求。例如，航空公司知道乘客有旅行的需求，如果只是关注把乘客从一个地点送到另一个地点，那就犯了"以偏概全"的错误，从而导致乘客很不满意。现在的航空公司，当然都不会以偏概全到这种极端程度。不过，对满足乘客多方面的需求，航空公司仍有很大的改进余地。

人类社会已经从农业社会发展到工业社会，现在又从工业社会进入了项目社会。为什么这样说呢？因为越来越多的重复性工作被交给机器去做，人类就应该也必须越来越多地做独特性工作。这类独特性工作，也就是所谓项目，是无法由机器来完成的。

农业社会的特点是，工作和生活高度一极化，工作和生活都集中在家庭中。工业社会的特点是，工作和生活两极分化。工作是在工厂中，生活是在家庭里；工作是8小时之内，生活是8小时之外。项目社会的特点是，工作和生活多极分化，人们经常飞来飞去做各种不同的项目。在项目社会，大多数经常坐飞机的人，并不主要是去旅游的，而是去工作的。一年之中，他们有大量的时间在机场、在空中。所以，机场和航空公司，就应该考虑他们的各种相关需求，尽力让候机室和飞机都成为工作和生活的场所，而不仅仅是等候的地方和旅行的工具。对于酒店，也是类似的。酒店，不应该只是一个歇脚的地方，而应该成为一个工作和生活的场所。有些人，一年要住200天酒店。他们当然需要在酒店里工作和生活。在兼顾顾客（乘客

[①] 我基于博士研究成果的一篇论文，荣获 PMI 教育基金会 2001 年唯一的研究生论文奖，成为获该奖项的第一位非北美地区研究生。这篇论文和另一篇论文发表在PMI的学术期刊《项目管理杂志》（*Project Management Journal*），还有一篇也发表在 IPMA（国际项目管理协会）的学术期刊《国际项目管理期刊》（*International Journal of Project Management*）。

或旅客）的多方面需求方面，航空公司、机场和酒店都有了许多改进，不过仍有很大的提升空间。

对于项目管理培训公司来讲，也有类似的情况。学员来参加PMP®认证培训，这只是他的一个需求。伴随着这个需求的，其实还有许多其他需求。例如，交朋友的需求，获得尊重的需求，职业发展的需求。如果你注意发掘各种其他需求，那每一位学员都可以给你带来许多业务。

可以借用敏捷项目管理方法中的"增量"概念，来指导开发客户的多种不同却又相关联的需求。客户最初来找你，就是为了一个业务需求。你可以通过或长或短的时间，把客户的业务需求扩展到两个、三个甚至更多。这也就是实现客户业务需求的增量式扩展。用增量方式去做业务，不仅业务可以越做越大，而且客户还会越来越满意，因为他不需要东奔西跑，在你这一个地方就基本上能够满足所有需求了。超市为什么很受欢迎？不就是因为顾客进了超市以后能够买到他想要买的几乎所有的东西吗？

2008年，普拉哈拉德和克里施南出版了《普拉哈拉德企业成功定律》[①]。书中有一个企业"创新屋"。根据这个"创新屋"，一个企业要有很好的创新能力，就必须要有很好的技术基础、社会关系和业务流程，并通过"R=G"来实现"N=1"。这里的R是Resources（资源）；G是Global（全球的）；N是Need（需求）。N=1，是指要设法满足客户的所有需求，不要让客户东奔西跑。若想实现N=1，企业的资源就必须是来自全球的。若想从全球获取资源，唯一的办法就是借资源，而不是拥有资源。所以，借资源比拥有资源重要得多。借资源，不仅成本较低，而且很灵活。只有借资源，才能确保资源是来自全球的，只有资源是来自全球的，才能确保满足客户的几乎所有的需求。

简单迁就

简单迁就，是指仅仅完全地按客户已经表达出来的需求去做，而不去引导客户

---

①Prahalad CK, Krishnan MS. The New Age of Innovation: Driving Co-created Value Through Global Networks[M]. New York: McGraw-Hill Education, 2008.

完善需求表达，不去引导客户对原始需求进行升级。客户之所以来找你做业务，那是因为他在这个领域并不专业。由于他不专业，他的需求表达就只能是初级的、粗略的、不完善的。就像前面提到的我印个人画册的例子，我说画册要印成这个样子的，如果印刷公司就告诉我按这个样子去印，那我肯定是不满意的。因为我不是排版和印刷方面的专家，我没法完全说清楚我真正想要的画册是什么样子的。印刷公司必须引导我去逐渐明确我真正想要的画册的样子。

简单地去问客户需要什么，然后简单地加以实现，这往往并不能让客户满意。因为客户真正想要的东西可能是他自己都不知道的，可能是他自己还说不清楚的。直接问客户需要什么，这只应该是用于收集客户需求的最初的方法，而不应该是最终的方法，也不应该是唯一的方法。客户的很多需求，是问不出来的，必须去观察，去研究。

我们应该用各种各样的方法去引导客户进一步明确需求，甚至进行需求延伸或升级。这对于专业的培训公司，特别重要。例如，作为项目管理培训公司，我们不能只是简单地问客户需要什么样的项目管理培训并加以提供，还必须通过与客户的认真讨论，对客户的需求加以引导。

敏捷项目管理方法中的"迭代"和"增量"概念，可用于引导客户进一步明确需求，引导客户对需求进行升级和延伸。迭代与增量，虽然经常联合使用，但它们又有显著区别。迭代是指同一个需求变得越来越明确或越来越高级。例如，客户让磨刀师傅帮他磨一把刀，他还说不清楚这把刀究竟要磨到多锋利。磨刀师傅就先磨一轮，请他看一下是否够锋利；如果不够，再磨一轮，再请他看一下；如果还不够，就继续磨，直到锋利的程度达到客户的要求。这里的每磨一轮就是一次迭代。增量是指需求的数量逐渐增加。例如，开发一把万用刀，先开发出刀子的功能，再开发出剪刀的功能，接着开发出指甲锉的功能。迭代和增量，经常联合使用，因为不仅可以在迭代的同时进行增量，而且无法离开迭代去做增量。所谓迭代，就是循环，每次都在更高水平上循环。

迭代和增量，虽然是发源于软件开发项目的方法，但是对于销售工作中的客户开发，也是非常有用的。销售人员，可以通过迭代和增量，每隔一段时间就实现客户的版本升级。某个客户，今天是初级版的，一年之后要把他升级为中级版的，两年之后要升级为高级版的。

圈子思维

圈子思维，是指让所处的小圈子把自己的思维限制死了，仅从这个小圈子出发考虑问题。人是具有极强自我意识的动物，天生就会围绕自我去形成相应的小圈子。自我意识和小圈子，当然都很有用，对促进自我发展、社会发展，甚至人类发展，都有积极作用。我们不可能也没有必要去反对自我意识，去反对形成小圈子。每个人都有自己的小圈子，都应该在自己所处的小圈子承担起应该承担的责任，扮演好应该扮演的角色。

我们要防止的是，自己的思维被所在的小圈子限制死了，完全不去考虑小圈子之外的人的合理需求。每个人都是某些小圈子之中的人，同时也都是更多的小圈子之外的人。如果你不考虑你的圈子之外的人的需求，那么其他圈子的人也没必要考虑你这个圈外人的需求。如此，各种圈子之间的冲突就会不断出现和升级。市场上存在各种假冒伪劣产品。没有任何制作假冒伪劣产品的人是想要把这个产品卖给自己的家人用的。他们所想的都是把这个产品卖给家人圈之外的人。不知他们有没有想过，他们的家人也是在别人的家人圈之外的。

我们反对圈子思维，也提倡照顾圈子之中的人。这两者并不矛盾，而且可以相互协调、相互支持。不受圈子思维的束缚，我们就可以有意无意地调动圈子之外的许多人来与我们一起照顾我们的圈子之中的人。

傅佩荣教授对于身体、心智和心灵，有三句经典的论述。他说：身体互相排斥，心智可以沟通，灵性打成一片①。这个位置我坐了，你就无法坐，这个蛋糕我吃了，你就无法吃；这就是身体互相排斥。我跟你说我的想法和知识，你也跟我说；这就是心智可以沟通。再往上，人脱离了身体和心智的束缚，就到了灵性层面，那人与人之间就是贯通的，人与万物之间就是贯通的；这就是灵性打成一片。我就

---

① 傅佩荣. 傅佩荣讲庄子 [M]. 北京：北京联合出版公司，2018.

借鉴傅教授的这三句话，讲三句类似的话：身处圈内，心兼圈外，灵向大道。也就是说，我要照顾好圈内的人，同时要兼顾圈外的人，还要努力向至高无上的"道"靠近。

要克服圈子思维，当然首先必须具有较好的物质基础。如果温饱都没有解决，那就不可能跳出圈子思维的局限。有了较好的物质基础，我们就应该也能够克服圈子思维，提升格局，拓宽视野，驰骋于无限的精神世界。学习古代圣贤的经典著作，对克服圈子思维非常有用。例如，学了《论语》，才能知道做人的最高境界是什么；学了《道德经》，才能知道什么才是真正的天外有天。没学《论语》之前，你也许认为自己做人已经做得很好；没学《道德经》之前，你也许认为自己的心胸已经很开阔。学了之后，你才知道自己做得还很不够，自己的心胸还不够开阔。

强人所难

强人所难，是指只图自己方便，不考虑自己的需求与别人的需求之间的协调，让别人为难。这包括三种常见的情况。一是表达需求时不充分尊重对方。二是在需求表达中缺少激励对方的内容。三是在得到别人的帮助之后，不对别人表示感谢。

我经常收到PMP®考生的私信或电子邮件，问我问题。不少人在私信或邮件中不留姓名，更不做任何自我介绍。给别人发邮件，希望别人帮助你，哪怕只是一个小小的帮助，也应该告诉对方你的真实姓名。这既是基本常识，也可以体现你对别人的尊重。

有些学生，发电子邮件向我交作业，把作业作为附件，在邮件正文中却一个字都不写。这也是很不好的做法。附件只是附件，如果没有正文，它究竟依附在哪里呢？给别人发邮件，即便主要内容是在附件中，你至少也应该在正文中告诉对方"请见附件"吧。

还有一种常见的情况。年轻人去找工作，只是交一份简历，连一份简单的求职信也不写。或者，虽然写了求职信，但是完全没有针对性，没有针对特定的公司，更没有针对特定的求职岗位，而且还没有亲笔签名。如果不亲笔签名，那就不能算是"你"的求职信。写求职简历和求职信，是一种特殊的需求表达。该怎么写呢？

应该注意以下三点。

- □ 真实性。简历中的每一句话都必须是真实且客观的，都必须有客观证据能够加以证明，虽然你不一定需要出示证据。自我评价的内容，因为属于主观评价，不应该放入简历，而要放入求职信中。

- □ 针对性。简历和求职信一定要针对目标公司和目标岗位来写，突出那些与目标公司和目标岗位最相关的内容。求职信，要写到这样的程度：让招聘官看了求职信就基本能够决定录用你，后面的简历只不过是起支持作用的附件而已。求职信的篇幅通常不超过一页A4纸。

- □ 独特性。在简历和求职信中，都要尽可能体现出你的独特性，特别是与目标公司和目标岗位有一定关联的独特性。用独特性提升你的竞争力。

有些人表达需求时，会不合理地假设对方知道相应的情况，说起来就没头没尾，从而无法激励对方来帮他实现需求。前段时间，我收到一条微博私信："老师，能否把你的PMP®培训的PPT课件发给我一下，我的QQ邮箱是××××××。"我没有理他。并不是我不想给他，而是因为他既没告诉我他是谁，也没告诉我他为什么需要我的课件。隔了几天，他又在微博评论区给了我同样的留言。这次，我这样回复他："我都不知道你是谁，你为什么要我的PPT课件。"我的用意是提醒一下他。没有想到，第二天，他又把上次同样的信息再发给我。我就没有再理他了。他的这种私信和留言，没有任何激励我的内容在其中。我也是需要别人的激励的呀！

在别人帮了你之后，不向别人致谢，这也是不少人或组织易犯的错误。现在，许多服务型公司，如航空公司、酒店等，都会对客户进行在线满意度调查。客户填写完之后，会由机器给予自动回复并致谢。如果客户只是做了选择题，或者没有留下联系方式，那这种自动回复并致谢，也就足够了。如果客户在开放区特别提了意见并且留下了联系方式，那就必须在自动回复并致谢之后，再专门由人工回复并致谢。别让你的客户总是与你的机器打交道。否则，这种客户满意度调查，就很可能变成导致客户不满意的一个重要原因。

管理别人的需求，是很难的。虽然无法做到十全十美，但的确应该尽力而为。希望前面所讨论的五大常见错误及其防范措施，有助于大家把需求管理做得更好！

5

价值的定义

引言

实现了初始需求，也就实现了基本价值。不过，价值的实现，并不局限于初始需求的实现，还应该有更多或更高的内容。例如，我的初始需求是：我要吃饭，我要吃可口且能够改善健康状况的饭。在吃完这样的饭以后，我的初始需求得以实现，也就是基本价值得以实现。在这个基础上，我可能还有了愉悦的就餐体验，与餐厅老板建立了友好关系，对如何吃饭的认识有了提升。这些都是基于初始需求但又超出初始需求的额外价值。同样是吃一顿饭，不同的人所实现的基本价值大致是一样的，但是所实现的额外价值可能差别很大。

如前所述，当今的项目经理再也不能用闭门造车的方式去做项目了。不能只是你告诉我要一个什么东西，我就把这个东西给你造出来，而完全不去管你为什么要这个东西，你想要用这个东西去实现什么价值。现在，项目经理必须把自己的工作适当地向前和向后延伸。

向前延伸，是要延伸到商业分析或可行性研究阶段，协助客户或客户聘请的商业分析师去明确与做项目有关的需求，论证项目的商业可行性。向后延伸，是要在项目收尾阶段更加关注客户将来应该如何使用项目成果，并为他们有效使用项目成果提供协助。在收尾阶段，你不能只是把项目成果"扔"给客户，随他们怎么去用。你必须在把项目成果移交给客户的同时，向客户做好相关信息和知识的转移，并且准备好为客户提供后续支持服务。例如，你要把项目成果的使用说明书交给客户，并为客户提供适当培训。这就好比，父母嫁女儿，不能只是把女儿交给女婿，还必须向女婿介绍一下女儿的成长背景、性格特征、言行方式、优点和缺点等，以便女婿和女儿能够更好地过日子。同时，还要准备好为他们将来可能出现的矛盾提供协调服务。

　　为了便于实现项目成果的价值，在整个做项目的过程中，项目经理必须时刻牢记做项目的需求，以及拟实现的价值，确保不偏离需求和价值。一旦发现有偏离，就要及时进行项目变更。在特殊情况下，甚至要通过修改项目目标来确保需求和价值的实现。当然，修改项目目标，项目经理自己没有权力直接做出决定，而应该由高层管理者来做决定。不过，项目经理应该提出建议。环境的变化可能使原定的项目目标不再适合。也就是说，即便实现了原定的项目目标，也无法实现需求和价值。在这种情况下，就必须修改项目目标。例如，我原定在某个饭馆吃饭，到了之后却发现旁边的商店在装修，很吵闹，会影响我的就餐体验，那就必须改饭馆；因为如果仍在这里吃饭，就实现不了"愉快的就餐体验"这个价值。

　　对于为自己或别人而做的项目，道理都是类似的。为自己做，客户是你自己；为别人做，客户是别人。在做项目之前，都必须明确需求，在做项目的过程中，以及做出项目成果之后，都必须注重项目应该实现的价值。即便是明确自己的需求，关注自己想要实现的价值，也不见得就容易。千万不要以为自己就很了解自己的真实需求和想要的价值。

从需求到价值的路径

　　价值，也可叫"商业价值"，英文是business value。商业价值，不一定是金钱，不一定是有形的，也包括无形的商业价值。英文中的business这个词，与金钱并没有直接的必然关系。价值当然是需要相应的载体的。如果没有这样的载体，价值就无所依附，也就无法实现。

　　价值的源头是需求，没有需求就没有所谓"价值"。有了"需求"（requirment），再有"项目"（project）；通过做项目，得到所需的"输出"（output）；各种相关的输出相配合，就形成某种特定的"结果"（outcome）；再对结果进行应用，产生"效益"（benefit）；再把效益减去为得到输出和结果以及应用结果所付出的"代价"（cost），就得到"价值"（value）（见图1-6）。

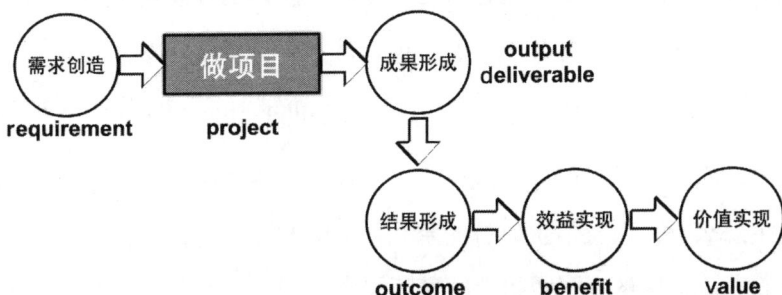

图1-6　从需求到价值的路径

例如，建一个电子商务网站，得到"建成的网站"这个"输出"，同时又培训电子商务工作人员，得到"培训好的人员"这个"输出"。这两个输出配合起来，就有了"开展电子商务的能力"这个"结果"。然后，使用这个能力去开展电子商务，获得收入，这个收入就是"效益"。接着，把收入减去成本，就得到"价值"。前面的那些输出、结果、效益，都是价值的载体。实现了拟定的价值，需求也就实现了。

有些情况下，"输出"和"结果"并非截然分开，而是混合在一起的。例如，我参加一个培训班，学习某种技术，在得到"学会的技术"这个"输出"的同时，也就有了"使用该技术的能力"这个"结果"。很多情况下，"效益"和"价值"这两个词又是等同的，可互换使用。考虑到"效益"和"价值"经常可互换使用，为了讲述的方便，后文无论用"效益"还是"价值"，它们都有相同的意思。也就是说，效益就是价值，价值就是效益。

价值是客体对主体的用途

一般来说，价值是特定客体对于特定主体的用途或积极作用。特定客体，就是各种特定的事物，如杯子、桌子、椅子、一场演出、一次讲课。特定主体就是特定的个人或人群。这个杯子对我有用，能给我提供喝水的便利，它就有价值。这堂课能够引发我思考，启发我改进自己的言行，它对我就有价值。项目管理方法能够提高我的工作效率和效果，它对我也就有价值。所以，有无价值，以及价值的大小，不仅取决于客体，而且取决于主体，甚至取决于主体的程度还更高。也就是说，同一个事物，对不同的人，会有不同的价值，甚至会有很不同的价值。例如，同样的一碗饭，对肚子极饿的人，很有价值，但对肚子不饿的人，就完全没有价值。

同样的一堂课，学生能够收获什么，不仅取决于老师讲什么课以及怎么讲，更取决于学生怎么听，以及学生原有的基础。老师的课讲得再好，一只猴子也肯定不会有任何收获。老师的课讲得再差，善于思考的学生也会很有收获。对于善于思考的学生，他们不会"垃圾进去，垃圾出来"（Garbage in, Garbage out）。他们甚至能够做到"垃圾进去，金子出来"（Garbage in, Gold out）。他们怎么能够做到这一点呢？因为老师所讲的内容，只是引发他们思考的启发物。他们会从这些启发物出发，去做逻辑思考、系统思考，延伸思考、发散思考，甚至会做批判思考、逆向思考。如果老师讲得良好，那就做逻辑思考和系统思考；如果讲得一般，那就做延伸思考和发散思考；如果讲得较差，那就做批判思考和逆向思考（见图1-7）。这么多种思考方式，总有一款适合你，你用那一款最适合的方式去思考，就能够得到具有金子般的价值的知识和想法！

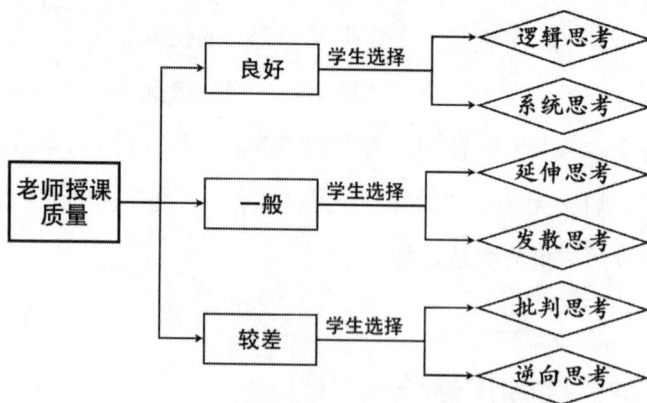

图1-7　针对授课质量的学生思考方式选择

前几年，得知几乎所有的相关专家对某事物的预测都出错了，我就通过批判思考和逆向思考对"专家"下了一个新定义：专家是善于凭经验做出判断，而且即便错了，别人也愿意相信他的人。为什么即便错了，别人也愿意相信他呢？这是因为他以往长期的信誉积累。对专家的话，听众首先会选择相信，而不是怀疑。如果对你的话，别人首先选择怀疑，那你在别人的眼中就肯定不是专家。专家偶然地错一两次，是可以的，如果总是犯错，那以后就不再是专家了。

看书也一样，如果善于批判思考、逆向思考，那么一本错误很多的书，也对你很有价值。例如，我看到某本书中的笔误类小错误不少，就做了批判思考，得到了这一句结论：如果经常出现笔误，那就一定不是笔误了。我的这句话类似于墨菲定律："如果事情可能出错，那就会出错。"墨菲定律，可以做各种延伸。例如，延伸成：如果可能迟到，那就会迟到；如果可能考不及格，那就会考不及格。我的这句话，也可以做各种延伸。例如，如果经常迟到，那就一定不是迟到了；如果经常感冒，那就一定不是感冒了；如果经常不开心，那就一定不是不开心了。这些表面的小问题的背后，一定有某个深层次的根本原因。只有把这个根本原因挖出来，才能解决这些小问题。

我在给研究生上课时，向他们推荐了一种新的记笔记的方法。我建议他们，一边听课一边记笔记。记笔记，不仅要记你听到了什么，还要记你想到了什么，更要记你产生了什么疑问。这样记笔记，就会促使你在听课时做延伸思考和批判思考。

有些人听课为什么会打瞌睡？根本原因并不是老师讲得不好，而是他们没有思考。并非坐在教室里就算是听课。如果你对听到的知识，不在脑子里打一个转甚至打几个转，那这些知识便只是这个耳朵进，那个耳朵出。这样听课，脑袋处于休息状态，当然就会打瞌睡了。所以，听课，一定要过脑子。只有过脑子了，才能形成你自己的知识，这堂课才对你真的有价值。对于课堂上所产生的疑问，课后必须设法解决。对于自己实在解决不了的疑问，就在下一次上课时向老师提问，与老师讨论。

基于长期的学习、思考和实践，我已经善于把任何话语、意见或事物，都当作启发物，并且很自然地进行逻辑思考、系统思考，或者延伸思考、发散思考，或者批判思考、逆向思考。如果我认为他的意见是不对的，那就做批判思考、逆向思考。如果我认为他的意见是有道理的，那就做逻辑思考、系统思考，或者做延伸思考、发散思考。我愿意听取各种意见，因为各种意见对我都是有价值的。

价值是个人的主观感知

特定客体对我来说是否有用途或积极作用，如果有，又有多大？这其实是我的主观感知。鉴于此，我对价值下了一个更通俗的定义：价值是特定个人在特定时间和特定场景中对特定事物的用途或作用的主观感知。

价值，首先是一种主观感知，具有主观性。你表扬或批评我，我之所以会有不同的反应，就是因为我的主观感知不同。前段时间，一位网友给我留言："你的PMP®网络课为什么要卖得那么贵呀？"我回复他："那你认为应该卖多少钱呢？"他又回复："不是说知识无价吗？"我又回复他："价值是你的主观感知，而价格则取决于市场行情。无论定多低的价格，只要你感知到的价值是低于价格的，那你就不会购买。所以，即便卖100元，也会有人觉得价格太高的。"

事实上，任何购买决定，都是基于买主感知到的价值是高于商品或服务的价格的。要提高客户的满意度，就必须设法提高客户所感知到的产品或服务的价值。了解了这个根本，企业就不会陷于纯粹的价格竞争，客户就不会片面地选购低价产品或服务。请注意：低价格往往是伴随着低价值的。片面地追求低价格，既害己又害人。

其次，价值具有时效性。价值一定是个人在某个特定时间的主观感知。毫无疑问，个人的主观感知会随着时间的推移而变化。你今天感知到的高价值，到了明天说不定就变成了低价值。有些女士的冲动性购买决定，就是一时的冲动性价值感知所决定的。很可能在做出冲动性购买决定以后就会后悔，因为过了这个时间，这种冲动性价值感知也许就消失了。

那么，有没有可能你对某事物的价值感知长期稳定不变呢？也就是说，你一贯认为它具有高价值或低价值。当然有可能！这种长期稳定的价值感知，就变成了你的"价值观"。价值观是长期稳定的价值感知。换句话说，价值观是你对什么为好或为坏的一种可持续的价值感知。例如，你一贯认为某个人是好人，你一贯认为某公司的服务很好。这些都是基于长期的价值感知所形成的价值观。无论是做人还是做企业，都要致力于把别人或客户对你的正面价值感知变成正面价值观。

最后，价值还具有场景性。价值一定是个人在某种特定场景中的主观感知。在不同场景中，比较的基础不一样，个人的主观感知也会发生相应变化。对同一个事物，你在某个场景中感知到的高价值，在另一个场景中也许就变成了低价值。

当然，也可能存在这种情况：你的某种价值感知是不受场景的影响的。例如，无论在什么场景，你都认为自己的父母是最好的父母，自己的儿女是最好的儿女。这种不受场景影响的价值感知，其实是变成了你的一种"信仰"。古代的有些英雄人物被神化了，就是后人把对他们的价值感知变成了信仰。信仰是不受场景和时间影响的价值感知，是不再需要验证的价值感知。例如，我坚信我的父母是最好的，我就不需要去验证。信仰无须证明，我只要坚信即可。

把价值的主观性、时效性和场景性合在一起，我们就可以把"价值"定义为：特定个人对特定事物的具有时效性和场景性的主观感知。

服务的价值与心理契约

上述对价值的定义，对于诸如航空公司之类的服务型公司，特别有意义。做服务，与卖产品很不一样。卖产品，只需要根据合同约定把符合要求的产品以确定的价格交付给买方即可。但是，做服务，双方的合同约定，只是对服务的底线要求。做服务，最重要的并不是符合合同约定，而是符合双方之间的心理契约。心理契约，是虽然没有写下来，但是双方都心知肚明的东西。客户对服务提供者会有一定的心理期望，这种心理期望可能与书面合同约定没有直接关系。你只有满足了客户的心理期望，客户才会对你的服务有很好的主观感知，你的服务对客户才具有高价值。

现在，即便是卖产品，在大多数情况下，也不是纯粹地卖产品了，都或多或少地含有一些服务的内容。所以，努力与客户建立合理且稳定的心理契约，并按这种心理契约去开展业务，对任何公司都至关重要。如果与客户没有稳定的心理契约，那客户就缺乏对你的长期信任，就不可能成为你的忠实客户，而只能是临时的、偶然的客户。他今天买你的产品，用你的服务，明天就不一定还买你的产品，还用你的服务。忠实的客户，是一贯会买你的产品，用你的服务的。

如果你有意无意地打破心理契约，就会严重降低客户对你的服务的价值感知，导致客户极度不满意，即便你的服务仍符合书面合同约定。因为经常坐飞机，所以我就成了某航空公司的金卡会员。2019年3月的一天，我从昆明飞往深圳。飞机停在远机位，需坐摆渡车登机。以往，对金卡会员，航空公司一直都提供专车摆渡。有一次，我自己去了登机口，准备坐大巴，他们硬是打电话找到我，把我"抓"上了专车。航空公司对金卡会员长期提供专车摆渡，这就是与金卡会员之间建立了一种心理契约。根据这种心理契约，3月的那一天，我当然就预期会有专车摆渡。当我听到登机广播，去服务台等候时，才被平静地告知，他们现在只为头等舱乘客和白金卡会员提供专车摆渡。

大家注意到我的用词了吗？"平静地告知"。航空公司的服务员既不热情，也不冷漠，当然也没有任何不好意思。她只是例行公事地告诉我这个情况。航空公司在没有事先告知我的情况下，单方面打破了他们与我之间的心理契约。航空公司要取消专车摆渡，当然是可以的，但至少应该提前告知。提前告知的最晚时间点就是两小时之前，在我到达VIP候机室的时候。临登机时才告诉我，就不算是提前告知了。其实，没有专车摆渡，对我这个经常挤公交车出行的人，根本就不是个事。

航空公司这个打破心理契约的做法，也启发了我做相应的思考。当然是做批判思考和逆向思考。在两小时的航程中，我就反复思考，什么样的服务是会让客户不满意的，试图建立一个"劣质服务理论模型"。飞机在深圳宝安国际机场降落时，我心里还真的就把这个理论模型基本建成了。这就是批判思考的好处。他们提供的服务有问题，没关系，我可以通过批判思考把坏事变成好事，实现意想不到的价值。

在这个劣质服务理论模型中，我把劣质服务分成了三个层级。

- □ 最严重的劣质服务，是该提供的不提供，这是违反书面合同约定的"欺骗型服务"。对于欺骗型服务，客户可以投诉，可以索赔。对提供欺骗型服务的公司，客户很容易鉴别并抛弃。

- 稍轻一点的劣质服务，是不该提供的，有时提供，有时又不提供，这是挑战双方之间的心理契约的"折腾型服务"。不该提供的，是指书面合同中没有约定的额外附加服务。额外附加服务，有时提供，有时又不提供，那客户就无法建立对你的服务的合理预期。

- 还有一种劣质服务，就是不该提供的，提供久了之后又突然不提供，这是单方面打破心理契约的"伤害型服务"。我所经历的那个"突然不再提供专车摆渡"，就属于伤害型服务。如果因情况变化，你的确无力再像过去那样提供额外附加服务，那至少应该提前告知客户，让客户有时间去调整对你的服务的预期。绝大多数客户都是懂道理的，你只要提前告知，特别是真诚地提前告知，他们都能接受这种变化。如果你表现得足够真诚，甚至可以通过这个告知来提升客户对你的服务的价值感知。

如果要用最简单的语言来描述优质服务的特性，那就是服务的"一致性"（consistence）。首先，提供的服务必须与书面合同约定一致。这是最基本的一致性。如果连这个一致性都做不到，那就无法在市场上生存和发展。其次，提供的服务应该在不同时间保持一致，不要一会儿这样，一会儿那样，以便客户建立对你的服务的可持续的价值感知。这是时间上的一致性。让客户不断重复对你的服务的高价值的主观感知，客户就会成为你的最忠诚的客户。最后，提供的服务应该在不同场景保持一致，不要在这里的服务与在那里的服务有很大区别。这是空间上的一致性。例如，航空公司对金卡会员的候机服务，应该在各个机场保持一致。即便做不到完全一致，那至少也应该在同级别机场对基本服务保持一致。如果你能够在这三个"一致性"方面都做得很好，那就能够把客户对你的服务的高价值感知，变成客户的价值观和信仰。这样的客户，是别人无法抢走的。

6

价值的主要类别

项目对组织的各种效益

前文把价值定义为一种主观感知，这当然是价值的最终表现形式。也就是说，某个事物对某个人的价值，最终体现在这个人的主观感知上。如前所述，"价值"和"效益"这两个词可替换使用，所以这里的"价值"也就是"效益"。对"价值"或"效益"，我们还需要了解各种其他的表现形式，以便对其有更全面的认识。

PMI在《效益实现管理实践指南》中，对组织可以通过做项目实现的效益，举了这些例子：客户满意度提升，战略与实施的协调性，生产率提升，竞争优势，运营的有效性，成本控制的改善，市场竞争力提升，业绩的可预测性，沟通的改进，决策的有效性[1]。类似地，我们也可以举出个人可以通过做项目实现的一些效益，例如，健康状况的改善，心智的成熟，人际关系的改善，职业竞争力的提升，工资收入的提升，知识水平的提高，个人形象的改善，个人阅历的丰富，个人经验的丰富，等等。

根据PMI的《效益实现管理实践指南》，效益可被分成以下几类。

☐ 有形效益与无形效益。有形效益是能够进行客观测量的效益，无形效益则是无法客观测量的，只能主观评价。例如，施工企业通过承发包合同为业主做项目，所获取的收入，就是有形效益；而在做项目的过程中所积累的声誉，则是无形效益。

☐ 预期效益与突显效益。预期效益是在项目进入执行阶段之前就规划好的、拟实现的效益，是已经直接写入效益实现计划的。突显效益是并未事先规

---

[1]Project Management Institute. Benefits Realization Management: A Practice Guide[M]. Project Management Iustitute, 2019.

划的，而是在项目执行期间或之后才实际发生的效益。突显效益虽是事先未预计到的，但不一定是完全意外的。例如，公司开展大型公益活动，预期效益是公司形象的改善。公司原本没有设想这个活动能立即提高产品销量。没有想到的是，在大型公益活动开展期间，产品销量有了大幅度的提升，这个就是突显效益。

□ 直接效益与间接效益。直接效益是项目直接产生的效益，通常是事先规划过的预期效益。间接效益是从直接效益延伸出来的，可能是事先规划或未规划过的。如果是未规划过的间接效益，则同时也是突显效益。例如，为了适应业务发展的需要，公司决定扩建电话客户服务中心。其直接效益是：客户电话得到更快速的响应，以及相应的客户满意度的提升。可能的间接效益是：工作人员因工作压力减轻以及客户满意度提升而提高了他们自己的工作满意度。

□ 内部效益与外部效益。内部效益是指项目所在组织的内部的部门、小组或人员将获得的效益。外部效益是指项目所在组织的外部的组织、团体、小组或人员将获得的效益。例如，公司开展组织机构改革项目，使各部门之间的合作更加紧密。其内部效益就是公司的工作氛围更好了，工作业绩得以提升。其外部效益则是客户能够得到更好的服务，客户满意度得到提升。

□ 长期效益与短期效益。长期效益是有利于组织创造或利用未来的机会，或者规避或应对未来的挑战的效益。例如，所积累的经验教训，是长期有用的，属于长期效益。短期效益是有利于组织创造或利用当前的机会，或者规避或应对当前的挑战的效益。例如，今天获取的一笔收入，明天就用于应对一个威胁或抓住一个机会，那么这笔收入就是短期效益。

□ 暂时效益或持续效益。暂时效益是只发生一次的，以后不会再发生的效益，例如，一次性的成本节约或收入增加。持续效益则是会在相当长的时间内持续发生的效益，例如，收入会持续增加，成本会持续节约。

项目对个人的各种效益

上述关于项目对组织的效益的分类，在稍加调整后，也可适用于对个人的效益的分类。例如，个人开展减肥健身项目，就需要考虑暂时效益与持续效益、短期效益与长期效益、直接效益与间接效益、内部效益与外部效益、预期效益与突显效益等。直接效益是体重减轻了，身体改善了；间接效益是精神更好了，情绪更好了。内部效益是这个人自己受益了；外部效益是周围的人也跟着受益了，至少家人不必再像过去那样担心这个人的健康。

健身不仅是为了自己，其实，更是为了周围的人，包括自己的家人、亲人、朋友、同事、学生等。尽力保持自己的身体健康，这才是对周围的人的最大的爱，特别是对家人。你如果真正爱你的家人，那就一定要尽力保持自己的身体健康。如果自己的身体不好，那家人会跟着受多大的罪呀。前些年我经常痛风，我爱人就经常陪我跑医院，我就觉得非常对不起她，然后我就努力健身。现在，我已经好几年没生过病了，连感冒都没有过，我爱人也就不必陪我跑医院了。这多好呀！

如果只是为自己而健身，也许你的动力还不够，那么再加上为了家人、亲人和朋友等周围的人而健身，你就一定会有足够的、超级强大的动力。对于健身，必须记住这句话：健康我一个，惠及千百人。

可能伴随的"无益"

PMI在《效益实现管理实践指南》中，还特别提醒我们注意可能伴随着"效益"而来的"无益"（disbenefit）。无益是指项目所产生的，人们所不喜欢的直接后果。例如，用公私合作PPP方式建设收费公路，其效益是公路建设更快，无益则是公路使用者需要付费。

再如，用微信等网络通信技术进行沟通，其效益是沟通更加迅速和方便，无益则是面对面交流减少；其效益是拉近了物理距离相距甚远的人，无益是拉远了物理距离相距很近的人。

在考察项目效益时，必须权衡"效益"和"无益"，防止无益大于效益。

效益管理的五大原则

PMI在《效益实现管理实践指南》中阐述了开展效益管理的五大原则。遵守这五大原则，有利于实现项目效益。这五大原则，虽然是为组织制定的，但是稍加调整之后，也适用于个人。这五大原则如下。

- □ 净效益决定资源投入。在考虑把有限的、宝贵的资源用于哪个项目的时候，必须认真考虑通过该项目可以获得的净效益。只有净效益大于零的项目，才具有投资的价值。
- □ 在项目开始之前识别效益。虽然并非全部效益都可以在项目开始执行之前被明确地识别出来，但是我们仍然要尽力去识别特定项目将产出的效益。这样就有利于让项目相关方了解做项目的意义，防止为做项目而做项目。同时，也可以让大家受到激励，努力去做、去支持这个项目。
- □ 书面记录预期效益。项目的预期效益，一定要书面记录在相关文件中，如商业论证报告、项目章程、效益实现计划。书面记录，有利于将效益考虑得更加全面和系统，有利于效益的实现，有利于追踪和考核效益的实现情况。
- □ 开展综合性效益管理。必须从整个组织的需求出发，来考虑项目的效益管理，防止片面考虑问题，防止因局部利益而损害全局利益。这其中也包括根据新出现的机会或新发生的威胁而进行变更，以确保项目始终符合整个组织的目标。
- □ 开展有效治理和投入必需资源。项目治理是高层领导对项目工作的指导、支持、监督和控制。项目效益的实现，当然离不开有效的项目治理，以及在高层领导关心之下的所需资源的投入。

效益实现的三大阶段

PMI在《效益实现管理实践指南》中告诉我们，要在上述五大原则的指导之下，通过识别效益、执行项目和保持效益这三个阶段来开展效益管理，确保效益的实现。当然，这三个阶段并不一定要完全独立地开展，而是经常可以融入其他相关管理工作，一并开展。

在识别效益阶段，要识别出拟实现的效益，编制出效益实现计划。效益实现计划的主要内容包括目标效益、战略一致性、时限要求、责任人、测量指标、假设条件和可能风险。为了更加全面有效地识别出项目将要实现的效益，可以使用效益登记册、效益属性表、效益地图和效益跟踪矩阵这些工具。效益识别的结果要记录在效益登记册、效益属性表、效益地图和效益跟踪矩阵中。用效益登记册来登记已识别出来的全部效益的基本情况，包括效益标识号、效益名称、效益描述和效益类别等（见表1-3）。用效益属性表对每个效益进行更详细的描述，对效益登记册起补充作用，例如，可以补充效益依赖关系、追踪要求、实现时间等。

表1-3　　　　　　　　　　　　　　效益登记册

效益标识号	效益名称	效益描述	效益类别

效益地图是用来把输出、结果、效益（中间效益、最终效益）及目标等联系起来的一张地图（见图1-8）。

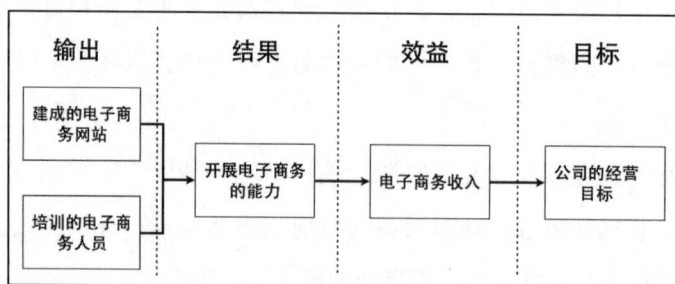

图1-8　效益地图示例

效益跟踪矩阵是用来把每个效益都落实到具体的可交付成果上面的一个表格（见表1-4），也就是说，用于明确作为每个效益的载体的可交付成果。例如，某个效益要通过某三个特定的可交付成果才能够实现。不做出这三个可交付成果，这个效益就会落空。

识别效益主要是在项目的前期准备阶段、启动阶段和规划阶段开展。

表1-4 效益跟踪矩阵

效益名称	项目A			项目B			项目C		
	成果A1	成果A2	成果A3	成果B1	成果B2	成果B3	成果C1	成果C2	成果C3
效益1		√			√			√	
效益2	√	√	√						
效益3				√	√		√	√	

在执行项目阶段，则要开展项目执行，做出为实现效益所需的可交付成果，并且把可交付成果移交给效益责任人，以便效益责任人使用可交付成果去实现想要的效益。这个阶段也就是项目的执行阶段（在规划阶段和收尾阶段之间的阶段）。要通过项目执行，做出所需的可交付成果。只有这些可交付成果都做出来了，效益才有可能实现。

在保持效益阶段，效益责任人使用项目可交付成果去实现想要的效益。这个阶段通常是对项目可交付成果的持续性使用，可以持续很长时间。项目经理应该为效益责任人实现效益提供必要的协助。

效益实现的不同方式

有些效益是随着项目工作的开展，就会自然而然地实现的。例如，承包商一边为业主做项目，一边就获得了收入、赢得了声誉、积累了经验教训。这类效益，有的是你无须做任何额外工作就可以获得的，如收入。有的是必须特别注意才能够获得的，如声誉。如果不特别注意，那也许就无法赢得声誉，甚至还会在做项目的过程中损害声誉。还有的是必须要做适当的额外工作才能更好地获得的，如经验教训。经验教训，虽然也可以无须做额外工作就自然获得，但这样获得的经验教训会很有限、很零散。

只有进行专门的思考和总结，并写成书面文件，才能得到更好的、更有系统的，从而也是更有价值的经验教训。经验教训是一定要写下来的。只有写下来的经验教训，才会更加系统，才便于以后查阅，才便于与别人分享，也才能给自己带来更大的成就感。即便总结出来的是教训，写下来的教训报告，也会给你带来成就感。你会为自己能够直面教训而自豪，也会建立起对以后取得成功的信心。人们常说，失败是成功之母。但是，如果不总结教训，那失败就只能是失败之母。要把失败变成成功之母，就必须做总结，必须做系统的书面总结。

我经常看足球比赛。我曾经发了这样一条微博：对于任何球队，真正可怕的并不是输了一场球，哪怕是很重要的球，而是球队不欢而散，成员带着负能量离开，教练结账走人，不留下书面经验教训总结，领导高高挂起，不组织大家做后评价，不组织大家更新组织过程资产，从而让失败孕育失败[1]。

前面提到过，相互配合的项目合在一起，被称为"项目集"。只有这些项目配合好了，才能实现仅靠某单个项目所无法实现的效益。这些项目之间的配合关系是如此紧密，以至于如果任何一个项目失败，就无法实现这样的效益。例如，可以做这四个项目：扩建港口设施，扩建通向港口的铁路，扩建通向港口的公路，以及招聘和培训港口工作人员。只有这四个项目都成功了，才能实现"提升港口的货物吞吐量"这个更大的效益。再如，你要改善自己的身体健康状况，就需要开展体育锻炼、饮食调整、心理调整和人际关系改善这四个项目。只有这四个项目配合好了，才能取得理想的健身效果。缺少任何一个项目，你都无法取得理想的健身效果。例如，没有良好的心理调整，你的身体就不可能有多好。

还有些效益，则是必须通过对项目可交付成果的运营才能实现的。例如，生产企业做一个生产线建设项目，建成了一条生产线。这条生产线，只有投入持续性运营，才能为企业带来应有的效益。如果不做运营，那就是为做项目而做项目，毫无意义。再如，你参加一个培训班，学到了项目管理知识。随后，你必须对所学到的知识进行应用，这些知识才能给你带来应有的效益。

---

[1] 汪小金博士的微博：weibo.com/drwangpm。

7

处理好六大关系

引言

在学习与价值或效益有关的基本知识之后，我们来讨论以价值为导向的思维模式和行为模式。

做任何事情，都一定有一个源头。这个源头就是需求。对所做的事情，也应该追求有一个最终的落实。这个落实就是价值。从需求出发，以价值落地，做事情就会既有动力，又有意义。

为了更好地实现做事情的价值，应该处理好以下六大关系。

- □ 价格与价值的关系。
- □ 过程与价值的关系。
- □ 成果与价值的关系。
- □ 减轻阻力与增强推力的关系。
- □ 自我价值与他人价值的关系。
- □ 当前价值与未来价值的关系。

价格与价值的关系

如前所述，价格是市场行情，而价值是主观感知。在不同市场上，同一种产品或服务可能价格很不同，哪怕人们对它的价值感知并没多大区别。例如，一本英文版项目管理图书，在美国卖80美元，翻译成中文，在中国大陆地区就只能卖80元人民币。只有感知到的价值高于产品或服务的价格，人们才会做出购买决定；感知价值高于商品标价越多，人们购买的愿望就越强烈，就越会购买该产品或服务（见图1-9）。

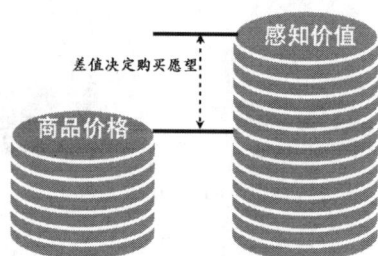

图1-9　感知价值与商品价格的差值决定购买愿望

感知价值与商品价格之间，有以下几种可能的变化关系。

☐ 感知价值不变，商品价格变高，从而差值变小，客户的购买愿望降低。如果因环境变化，如原材料供应短缺，商家想要降低产品销量时，就可利用这种关系。

☐ 感知价值不变，商品价格变低，从而差值变大，客户的购买愿望提高。利用这种关系的典型代表就是，公司在短时间内大幅度降价，做促销活动。

☐ 感知价值和商品价格同时变高，差值保持不变，高收入人群的购买愿望提高。例如，对同一种产品或同一类服务，推出价格更高的豪华版。

☐ 感知价值和商品价格同时变低，差值不变，低收入人群的购买愿望提高。例如，对同一种产品或服务，推出普及版或廉价版。

无论是客户还是商家，在制定与交易有关的决策时，固然需要考虑价格，但更应该考虑价值。作为客户，要考虑自身的价值最大化，而不是价格最低化。作为商家，要考虑通过为客户创造更大的价值来提升自己的价值，而不是简单地打价格战。

客户和商家都应遵守这个原则：以承受得起的价格去获取可能的最大价值。对于价格，只需要这样考虑：我能不能承受得起？只要能够承受得起就可以。在这个基础之上，我再重点考虑如何让价值最大化。事实上，任何投资或付出都是合理的，只要你能够把适当的回报（价值）拿回来。更多地考虑回报（价值），而不是这个"付出"本身的大小，这就是基于价值考虑的做决策的方法。如果主要考虑

"付出"的大小，而不考虑价值或回报的大小，那就是典型的基于价格考虑来做决策。很多人都需要改变单纯基于价格考虑去做决策的做法。

过程与价值的关系

价值的实现，是需要载体的，而做事所经历的过程，就是重要的载体之一。如果没有合适的过程，有些价值是无法实现的，那些即便仍然能够实现的价值，也可能大打折扣。例如，年轻人可以向父母亲要一笔钱，也可以自己打工赚同样一笔钱。这两笔钱对于他来说，虽然有相同的购买力，有相同的有形价值，但无形价值有天壤之别。向父母要钱，过程很容易，很短暂；而自己赚钱，过程更困难，更长期。自己赚钱，经历了那么一个过程，这一笔钱就有很大的无形价值。

越是困难的过程，只要你克服了困难，成功地经历了那个过程，就越能够丰富你的人生体验，提升你的无形价值。我在澳大利亚自费读博士，一边打工一边读书，那段经历非常困难。那也是我收获很大、快乐很多、成长很快的一个时期。每克服一个困难，都会有收获，也就有了快乐和成长。事情过后，还会有更加愉悦的感觉。时间越长，困难的经历在你心里就会令你感到越愉快。等到你70岁、80岁、90岁或100岁的时候，真正能回想起来的，并不是很平淡地度过的那些很舒适的日子，而是很艰难地走过的那些很困难的日子。

不经历必要的困难，也就无法对幸福有深切的感知。如果觉得今天的日子太苦，那是因为你没有过过更苦的日子。如果通过自找苦吃，把最大的苦都吃掉，那以后就全是享福了。所以，今天自找苦吃，这是创造未来的幸福生活的一种有效办法。我在国外读书时，做案例作业，通常都会选择较难的题目去做，或者从较难的角度去做。我通过主动创造困难和克服困难，在做作业的过程中获得更丰富、更深刻的体验，使做作业这件事对我自己更有价值。自找苦吃，创造困难，这仍然是我目前用于体验人生的方法。

我自己找的苦、创造的困难，比起在我毫无准备的情况下突然出现在我面前的苦和困难，当然是更容易应对和克服的。我自己找的苦、创造的困难越来越多，那么突然冒出来的苦和困难当然就会相应减少。我在国外打工的时候，就真正地体会到了英文中的enjoy这个词的意义。即便是一个困难，即便是一个挑战，即便做事的过程是很苦的，我也要去enjoy。这种enjoy，会给自己带来很大的无形价值。

学生做作业、写论文，如果不经历一个创造和克服困难的过程，即便得到了及格的分数，那所获得的价值也非常有限。对学生来讲，做作业和写论文的过程，甚至比所得到的分数更加重要。那些到最后时刻才来赶工的学生，就在很大程度上牺牲了做作业或写论文的过程，也就失去了依附于这个过程的那些无形价值。

成果与价值的关系

成果就是项目管理中所强调的可交付成果，是在做事的过程中或做事结束时必须交付出来的有形或无形成果。成果也是价值的载体。没有相应的成果，价值就无所依附，也就谈不上实现与否。如前所述，应该编制效益跟踪矩阵，把相应的效益都落实到具体的可交付成果上面；只有相应的可交付成果都做出来了，特定的效益才能实现。

根据项目管理的要求，做事情，必须明确要交付出什么可交付成果。可交付成果，就像一盏指路明灯，激励你不断前进。有一位学生曾经问我：你靠打工自费读博士，那么辛苦，是怎么熬过来的？我回答道：如果你心里有一盏明灯，那么周围的一切黑暗都不在话下。我的这句话，其实跟著名的哲学家尼采的那句话很相似。尼采曾经说过：一个人，他如果知道为什么而活，那么就能够忍受任何一种生活。也就是说，再大的苦，他也不怕。我心里的那盏明灯，就是我要获得的博士学位，而且是含金量较高的博士学位。只有获得了这个博士学位，我才能实现相应的价值，例如，自我成就感、理想的职业发展。

如果可交付成果不明确，你就没有足够的动力去努力、去吃苦、去克服一切困难。做事情，可以先设想好要取得的成果，再设想基于这些成果的、想要实现的价值。也可以先设想好要实现的价值，再去设想为实现这些价值而必须做出的成果。当然，这两者也可以循环进行。例如，我可以先想好，今天就是要完成20公里跑步。"跑完的20公里"，就是要做出的可交付成果。然后，我可以根据这个成果去设想，通过跑步要获得什么样的人生体验。"我要获得的人生体验"，就是在完成了跑步之后要实现的价值。

成果与价值之间，既可以是一对一的关系，也可以是一对多的关系，即从一个成果延伸出多个价值，还可以是多对一的关系，即多个成果同时指向一个共同价值。尽量明确成果与价值之间的联系，对于自我激励和有效做事很有意义。

减轻阻力与增强推力的关系

在实现价值的过程中，既有阻力，又有推力，这就好比一辆汽车，既有刹车，又有油门。那么，应该如何处理减轻阻力和增强推力之间的关系呢？

可以既减轻阻力又增强推力，例如，既消除各种导致客户不满意的原因，又强化客户所喜欢的产品或服务特性，从而提高客户满意度。

也可以只增强推力，或只减轻阻力。很多情况下，只要针对客户的痛点，去减轻阻力，就能取得很好的效果，极大地提升客户满意度，实现很好的价值。减轻阻力，可能比增强推力更加容易、更加有效。遗憾的是，公司往往更关注增强推力，而不是减轻阻力，例如，公司不重视对客户投诉或建议的处理。认真处理客户投诉或建议，这是发现和减轻阻力的最好办法。客户之所以投诉或提建议，通常是因为他的某个痛点被戳到了。认真处理好客户的投诉或建议，就能极大提升客户满意度。其实，要看一家公司是否真的重视客户，只需看它如何处理客户投诉或建议。真正重视客户的公司，一定会很认真地处理客户投诉或建议。

更遗憾的是，有些公司会一边增强推力，一边又增强阻力，这就相当于一边踩油门，一边又踩刹车。例如，有些公司一边试图通过客户满意度调查来提高客户满意度，一边又对客户在调查中提出的建议不予理睬，例如，不给认真提了建议的客户人工反馈。在PMI的《PMBOK®指南》（第6版）中，故意把"告知收悉"与"提供反馈"分开，作为两件事，这很有意义[1]。客户认真地给你提了建议，你立即通

①Project Management Institute. 项目管理知识体系指南（PMBOK® 指南）[M]. 6 版. 北京：电子工业出版社，2018.

过机器给他自动回复和致谢，这个只是"告知收悉"；随后还要再给他人工回复和致谢，这个才是"提供反馈"。人工回复，就必须告诉他你是怎么理解和处理他的建议的。这个人工回复，可以体现出你对客户的重视。"告知收悉"和"提供反馈"这两件事，既可以同时完成，也可以按先后顺序完成。有的信息，你给了我之后，我能够立即理解，那么我在告知收悉的同时，就要给你反馈，即：告诉你我是怎么理解的，我准备如何行动。有的信息，我收到之后，需要花一段时间去消化和理解，那么我在收到信息后要立即告知收悉，并同时告诉你隔一段时间再给你正式反馈，并按时给予正式反馈。"正式反馈"，必须是人工提供的；任何机器自动给出的都只能是"告知收悉"。

我为什么特别喜欢跟PMI打交道，因为PMI特别注意既要向客户"告知收悉"，又要向客户"提供反馈"。例如，我给PMI发电子邮件，不仅立即会收到机器自动给出的"告知收悉"，而且过几天还能收到由相关工作人员人工发出的"反馈"邮件。大家去看PMI的"客户服务"，其英文不是customer service，而是customer care。这个care，当然比service高出一大截。我们应该学习PMI的customer care，真正关心和关怀客户。

那种不给客户提供任何人工反馈的客户满意度调查，就很可能成为导致客户不满意的一个重要原因。只要稍微留意一下，你就会发现不少公司都是这样的。这样同时既踩油门又踩刹车，不仅两者的力量会相互抵消，而且往往是刹车所起到的作用更大，也就是客户不满意的程度会变得更加严重。千万别既踩油门又踩刹车。

自我价值与他人价值的关系

没有任何人可以不与别人发生联系。每个人在追求自我价值时，都需要考虑如何处理与他人价值之间的关系。自我价值与他人价值，虽然会存在一定的冲突，但是如果我们的心胸开阔一些，位置站高一点，眼光放远一点，那么绝大多数冲突都是可以化解的。

如果你经常陷于腥风血雨式的利益争夺，那很可能是因为你的站位不够高，没有站到云层上面去。只要你像坐飞机一样，飞到了云层上面去，那一定是一片阳光，根本不可能存在风雨。可能有人要问：如果就是有人要与我争，那我该怎么办？只要不是原则性的问题，我会选择主动撤退。我自己从小就是这样的人。你要跟我争，我就主动撤退，并设法到一个更广的天地和更高的层面去战胜你。当然，我不会宣布已经战胜了你，我的这种胜利对你也没有任何伤害。世界这么大，我为什么非要在这里跟你争呢？我可以到另一个地方去做事；我要想办法跳到一个更高的层面上去。我在更高的层面取得了成绩，那就相当于是战胜你了。所以，不把有限的精力耗费于无意义的竞争，这是实现自我价值的一个法宝。

在基本的温饱问题解决之后，人与人之间的绝大多数利益冲突，其实都是可以协调的，都是可以转变为共赢的。例如，你组织五个人写了一本书，需要分配稿费。大家都请你拿40%，其他四位成员每人拿15%。但是，你只愿意拿30%，让其他成员每人拿17.5%。你看似吃亏了，其实是占便宜了，因为大家更信任你了，大家宣传这本书的积极性更高了。这本书原本可发行1万册，你的税前稿费是：1万册乘以定价70元乘以10%再乘以40%，等于28000元。由于大家的积极宣传，书的销量增加到了1.5万册。即便是按30%的比例，你的税前稿费也增加到了31500元。从你获得的稿费来讲，你是不是占便宜了？纠结于自己和别人应得的百分比，这是分蛋糕的狭隘思维，很可能会让蛋糕越来越小。只要跳出这种狭隘思维，用共同做蛋糕的思维，把蛋糕越做越大，大家就能真正实现共赢。

当前价值与未来价值的关系

每个人都需要正确处理当前价值与未来价值的关系。当前价值也就是眼前利益，未来价值也就是长远利益。有些人喜欢今朝有酒今朝醉，有些人喜欢今日吃苦明日享福。前一种人比较感性，后一种人比较理性。经过不断学习和修炼，人可以越来越理性。

努力让自己对当前价值的追求与对未来价值的追求保持协调，确保它们之间至少没有严重冲突，这对于保持自己的心安理得，是非常重要的。如果你能用一条主线去串联各种价值追求，那就能够避免当前和未来的冲突。这也就是孔子曾经说过的"吾道一以贯之"（《论语·里仁》）。孔子的人生观是由"仁"这个中心思想贯穿起来的，这样就可以从根本上避免今天的追求与未来的追求之间的冲突。我自己工作36年了，不管学什么知识，做什么工作，都始终围绕项目管理这条主线，这也属于工作上的"一以贯之"。这样一来，我今天的追求与未来的追求之间就没有矛盾。

你自己的核心价值观，对于你保持今天的追求与未来的追求之间的一致性，有着极其重要的作用。如果没有这样的核心价值观，你就会今天这样，明天那样，不停地在多个极端之间跳来跳去，甚至有点像精神分裂症患者。只有保持较好的一致性，你才能真正过得好。

这里，我还想送给大家一句话：除非你今天无法生存，否则不要把主要精力用于改变今天的现状，而要用于改变未来的现状。今天的现状，是你过去的努力的结果；你今天的努力当然会决定你未来的现状。如果只注重改变今天的现状，滞后效应也许会使你的努力毫无意义。

8

从三方面入手创造价值

引言

在处理好前文所述的六大关系的基础上，就可以从以下三个方面入手，去创造价值：思考创造价值，整合创造价值，以及分享创造价值。

创造价值，不局限于创造初始价值，还包括从初始价值延伸出新价值。这种延伸，相当于价值生价值。我要用一个价值来生出另外一个价值，再用另外一个价值，又生出另外一个价值。

思考创造价值

思考创造价值，是指通过思考预设拟实现的价值，从初始价值设想出新价值，以及尽早在内心种下一颗价值的种子。

■ 预设拟实现的价值

在开始做一件事之前，就应该设想一下通过做这件事，你想要实现什么样的价值，真正明确做这件事的意义。例如，2018年4月28日，我独自在老家千岛湖完成了52公里徒步挑战，耗时11小时10分钟。这对我来说，当然是一个重要的个人项目。我提前两个月就开始做计划、做准备，包括体力准备、装备准备等，也包括设想拟实现的价值。我的项目目标是在规定的范围、时间、成本和质量要求之下成功完成徒步挑战。我想要实现的价值则包括以下几项。

□ 提高自信心，包括对身体的自信心和对精神的自信心。

- 建立更好的个人形象。这个形象不是外表，而是个人声誉。说得更通俗一点，就是要有更好的"吹牛"的资本。

- 获得新的人生感悟。虽然事先不可能知道究竟会获得什么人生感悟，但对于能够获得新的感悟却是相当肯定的。

那天，52公里走完了之后，整个人感觉非常好。当时，我就获得了这个感悟：不断自我突破，这是防止感觉自己已经老了的最好办法。我也突然发现，人的衰老其实是从心理开始的。如果你从内心觉得自己已经老了，那就真的老了，而且会老得很快。你只要还能自我突破，那就没有老。这个突破不局限于身体，还有精神和心理。精神和心理上的自我突破，永远都可以做。

做事情，特别是较重要的事情，你不能只停留于做事本身，更不能带着负能量去做。例如，跑步，你不能只是为了锻炼身体，更不能老是想到跑步有多累。还必须把跑步当作一种人生历练，当作一个极好的思考人生的机会，以便从跑步中获得很多感悟。这些感悟，如果你不跑步，那是不可能获得的。我规律地跑步已经四年多了，因为总是带着正能量去跑步，总是努力从跑步中获得新的人生感悟，所以跑步不仅改善了我的身体，而且也改进了我的精神状态。我的微信公众号"drwngpm"，有不少我写的跑步体会文章。

起决定作用的往往并非事物本身，而是你如何看待它。一个老师在学校讲课，他可以看到自己是在为谋生而讲课，为那么一点微薄的收入而讲课，那就很辛苦。他也可以看到自己是在自我修炼，是在享受讲课，那就不辛苦了。他还可以看到自己是在为国家培养人才，是在为国家做贡献，那当然就很自豪了。能够看到后两个方面的老师，讲课就不再是负担，而是具有很大价值的一种精神享受。对每天从事的工作，你如果只是看到它辛苦的那一面，那它给你创造的价值就非常有限，仅限于那一点收入。你如果积极地去设想一下它能给你带来的各种无形价值，例如工作成就感和工作满意度，那它对你的价值就会大得多，你也就不会觉得工作很辛苦了。

■ 延伸出新的价值

应该从所设想的初始价值出发，向外延伸出（设想出）各种新的价值。只要充分发挥自己的联想能力，这种延伸就没有明确的边界限制。例如，从"工作收入"这个初始价值出发，可以做这样的延伸：有了收入，我的成就感和自信心会提升，我的家人能过上更好的日子，我自己会更加快乐，会有更大工作积极性，从而又能更好地帮助公司发展，更好地为客户提供服务，更好地服务社会和国家。从"工作收入"这一个有形价值，可以联想出许多无形价值，打造出一条可以不断延伸的价值链（见图1-10）。这样一来，你做这件工作，它就不仅仅是给你带来一点收入了，后面还有很多无形价值。

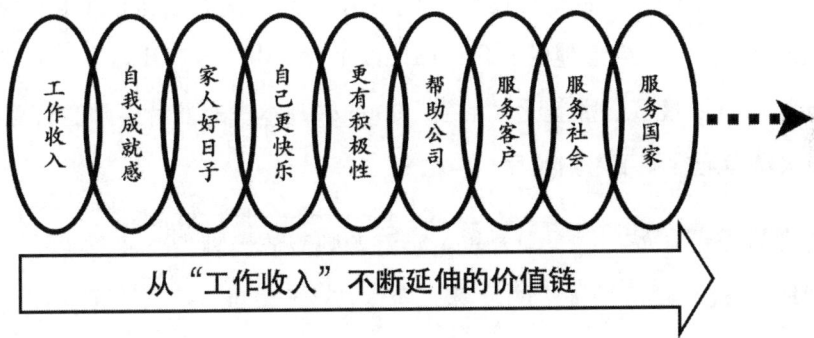

图1-10　不断延伸的价值链示意

　　前段时间，看到老家朋友圈中的一张照片，我被感动了。因为我用自己的联想能力看到了一幅勤劳、爱情和希望的融合画！前方是辛勤耕耘的丈夫，还有那默默配合的水牛，以及丈夫叼着的那支并未点燃的香烟；中间是站立在水田旁边、深情凝望着丈夫的妻子；后方是初开的油菜花，饱含着丰收的希望。我对这张照片的总结是：有了勤劳和爱情，希望就会有，日子就会好。我把这些感想发表在朋友圈之后，得到了绝大部分朋友的认可。不过，也有一位朋友发表了不同的评论，他说：如果换位思考一下，或许是生活的无奈；你看那位大爷，整个人都泡在泥巴田里，也许不那么快乐吧。他的这种评论就太消极了！

　　现在，经济条件好了，旅游业发达了，大家都喜欢到新地方去看看。不过，旅游的方式可以很不同，看风景的方式可以很不同。最低级也是最常见的方式就是"身游"。身游者只是置身于风景之中。到了一个风景点，他们就以自我为中心，摆好姿势拍照片，风景只是充当背景，就像舞台上的布景一样。身游者只是走马观花，所获得的价值仅仅是：证明自己已经到此一游。除此之外，没有其他更多的价值。

　　更高级的是"心游"。心游者不仅会置身于风景之中，还会用心去欣赏风景。他们虽然也会拍一些自己的照片，但更会用心地去欣赏风景并拍风景照。他们每一次按下快门，都是一次欣赏的定格，都带有深厚的情感，都知道想要抓住的美是什么。不是会按快门就算是会照相的！你在按下快门的时候，一定要知道希望用这张照片来反映什么，来抓住什么样的美！

　　最高级的则是"灵游"。灵游者会在置身其中、用心欣赏的同时，努力用风景来净化自己的心灵，使自己得到进一步的心灵成长。美丽的山水风景的确有助于人的心灵变得更加纯洁，宗教或文化圣地对于陶冶情操的确能起到非常重要的作用。一个人旅游回来了，你看看他的照片，如果以个人为中心的照片最多，那就是"身游"；如果风景照最多，那就是"心游"；如果基本没有照片，那也许就是"灵游"了。灵游者通常顾不上拍照片。

　　身游者只需走马观花，看个外貌。心游者则需放慢脚步，甚至需要适当停下来，静静地欣赏。灵游者则必须住下来，至少住半个月或一个月，用心灵去体会，并影响心灵。"走过去"是身游，"停下来"是心游，"住一段"则是灵游。现在，大部分旅游者都是在身游，大部分旅游景点还没有重视发展心游或灵游业务。发展旅游业，真的可以在心游和灵游这两方面下一番功夫。这两方面的业务将是真正的高附加值旅游业。

　　再举一个例子。看到一只山鸡飞起来，你会做何反应呢？你也许会想到，打回家去做菜。如果是这样，山鸡对你的价值就是一盘肉。你也许会想到，山鸡好漂亮哟。如果是这样，山鸡对你的价值就是一种美的欣赏。孔子是如何反应的呢？《论语·乡党》中写道："色斯举矣，翔而后集；曰：'山梁雌稚，时哉时哉。'"人的脸色稍有变化，山鸡就飞起来，在空中盘旋，发现没有危险之后再聚集到地上。孔子就感叹道，这些山鸡好懂得时机呀，以此提醒刚强好勇的学生子路要保护自己。山鸡对孔子的价值就是一种新的人生体验和教育学生的新素材。

■ 尽早播下价值的种子

　　你今天取得的成就或实现的价值，固然是你今天努力的结果，同时也很可能是很久以前你在内心播下的那颗种子的发芽和成长的结果。那颗种子也许是你有意或无意播下的，也许是在别人的帮助下播下的。

我指导的第一位硕士研究生张锋，现在也在大学教书，曾经两次骑自行车去西藏。骑行去西藏，当然是非常辛苦的，所实现的无形价值也很大。他曾经总结道：自己为什么会吃这么大的苦骑行去西藏？因为很小的时候就在心里播下了向往自由的种子。今天的辛苦骑行就是小时候播下的这颗种子的发芽和成长的结果。

我本人之所以在56岁时，能够第一次从千岛湖镇走回老家，完成52公里徒步挑战，这也是因为我许多年之前就在内心播下了一颗种子。我经常从千岛湖镇坐汽车回老家。很久以前，坐在汽车上，我就在想：一定要有那么一天，我要从千岛湖镇用两只脚走回老家，好好欣赏一下那一路的美景。

我之所以能一直读书，读到博士毕业，那也是因为我在刚上小学时就在内心播下了读书的种子。这颗种子，最先是我的大奶奶帮我播下的。我小时候喜欢玩木炭，用木炭到处写字，地面上、墙壁上、门板上。当几乎所有大人都骂我，不准我乱写乱画时，那位特别喜欢我的、不是我的亲奶奶的最亲的大奶奶却从不骂我，而是鼓励我写字，她让我在她家的门帘上、墙壁上写字。她还经常跟别人说：小金是能够读书读出来的。这句话其实是帮我播下了一颗读书的种子。我的父母亲后来也一直说，小金读书，是一定要让他读到自己考不上为止的。因为农村里很穷，有些孩子中途就辍学。父母亲的话也进一步加强了我内心的读书的信念。后来，我就一直努力，一直考上，一直读书，读到博士毕业。这期间，也并不总是很顺利。考重点中学时，差点因为听力有毛病就没有上成。在国外求学，没有拿到奖学金，以及找导师的困难，也曾经让我绝望，以为没有机会读博士了。在差一点要失去继续读书的机会时，我都遇到了贵人。在他们的帮助下，才得以时来运转，继续读书。我现在非常相信"心想事成"这个说法。只要你内心的愿望足够强大，你自己足够努力，就一定会有神奇的力量，来帮你实现你的梦想。

你想要成为什么样的人，想要取得什么成就，想要实现什么价值，那就要立即在内心播下一颗什么样的种子。每天都想着它、爱着它、追着它，它就会慢慢地发芽，然后在某个时候突然成长到让你自己都感到意外的程度。

整合创造价值

项目管理的管理哲学就是整合管理，项目管理天生就是要实现对各种努力和专业的整合。整合的英文是integration，其本意就是：把各种不同的事物合并成一个统一体，以便这个统一体能够发挥更大的作用。

项目管理与传统管理的最大区别就是，项目管理是以整合为主的，传统管理是以分工为主的。项目管理强调整合不同部门、不同层级的力量来形成一个有活力的团队，去完成复杂的任务。而传统管理强调不同部门、不同层级在既定的规章制度之下分工负责，完成各自的任务。越是需要各部门、各层级合作的工作，就越需要用项目管理方法去完成。

如果要在基本不变的环境中不断重复开展相同的工作，那么采用传统管理方法，是比较合适的。因为你可以把这样的工作完美地分解成各个部分，并且把每个部分都交给某个最相关的部门或层级去完成。各部分被完成之后，又能够自然地合并成一个整体。如果要在迅速变化的环境中开展独特性很大的工作，传统管理方法就明显不合适了。因为对这样的工作，你无法把它完美地分解成各个部分。如果勉强分解，那各部分之间的衔接就会很有问题。对这样的工作，必须用项目管理方法去完成。

■ 整合和整合管理的定义

所谓整合，就是协调、统一与综合。整合管理要求我们，对于相互矛盾、相互竞争的事物，要寻找它们之间的平衡点，实现综合最优。也就是说，要通过各事物的次优化来实现总体的最优化。虽然单个事物并未达到最优状况，但是它们综合起来的总体已经达到最优。例如，项目的范围、进度、成本和质量目标之间，存在一定程度的矛盾，就需要找平衡点，追求这四者的综合最优。多、快、好、省，分开来就没有任何意义，协调起来才有意义。

整合管理也要求我们，对于不相矛盾的事物，就要寻找它们之间的联系，利用这种联系来提高做事的效率和效果。用找联系的方法，而不是用排除法，来为人处世，会更加有效。与人交往，不要因别人与自己有点矛盾，就立即认为他就是要跟我作对；而要设法找出双方之间的联系，双方之间的共同利益，并基于这种联系和共同利益来改善双方的关系。做事情，如果能把两件看似毫不相干的事联系在一起，说不定就能取得意想不到的很好效果。像大学毕业生找工作，就不一定非要专业对口，甚至专业不对口会更好。你可以设法找出所学专业与不对口工作之间的联系，设法把相关的专业知识，经过裁剪和调整之后，应用于不对口工作，做出你自己的特色。

在长期学习和应用项目管理的过程中，找联系，已经成了我的习惯。前段时间，一位朋友在微信群发了这句名言："成熟意味着镇静自若地接受生活的波折，要在实际生活和理论之间划出一道界限。"单从这句话本身来看，不考虑它可能有的背景，我就认为这句话需要修改。因为它把实际生活与理论割裂开来、对立起来了，它用的是排除法。我当时就在微信群中说，改成这样会更好：成熟意味着镇静自若地接受生活的波折，并设法在实际生活与理论之间画出一条连接线。这样改，就是用了找联系的方法。理论是来自实际生活的，又高于实际生活，对实际生活有很好的指导作用。即便无法立即就画出一条连接线，你也应该设法去做。这个"设法"的过程，就是你的学习、努力和成长的过程。例如，整合管理就是一个理论，它至少可以给我们的实际生活提供以下三方面的指导：设法整合别人的资源，设法把各种工作协调起来开展，设法实现跨界甚至"溶"界整合。

■ 设法整合别人的资源

任何人的资源都非常有限，我们必须以合理方式去整合别人的资源。例如，年轻人要通过主动的人际交往，去利用长辈的人脉圈，利用长辈的经验和知识，把许多长辈都看作自己的人生导师。善于找人生导师的年轻人，一定能更快更好地成长。我年轻时特别善于找人生导师。当年，原水利电力部鲁布革工程管理局（以下简称"鲁布革工程管理局"）的大多数长辈都是我心目中的人生导师。我总是去发现他们的优点，努力向他们学习。

国外有人做过调研，发现一个人的职业状况，包括职位、收入和声望等，与他的人际交往的开放程度有密切的相关性[1]。人际交往越开放，职业状况就越好。该

[1]Simmons. The No. 1 Predictor of Career Success according to Network Science[EB/OL]. https://www.forbes.com.

文作者指出：保持开放的人际交往，而不是封闭的人际交往，这是决定你的职业成功的最重要的因素。所以，要取得职业成功其实很容易，那就是一直保持开放式人际交往，而不要把自己封闭起来。因此，建议大家积极主动去扩大自己的人际交往圈，特别是要加强与现有圈子之外的人的交流。在参加各种活动时，不要局限于与熟人、同专业者或同行业者交流，还要多与尚不熟悉的人、别的专业的人，以及别的行业的人交流。项目管理工作者应该走出项目管理的小圈子去宣传和推广项目管理，这是我2014年就在PMI（中国）项目管理大会上正式提倡的[①]。

■ 设法把各种工作协调起来开展

找出各种工作之间的联系，把它们协调起来开展，这是提高工作效率、改进工作效果的好方法。例如，某三件工作，如果把它们分开来做，就需要相当长的时间才能全部完成。如果找出它们之间的联系，把它们协调起来做，那只需要短得多的时间就能全部完成。这样一来，工作效率提高了，工作效果说不定也会更好。我自己已经养成了这样的习惯：在做任何一件工作的时候，都会设想一下可以同时做哪一件甚至哪几件其他工作，力争在完成一件工作的同时，就完成另一件甚至另几件工作。即便无法完全同时完成，至少也可以部分同时完成；例如，在这件工作完成的同时，另一件也完成了50%。

例如，我在户外跑步的过程中，经常会同时完成部分工作任务。一边跑步，一边观察，一边适当思考，就会受周边的风景和人物的启发，产生出一些有利于工作开展的新想法。这也就是部分完成了工作任务。再如，我准备这个大讲堂的演讲，同时也就是在写书。今天的演讲稿，有五六万字。等四天的演讲做完了，对演讲稿稍加整理，就是一本20多万字的书。写书的工作也就随着演讲的完成而部分完成了。

千万不要把一件工作孤立出来开展。如果只是把一件工作当作一件工作来完成，那你就相当于机器，或者最多就相当于机器人。机器或机器人没有联想的能力，没有迁移学习的能力，无法把做一件事的能力应用于做另一件事。例如，机器人阿尔法狗只会下围棋，它无法把下围棋的技能迁移到别的方面去应用。

---

① 请参看 2014 年 PMI 中国项目管理大会上我的演讲视频：http://clewm.com/m/OW318667。

■ 设法实现跨界甚至"溶"界整合

跨界整合是一个已经兴起，未来还有无限发展空间的领域。产品和服务的数字化发展，就为跨界整合打开了无限的可能。数字化之后，产品和服务的可分性就很高，可分性高了，当然就便于做各种新的整合。

如果找到某两个从未被整合过的领域，设法把它们整合起来，也许就能创造出你自己的独特的核心竞争力。因为你是第一个对它们进行整合的人，你自然就是这个整合之后的新领域的第一人。我几年前就设想过，可以把"知识管理"和"照片管理"这两个领域整合起来，创立一门新的学科"照片整理学"。这门学科的宗旨就是借鉴知识管理的方法来研究如何整理日益增加的照片，让照片体系化、知识化和价值化。接着可以基于照片整理学，来做专门的照片整理生意。现在每个人的手机里都有成千上万张照片。这些零散的照片，未经整理，就没什么价值，甚至只是一个灾难。例如，父母亲每天为孩子拍不少照片，十多年就能积累一万多张照片。到时候，你把这一万多张照片交给孩子，你让孩子怎么办呢？他是不是相当于面对一个灾难？我建议父母亲每年为孩子整理出10张照片，每张照片都有精简且励志的文字说明，包括场景、故事和期望等。到时候，你交给孩子100多张很有意义的照片，那该多好呀。考虑到写这种文字说明并不容易，就可由专人把它做成一种专业服务类生意。

想要实现跨界整合，应该注意以下三点。

☐ 必须有很大的包容心。因为只有基于这样的包容心，你才能看得广、看得远。如果只能看到很小范围内和很近距离内的事物，那么你就不会知道哪些领域是最值得整合的，那么可以供你整合的事物也就很少。

☐ 必须善于跨界学习，以便对值得整合的多个领域都有所了解。我经常看足球比赛，经常听董路老师直播说足球，这就是跨界学习，以便把球赛的一些东西与项目管理整合起来，与人生哲理整合起来。例如，根据武磊在西班牙甲级联赛的一个进球，我概括了这样的职场哲理：认真观察，精准预判，迅速启动，坚定向前，引领球路，取得成功。我还做了这样的总结：当别人还在迷茫，我已看清道路；当别人还在犹豫，我已启程出发；当别人还在改道，我已奔向终点。比别人更清醒、更果断、更坚定，这就是职场成功之道。

☐ 必须设法进行"溶"界整合。"'溶'界"比"跨界"，更进一步了。你可以用自己的思路、知识和技术去"溶化"两个或更多领域的边界，使边界不再明显。例如，受教育程度较高的专业人士，就应该"溶化"工作和休闲的边界，让工作中有休闲，休闲中有工作。真正的专业人士，他们的工作和休闲之间的边界其实是很模糊的，两者在很大程度上是相互融合的。

分享创造价值

随着知识经济和数字经济的发展，分享越来越容易，越来越应该，也越来越必要。在人类致力于解决温饱问题的物质经济时代，物质资源的稀缺性、独占性和消耗性决定了分享很难进行。只有一个蛋糕，分给你一块，我就少一块；你吃了，我就无法吃。与物质资源完全不同，知识资源和数字资源具有丰富性、共享性和复用性。它们的数量很庞大，取之不尽，用之不竭；我与你共享之后，我仍然不会失去它们；知识和数字都可反复使用，不会因一次使用而消失。这就决定了知识和数字的高度可分享性。

分享知识和数字资源，固然会使你的分享对象受益，会为他们实现相应的价值，更会首先让你自己受益，会为你自己创造价值。请记住：分享的第一受益者是分享者自己。为什么这样说呢？因为分享的过程就是一个学习的过程，而且通过分享，我能获得对方的信任，这样别人与我的关系就更好了，我的日子就会更好过！

经常有项目管理工作者向我请教一些问题，包括PMP®培训讲师。我总是尽力为他们解答，从没有任何保留。因为我把每一次解答都看成我自己的一次再学习的机会，也都是我向提问者学习的机会。他们提了这样那样的问题，就可以提醒我去做新的思考。有一次，北京的一位年轻培训师问我：你这样毫无保留地教我们，难道不怕我们抢你的饭碗吗？我回答道：不怕，你们成长了，抢了一些我的课程，这对我来说也是好事，因为我可以腾出时间去开发更高端的课程，去做更重要的事情。

■ 进行系统的书面总结

分享创造价值，要求人们进行系统的书面总结，提炼出可以分享的知识或经验教训。做书面总结的主要目的包括以下几点。

- □ 对知识或经验教训进行系统化提炼，防止把未经加工的原始素材与别人分享。未经加工的原始素材，量大且繁杂，会让别人不得要领，也会浪费别人的大量时间。最近，一位朋友写了一篇用于分享的文章，请我提提意见。我告诉他，过于写实了，系统化提炼不够；如果好好提炼一下，字数可以减少一半，却仍能传递基本相同的意思。

- □ 对知识或经验教训进行脱密或脱敏处理。也就是说，把一些不便分享的信息删去或虚拟化，如公司名称、当事人姓名、事件发生的时间和地点等。即使不便与别人分享你们的最佳实践，也完全可以分享你们的良好实践。最佳实践一定是带有特定的场景的，而良好实践则是脱离了特定的场景的一般做法。最佳实践更有针对性，良好实践更有通用性。

- □ 为了自我学习和自我提升。为了把相关的知识或经验教训写成系统性文件，你就必须进行更加全面、系统和深入的思考。这个思考和写作过程，就是一个极好的自我学习和自我提升的机会。不断地思考，不断地写作，你的进步就会越来越快。2017年，我建议某著名企业的项目管理办公室把他们的经验写成书面文章发表。他们的负责人问我：这样做有什么好处？我回答道：提升自己，惠及他人。千万别担心分享经验会让自己失去什么。通过分享，你自己一定能够得到很多。

■ 必须充分开放

分享创造价值，也要求人们充分开放。表面上的开放，并不难，难的是内心的开放，潜意识中的开放。有些人表面上是开放的，但潜意识中是封闭的。当然，潜意识中的封闭，他自己通常是意识不到的，他反而一直以为自己很开放。

真正开放的人，有三个重要的心理特点。

- □ 不怕别人学会自己的经验。对于个人或企业，真正需要保密的是技术诀窍。技术诀窍，别人学过去之后，很容易就照搬使用，从而使我们用于研发该技术诀窍的巨大投资无法如期收回，使技术诀窍无法为我们带来应有的效益。对于个人或企业，任何管理经验，都没有保密的必要。主要是因为管理经验的使用，必须要有相应的场景来配合。别人学过去之后，不一定能够用起来，而且即便能用起来，也不会用得与我们完全一样。也就是说，分享管理经验，我们不会失去任何东西。一个企业，如果不愿意跟别人分享管理经验，那就说明它是封闭的。一个人，如果不愿意跟别人分享人生体验，那他也是封闭的。

☐ 不局限于在某个小圈子分享经验。充分开放的人，会打破小圈子的边界，去做无边界式经验分享。例如，不局限于本协会的人，不局限于本地区的人。在越是广大的区域中分享经验，你就能够得到越多的人的反馈，得到越多的人的认可。我的课件PDF版可以给任何人，不局限于直接听我的课的学员。更多的人看到了我的课件，我的影响就会更大；如果有人抄袭我的课件，也会有更多人为我证明。

☐ 不固守当前的知识和经验。即便你今天的做法已经是业界的最佳实践，你也不应该固守这个做法，而必须以开放的心态去思考"下一代"的更好做法。也就是说，没有最好，只有更好。在这个迅速变化的时代，任何已经形成的最佳实践，其实都在某种程度上已经过时了。近几年，业界讨论的热门话题之一，就是"from the best practices to the next practices"，即：从最佳实践到下一代实践。这就要求我们，不要过多地纠结于所谓"最佳实践"，而要更多地去研究"下一代实践"。甚至可以这样说：只有下一代实践才是最佳实践。

■ 必须互利互惠

分享创造价值，还要求人们做到互利互惠。如果老是我与你分享，你从来不与我分享，那肯定是不行的，肯定是不可持续的。互利互惠，也有三个特点。

☐ 知识或经验的提供者应该平等地对待接收者，不能居高临下，不能倚强凌弱。就像做慈善，必须平等地对待被帮助者。

☐ 有偿分享与无偿分享结合使用。因为知识的生成和经验教训的总结都需要相应的成本，所以对知识和经验教训进行有偿分享，是很常见的。有偿分享，不仅能够激励提供者分享更多更好的知识和经验教训，而且能够激励接收者更好地加以利用。无偿分享，是不收取费用的分享。对于无偿分享，接收者也应该以合理的方式给提供者以适当的回报，例如，提供对知识或经验教训的反馈意见，与提供者分享自己的知识或经验教训。从广义上讲，并不存在绝对的无偿分享，只是有偿的形式不同而已。

□ 在实践者和学者之间建立紧密合作。一线实践者会摸索出很多好的做法。如果要对这些做法进行理论提升和系统化，就需要借助学者的力量。一方面，企业要为学者走进企业提供方便，包括向学者开放各种信息资源，允许学者参与相关活动，提供必要的资金支持；另一方面，学者要主动走进企业，用自己的知识为企业服务。实践者和学者的关系应该是这样的：实践者向学者提供各种实践做法，学者对这些实践做法进行理论提升，最终达到"你给我一系列实践做法，我还给你一个系统化的理论"。这样，实践者和学者就实现了互利互惠。我自己的理论水平还是不错的，你只要跟我讲实际工作中一些做法，我就可以帮你建立起一个相应的理论模型，这个模型对你以后的工作有指导意义。

价值，特别是无形价值的创造，并不一定就需要花多少金钱。你通过思考、整合和分享创造出来的附加价值，很可能是无须花任何额外金钱的。例如，我去跑步，跑步本身需要花时间，需要花钱，但我从跑步中获得的人生感悟就无须花任何额外金钱。真正善于创造价值的人，一定会在花钱创造出初始价值的基础上，通过思考、整合和分享去创造出一个又一个附加价值。

第二场

源于方法，成于目标

开场白

如前所述，需求是项目的来路，价值是项目的去路，项目是连接需求与价值的桥梁。那么，"项目"这座桥梁，应该如何建成？又该建成什么样子？这两个问题就引出了本场的议题：源于方法，成于目标。我们要讨论，如何用既规范又灵活的项目管理方法去定义和实现期望的项目目标。

要满足人作为普通动物的日常需求，实现人作为普通动物所期待的日常价值，无须特别研究该用什么方法，该如何定义和实现目标，而是仅凭本能去做就可以了。例如，我口渴了，自然会去找水喝，以实现生存的需求和舒适的价值。满足日常需求和实现日常价值，不需要做项目，只需要开展重复性工作。

要满足人作为社会动物的发展需求，实现人作为社会动物所期待的独特价值，就不能仅靠本能，不能仅靠开展重复性工作，而必须特别研究该如何定义作为价值的载体的目标，以及该用什么方法去实现目标。项目管理，就是针对人的发展需求和所期待的独特价值，而开发出来的用于定义和实现项目目标的有效方法（见图2-1）。

发展需求 → 输入 → **项目管理** → 输出 → 独特价值

图2-1 项目管理实现独特价值

9

方法的定义

"方法"是一个常用词。现在，我们来较一下真，究竟什么是方法？方法当然是"方+法"。"方"是做事的基本原则和规则，"法"是做事的具体程序和技术。例如，我要编制演讲课件，"方"就是课件要简明扼要和图文并茂，"法"就是我所使用的软件和我使用软件的熟练程度。"方"是不能突破的，起指导作用；"法"是用来操作的，起落地作用。

方法的英文是method，其含义是a particular way of doing something, 即：做事情的具体方式，包括规划、组织和执行等的方式，以便有条不紊地把事情做好。各种有一定关联的方法综合起来，就是方法论，英文叫methodology。也就是说，方法论中包含了各种相关联的方法。

方法的基本类别

方法，可以是通用方法或专用方法，也可以是结构化方法或非结构化方法。

通用方法，是适用面很广的方法，适用于几乎所有地区、行业或领域。专用方法，是只适用于某一个地区、行业或领域的方法。通用方法是高度概括性的方法，是去情景化的方法，是作为良好做法的方法。例如，科学研究方法，就是一种通用方法，适用于任何国家和地区，适用于任何行业，适用于各种研究领域，包括自然科学领域和社会科学领域。专用方法则是具体实用的方法，是强情景化的方法，是作为最佳实践的方法。例如，社会科学的专用研究方法就不同于自然科学的专用研究方法。

结构化方法，是规定了具体的操作步骤的方法，是容易重复使用的方法，是能产生可复制结果的方法。例如，科学研究方法有四个基本步骤：一是提出研究假设，二是收集数据，三是分析数据，四是验证或拒绝研究假设。如果没有遵循这四个基本步骤，就不是在做科学研究，而是在做其他研究。非结构化方法，是只有高层指导原则，而并未规定具体的操作步骤的方法，是无法言传的方法，是结果难以复制的方法。例如，你用主观判断的方法，凭经验去理解被调查者所说的一段话，推论出对方的真实意思。如果由另一个人来理解，他推论出的意思很可能有所不同。

再如，中医是非结构化医学，主要依靠医生个人的经验，而不是一套客观、具体的诊治流程。对同一病症，不同的中医师很可能得出不同的诊治结论。西医则是结构化医学，主要依靠客观、具体的诊治流程，而不是医生个人的经验。对同一病症，不同的西医师用同样的诊治流程，会得出完全或基本相同的诊治结论。因为中医并不要求结果可复制，所以经常用个案说明疗效，用个案说明某个医生的优秀。因为西医强调结果的可复制性，所以西医不用个案说明疗效，而是用某种药物或治疗手段对几乎所有患同种病的人都有效，来说明疗效。

方法的组合

通用方法、专用方法、结构化方法和非结构化方法之间，存在大量的交叉、包容、补充和促进关系。交叉关系是指界限并不十分明确，并非非你即我。包容关系是指任何一类方法中都会不同程度地含有其他类方法。例如，通用方法中，有些内容更加结构化，有些内容更加非结构化，有些内容并非完全通用。补充关系是指在采用某类方法的同时，往往需要用其他类别的方法来补充。任何两类方法都可以互相补充，以便利用各自的优势。促进关系是指任何一类方法的应用都能够在一定程度上促进其他类方法的发展。例如，可以从专用方法中提炼出一些通用的内容，去丰富通用方法。

通用方法、专用方法、结构化方法和非结构化方法之间可以有多种组合（见图2-2）。通用且结构化的方法，就是基本方法，也叫原理性方法，是每个人都必须掌握的自己所在领域的基本方法。例如，PMI的《PMBOK®指南》所描述的就是项目管理的基本方法或原理性方法，是项目管理工作者必须掌握的。

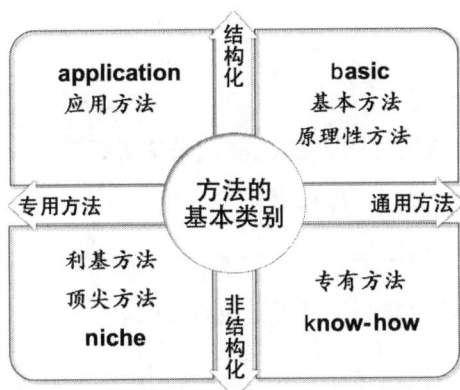

图2-2　各种方法的组合

专用且结构化的方法，就是应用方法，是适用于某一特定领域的具体操作方法。在掌握基本方法的基础上，你就可以结合自己所在的行业或其他特定领域，去开发或实践相应的应用方法。例如，你可以基于《PMBOK®指南》去开发自己公司特定的项目管理应用方法。

通用且非结构化的方法，是个人或组织的专有方法，是适用范围广但并未写下来的方法，属于通用但还说不清楚的做事诀窍。某个人，做不同的行业，都能做得很好，那就是因为他有属于自己的专有方法。不断有人去挖掘一些长寿老人的长寿秘诀，这就是去挖掘这些老人的专有健身方法，希望提炼出一些通用的健身诀窍。

专用且非结构化的方法，就是顶尖方法，也叫利基方法，是个人或组织借以打造最核心的竞争力的方法。利基（niche），是一个很小的面。这种方法的适用面很狭窄，也无法说清楚，所以只能靠自己去意会。某个人在某个狭窄的领域做得很好，其他事都做不好，这就是因为他只掌握了这个狭窄领域的利基方法。

任何人都必须掌握相关的基本方法。在这个基础之上，再掌握相应的应用方法，以此谋生。不掌握基本方法，肯定不行；如果只掌握基本方法，那还是不行。

例如，项目管理工作者必须掌握《PMBOK®指南》，还要能够把《PMBOK®指南》应用于特定行业的项目，例如，建筑施工项目或软件开发项目。

掌握了基本方法和应用方法，你的生存就不会有问题了。接着，就可以考虑如何进一步发展了，也就是开发出自己的专有方法，使自己具有一定的优势。然后，还可以更进一步，针对某个很小的领域，开发出自己的顶尖方法，使自己在这个点上脱颖而出。

通常，越是通用且结构化的方法，就越是成熟的方法，即：经过长期验证、已基本固化、比较规范的方法；越是专用且非结构化的方法，就越是新兴的方法，即：尚未经充分验证、比较灵活、留有很大发挥余地的方法。采用成熟的方法，有利于避免错误；采用新兴的方法，有利于做出特色。

通常，越是通用且非结构化的方法，就越是思想层面的、高度抽象的、起指导作用的方法；越是专用且结构化的方法，就越是操作层面的、具体详细的，起落实作用的方法。采用指导性方法，有利于保证方向正确；采用操作性方法，有利于具体落实。

设法把成熟方法与新兴方法结合起来应用，设法提高指导性方法与操作性方法之间的协调性，这也是可用于改进方法的方法。例如，可在成熟方法中适当融进新兴方法的某些内容，对成熟方法做局部更新。又如，加强安全管理的指导性方法与操作性方法之间的衔接。在安全管理中，指导性方法与操作性方法的衔接往往是一个问题。

不断改进方法

只有必须变通的方法，没有一成不变的方法；只有更适合的方法，没有绝对好的方法。也就是说，只有更好的方法，没有最好的方法。所以，改进方法，就是每个人每一天都必须认真对待的，以便采用灵活变通、更适合、更好的方法。每天都设法改进方法，已经成了我自己的一个重要习惯。

我是一个勤奋的人，更是一个有方向、有目标、有方法的人。方向是指我知道自己想要成为什么样的人；目标则是对方向的具体化，必须按时间段或具体事情来设立；方法则是用于实现目标的具体做法。有了方向、目标和方法，勤奋就是自然而然的，你想要不勤奋都不可能。

只要有了明确的方向、清晰的目标和有效的方法，你就会快乐地勤奋，有成就地勤奋。如果你不够勤奋，那一定是缺少了方向、目标或方法；如果你虽然勤奋但并不快乐，那也一定是缺少了方向、目标或方法；如果你虽然勤奋却无法取得令人满意的成绩，那也一定是缺少了方向、目标或方法。其中，缺少有效的方法，又最为常见。

我跑步已经四年多，晚餐只吃苹果已经快六年。许多人表扬我太有毅力、太能坚持了。其实，更重要的原因是，我太善于改进方法了。虽然起初需要毅力和坚持，但是随着方法的改进，跑步和苹果晚餐都逐渐变成了一种常态、习惯和享受。例如，在跑步中，必须想方设法去体会跑步的乐趣，以便在快乐中跑完半程马拉松21.1公里。跑步的乐趣有三大来源：一是想象自己是一个画中人，在美丽的风景画中不断跑向更美的风景；二是不断进行自我对话，甚至把自己假想成某个英雄人物；三是预期自己的身体会越来越好。

我在澳大利亚自费读博士，边打工边读书，仅用两年半时间就写完正常需要三年时间的博士论文，而且论文的质量还很好。基于博士研究的成果，我在国际上最好的项目管理期刊发表了三篇论文，还获得了2001年PMI研究生论文奖。之所以能够取得这样好的成绩，除了勤奋，方法则是更重要的原因。例如，如何快速地阅读尽可能多的文献资料？这对于没有太多时间用于读书的我来说，就是一个巨大的挑战。好在我从读硕士起就不断地在摸索和改进"一目十行"阅读法。这样，我当然就能够用有限的时间去阅读尽可能多的文献了。阅读足够多的文献，这对写博士论文，是最基本的要求之一。

即便是在打工中做着看似很简单的体力活，如扫地、搬东西，我也会不断改进工作方法。我甚至从中悟出了这个道理：世界上只有简单的头脑，没有简单的工作。一件工作，你如果觉得它太简单，不值得你去改进工作方法，那一定是你自己的头脑太简单了。无论多么简单的工作，都是可以不断改进的。

我在改进健身方法、读书方法和打工方法的时候，虽然并未有意识地遵循从通用方法到应用方法，再到专有方法和利基方法的改进路径，但实际上还是无意中遵循了这样的路径，只是那个时候我并未总结出这样的路径而已。例如，我首先了解通用的健身方法，然后把通用方法应用于我自己这个领域；然后，再设法找到最适合自己、对自己最有效的专有方法。晚餐只吃苹果，就是我的专有方法。虽然有资料显示晚餐只吃水果不一定好，但是对我来说很好。至于为什么很好，我还说不清楚，所以这个方法还只是非结构化方法。对于健身，我仍在寻找自己的利基方法。

任何不讲方法的勤奋，都是瞎折腾，都是在与自己过不去。学会了不断改进方法，这也是我在澳大利亚读硕士和博士的重要收获。在国内读小学、中学和大学时，我学会了勤奋地学习；在澳大利亚读研究生时，我又学会了聪明地工作。既勤奋又聪明地工作，才能真正事半功倍。

中国的传统文化，对勤奋工作、吃苦耐劳讲得比较多，而对如何更聪明地工作讲得不够。为了便于大家在保持勤奋和吃苦耐劳的同时，更加注意改进工作方法，我就把那副大家很熟悉的对联扩展成了：书山有路勤为径攀捷径才能登顶，学海无涯苦作舟乘顺舟方可抵岸。这里的攀捷径和乘顺舟，就是要不断改进工作方法。

如何改进方法

必须不断改进工作方法，这是每个人都会赞同的。那么，该如何改进呢？任何事物，你如果想对它做改进，就必须使它可测量化，或者把它细分成一些更具体的组成部分。例如，你想要升压或降压，就必须把压力可测量化，以便为改进提供切入点和基准线。你想要改进一个生产过程，就必须对生产过程进行分析，把生产过程分解成一个一个更具体的环节，找出最值得和最容易改进的环节，以便针对这些环节进行改进。量化或分解，这是进行改进的基础。当然，也可以既量化又分解，或者既分解又量化。如果既不进行量化，又不进行分解，你就无从入手去做改进。

要改进方法，当然也要对方法进行量化或分解。量化，只能针对具体的某种方法来做，无法一概而论。并且，不是每一种具体的方法都应该或能够量化。有些方法不必或无法量化。分解，则是更通用的。任何方法，只有可以被分解成更小的组成部分，才有可能被改进。

方法可分解成六大部分：理念、模块、流程、工具、技术、行为。理念是对事物的基本看法。模块是对做事全过程的阶段划分或全范围的领域划分。流程是做事所需的具体步骤。工具是做事所需的硬件或软件。技术是应用流程和工具的熟练程度。行为是在相关理念的指导下，针对特定阶段或领域，去实际应用流程、工具与技术。

做简单的事情，也许没必要对方法进行模块划分，没必要制定正式的流程；而是只需要在基本理念的指导下，采取合理的行为去应用工具与技术，来取得理想的结果。例如，进行业余的健身跑步，就没必要划分训练阶段或领域，没必要规定跑步的阶段，也没必要制定正式的训练或跑步流程。

做事情，如果无法取得理想的结果，那就应该从行为出发，进行倒推分析，看看究竟是由哪个部分的不合理甚至错误导致的。结果不理想，往往是行为不合理甚至错误所导致的，而行为不合理甚至错误又可能是因为技术不熟练甚至错误，可能是因为工具不合理甚至错误，可能是因为流程不合理甚至错误，可能是因为模块划分或协调不合理甚至错误，也可能是因为基本理念不合理甚至错误。找到不合理甚至错误之处后，就可以有针对性地去做改进。例如，健身跑步的效果不理想，总是觉得很累，无法坚持跑步行为，就可能是因为跑步姿势明显不合理，这是技术问题；也可能是跑鞋不合脚，这是工具问题；也可能是自己的指导思想有问题，在内心把跑步当成一种负担，这是理念问题。

如果仅从狭义上来讲方法改进，那只需针对流程、工具和技术这三个组成部分，甚至只需针对这三者中的某一个部分。不过，做事效果不理想，可能还有更深层次的原因。例如，模块划分不合理，导致有遗漏或有重叠；基本理念不合理，导致根本上的问题。

对于持续时间较长的工作，如果阶段划分不合理，就无法通过对每个阶段的管控来确保整个工作最终的成功。合理的阶段划分，有助于确定每个阶段应该开展的活动，应该取得的成果，也有助于分析每个阶段的风险并制定相应的应对措施，从而以每个阶段的成功来确保最终的成功。

对于需要由多个人、多专业或多部门合作的工作，如果领域划分不合理，就会出现各领域之间的协调问题。例如，存在无人管的真空地带，导致谁都可以对此不负责任；或者存在职责交叉或重叠，导致相关人员、专业或部门之间争权夺利。合理的领域划分对于既分工负责又有效协同，是至关重要的。

如果基本理念不合理，那后面的一切都会不合理。无论是模块划分、流程制定、工具使用、技术应用、行为开展，都是基于人们的基本理念的。可以说，有什么理念，就会有什么相应的模块、流程、工具、技术或行为。例如，你认为应给自己留出较大的发挥余地，那就不会制定太严格的流程，不会使用太严格的工具或技术。

项目管理方法及其理念

项目管理方法的基本架构

项目管理方法，作为用于满足人们的发展需求、实现独特价值的一种方法，也是由相关的理念、模块、流程、工具和技术组成的，并且由项目管理工作者采取行为加以应用，以成功实现项目目标。

项目管理方法的基本架构表述如图2-3所示。外部的大三角是项目管理核心理念；中间的四个三角都是属于模块划分，其中，上三角是阶段划分，下左三角是项目目标管理领域，下右三角是项目人员管理领域，中间的三角则是项目风险管理领域。在每个阶段或领域中，都要应用项目管理流程、工具和技术。在项目人员管理领域中含有项目管理工作者应该采取的行为。

图2-3 项目管理方法的基本架构

强调整合管理

项目管理方法的基本理念之一，是强调整合管理。在第一场，曾经讲过"整合创造价值"。项目管理的管理哲学就是整合管理。项目管理与传统管理的最大区别就是，项目管理强调整合，即协调、统一与综合，而传统管理强调分工负责，即各部门各专业在既定的规章制度之下做好自己边界之内的工作。我们曾经讨论过：对相互矛盾的要素，要找平衡点；对不相矛盾的要素，要找出并利用它们之间的联系；要充分整合各种资源，为我所用；要设法协调开展多种工作，提高效率；要设法开展跨界甚至"溶"界整合，实现创新。

■ 系统思维

现在，我们从另外的视角来讨论一下整合管理及其重要性。整合管理的理论基础是系统思维，整合管理是系统思维方式在项目管理中的具体应用。系统是由一系列相互关联的要素所组成的复杂整体，其功能要远大于各要素的功能之和。系统中的每一个要素，如果被孤立出来，其功能可能很小，甚至完全失去。例如，人体是由许多器官组成的一个系统，任何一个器官都无法脱离系统而正常存在。

系统可以是封闭或开放的，静态或动态的，简单或复杂的。封闭系统，不与外界发生作用；开放系统，会从外界获取输入，又向外界提供输出。静态系统，是不会变化的；动态系统，是会变化的。简单系统，要素的改变或要素间关系的改变将导致整个系统出现怎样的改变，是可预测的；复杂系统，是很难预测的。

项目是一个开放系统、动态系统，更是一个复杂系统。我们必须在系统思维的指导之下，通过整合管理，来促进项目与外界的有效互动，促进项目朝好的方向动态进展，促进项目的整体最优化。系统思维要求人们关注系统内部各要素之间的联系，关注系统内部要素与外部系统之间的联系，以实现系统的整体最优化。

系统思维，是每个人都应该学习和应用的。掌握了系统思维，你的思维就不会固化，行为就不会死板。我在澳大利亚读硕士时，第一个学期就学了"系统思维"这门课。这门课为我不断改进思维方式打下了很好的基础。系统思维的三大关键点是：基于边界划分的全局观，基于要素作用的联系观，以及基于外界影响的环境观。

　　全局观是指你必须看到整个系统的全局，追求全局利益的最大化，而不是某个局部利益的最大化。全局观的基础是合理的系统边界划分。由于精力有限，任何人都只能在某个或大或小的边界之内有全局观。如果没有边界划分，那就谈不上有全局观。系统边界往往是由人们主观决定的，而并非完全客观的。也就是说，你想要把边界定在哪里，就可以定在哪里。

　　确定了系统边界，才能对自己所在的系统有全局观，当然也就可能引发与别人的系统之间的边界冲突。边界冲突，通常是很难解决的。在可能的情况下，重新界定系统边界将是解决边界冲突的最好办法。例如，把他们两个人也纳入我们两个人的系统中来，把本来的"我们两个人"和"他们两个人"这两个系统合并成"我们四个人"这个新系统。

　　联系观是指你必须看到系统内部的各要素之间可能存在的各种各样的联系。例如，各要素可能相互依存、相互补充、相互促进、相互冲突。相互依存是指有我才有你，有你才有我；相互补充是指每个要素都可以让整个系统更加完整；相互促进是指一个要素能让别的要素发挥更大的作用；相互冲突是指两个要素的方向不同甚至相反。

　　不仅要素之间的依存、补充或促进关系，对系统的存在和发展很有用，而且要素之间的冲突关系，也对系统的存在和发展很有用。系统内部，如果只有促进的力量，没有阻碍的力量，那系统的发展速度就会过快，以至于系统很快就会膨胀到无法存在的程度。我们应该设法使系统内部的各要素之间的联系更加密切、更加有效，以使整个系统具有更好的功能，发挥更大的作用。例如，在医院里，可以在门诊大厅与一些常见的检查科室之间，在地面上画出不同颜色的连接线，建立一个有效的指路系统。这样一来，若有人问路，医生护士只需简单地告诉他跟着某种颜色的连接线走。

　　环境观是指了解、分析、适应和利用系统所处的外部环境。在确定的系统边界之外的任何东西，都是本系统的外部环境。任何系统都不能孤立地存在，而必须依附于相应的环境。开放系统，还必须从环境中获得原材料，必须输出一些成果给环境。如果系统与环境不协调，甚至存在冲突，那系统就很可能无法发挥应有的作用。

　　具体到项目管理，为了取得项目成功，全局观要求人们界定项目边界，掌控边界之内的项目全局；联系观要求人们协调好项目内部各种要素之间的关系；环境观要求人们认真分析和适应"事业环境因素"，利用各种"组织过程资产"。事业环境因素是指项目团队无法影响但会影响项目的各种因素，例如，项目所在组织的组织结构、组织文化和规章制度，项目所在地区和行业的法律法规、文化习俗和自然条件。组织过程资产是项目所在组织从以往的项目积累起来的经验教训、工作流程、工作模板和工作数据。

■ 开展四大整合

　　为了取得项目成功，项目整合管理要求人们在考虑事业环境因素和利用组织过程资产的基础之上，开展目标整合、资源整合、风险整合和相关方整合（见图2-4）。这四大整合会相互交叉，相互影响。例如，在进行目标整合时，需要考虑所需的资源、面临的风险和所需的相关方支持（或可能面临的相关方反对）。这四大整合又需要在更高层面上被进一步整合。为了便于理解和掌握，又可以用三角形来表示每一大整合中的主要内容。

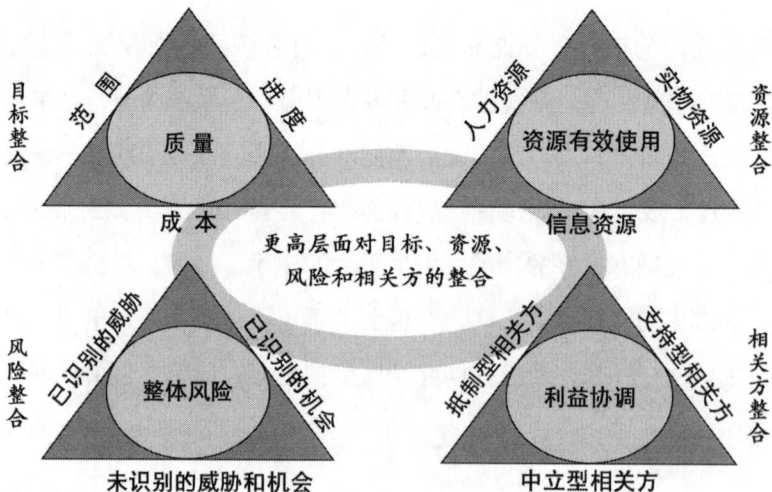

图2-4　项目管理中的四大整合

　　目标整合，当然就是项目管理界流传已久的"铁三角"，或称三重制约，即：以项目范围目标、进度目标和成本目标为三角形的三条边，并把质量目标列在三条边之间的区域。范围目标是指必须做出什么成果，以及必须做什么事；进度目标是指必须在什么时候做；成本目标是指必须用多大的代价做；质量目标是指必须做到什么技术要求。这四个目标之间既有相互依存的关系，又存在一定的冲突。所以，必须通过项目整合管理，对它们进行协调，找出并实现它们之间的最佳平衡，确定并实现最优的项目目标。

资源整合，涉及人力资源、实物资源和信息资源。人力资源是直接从事项目工作的项目团队成员。人力资源整合，需要组建团队、建设团队和管理团队。实物资源是直接用于项目的材料、设备和用品等，需要获取、分配和控制。信息资源则是项目内部产生的有用信息以及从项目外部获取的有用信息，需要产生、获取和利用。资源整合的目的，是提高资源使用的效率和效果。效率是指用尽可能少的资源去完成项目任务，效果是指不仅单种资源能够发挥应有的作用，而且各种资源的配合还能发挥更大的作用。资源整合需要考虑资源数量、资源种类和资源等级，实现资源的最优配置。特别需要注意人力、实物和信息资源之间的配合。

风险整合涉及对已识别的威胁、已识别的机会，以及未识别的威胁和机会的管理。既需要识别、分析和应对各种单个威胁，识别、分析和利用各种单个机会，也需要考虑未识别出来的各种威胁和机会，还需要考虑全部已识别和未识别的威胁和机会之间的各种各样的联系。只有如此，风险管理才是全面的、整合式的。威胁是万一发生会对项目目标的实现产生消极影响的不利事件，机会是万一发生会对项目目标的实现产生积极影响的有利事件。虽然人们往往更关注对威胁的管理，但是现代风险管理要求人们也要关注对机会的管理，以便利用机会发生的利益去弥补威胁发生的损失，提高项目成功的可能性。考虑未识别的威胁和机会，以及各种威胁和机会之间的各种各样的联系，这也是现代风险管理的新要求。只有开展整合式风险管理，才能降低项目的整体威胁，即：降低项目在整体上失败的可能性；或者才能提高项目的整体机会，即：提高项目在整体上成功的可能性。

相关方整合，是指对除项目团队之外的全部项目相关方进行协调，包括反对项目的抵制型相关方，支持项目的支持型相关方，以及既不反对也不支持的中立型相关方。项目相关方的种类和数量通常都很多。与项目有直接或间接关系的任何个人、小组、团体或组织，都是项目相关方。相关方整合的核心内容，就是协调相关方的与项目有关的利益。首先要强化相关方之间的共同利益，其次要加强相关方之间的利益联系，再次要处理相关方之间的利益冲突。协调利益时，不要首先关注利益冲突，而要首先关注共同利益或利益联系。因为是利益决定立场，所以必须通过关注相关方的利益，来获得相关方对项目的最大程度的支持。

注重做出特色

项目管理的第二大基本理念是注重做出特色。项目是必须在规定时间内完成的独特性工作，旨在做出独特的可交付成果。独特的工作究竟该怎么做，独特的成果究竟该做成什么样子，都不是一开始就能够完全明确的，所以这就引出了项目的另一个性质：渐进明细性，或叫逐渐细化性。

与日常运营相比，项目是临时性工作，即必须在规定时间完成；项目是独特性工作，即必须做出特色；项目是需要逐渐细化的工作，即随时间推移逐渐明确要做的工作。日常运营则是必须永久持续下去的工作，是与以往工作相似甚至相同的工作，是一开始就能明确全部细节的工作。现在重点讨论独特性。临时性和渐进明细性，后文再讨论。

■ 工作的独特性

与过去的工作相比，任何工作都既有相似性又有独特性。没有哪件工作是与过去的工作百分之百相同的，也没有哪件工作是与过去的工作百分之百不同的。关键是你更看重它的相似性，从而追求做出与过去基本相同的成果；还是更看重它的独特性，从而追求做出与过去不同的成果。

对有些工作，应该更看重其与过去的工作的相似性，追求日复一日地做出相同的成果。例如，汽车生产厂家生产汽车零配件，就必须看重相似性，追求不同批次的产品尽可能相同，相互之间的误差尽可能小。饮料生产厂家不断地生产同一种饮料，也必须看重相似性，追求每一批饮料基本相同。

对有些工作，则必须更看重其与以往工作不同的独特性。例如，研制新型零配件，研制新型饮料。任何必须更看重其独特性的工作，就必须当作项目来做，用项目管理方法去完成。项目管理方法要求，更加看重当前的工作与以往的工作的不同之处，即独特性。

■ 为什么要看重独特性

为什么要看重独特性呢？有三个主要理由。

一是只有独特性才能使项目及其成果具有真正的核心竞争力。一个项目在与其他备选项目竞争的过程中，只能凭独特性脱颖而出。做项目，就是要做出独特的可交付成果，以便为组织、团体或个人创造独特的价值。只有独特的东西，不容易被别人复制的东西，才具有真正的核心竞争力。

二是独特性是项目的风险所在，是最容易出问题的地方。对于那些与过去的工作相似的地方，我们可以根据过去的经验做事，出问题的可能性比较小。而对于独特的地方，我们无经验可循，就很容易出问题。抓住项目的独特性，做好风险管理，项目就很容易成功。

三是只有独特性才能够激发人们的激情和热情。如果你总是日复一日地做重复性的工作，就会逐渐把工作看成是例行公事，逐渐失去做事的激情和热情。当然，独特性并不是绝对的，而是相对的。即便看似相同的工作，真正优秀的人，也可以从中看到独特性。例如，优秀运动员不会把成千上万次做同样的动作，看成是简单的机械式重复。对他们来说，每一次做同一个动作都是不一样的，每一次都有进步。他们也就不会觉得训练很枯燥了。学习和掌握了项目管理方法之后，我们就更善于从看似相同的事物中看到独特的地方，从而永葆做事的激情、热情和快乐。如果你觉得自己的工作日复一日，已经让你很腻烦了，那么你就应该学项目管理了。如果你觉得自己的生活每天都是简单重复，看不到新的希望，那么你就该学项目管理了。学了项目管理之后，你就能够看到每天都是崭新的、独特的！

■ 如何做出特色

因为每个人都有独特的经历、独特的背景和独特的自我，所以每个人都能够在一定程度上做出自己的特色。如果掌握了一些方法，那么就可以更好地做出自己的特色。可以用这五种主要方法去做出特色：抢先出发，换个视角，做难做的事，利用变化，以及不断创新。

抢先出发是指预测事物的发展方向，比别人早一步出发。当别人还在犹豫时，甚至还完全没有意识到事物的发展方向时，我就已经下定决心、立即出发。用这种方法，我所面临的竞争会很小，甚至完全没有，因为别人根本没有意识到有这样的机会。我1983—1993年在鲁布革工程管理局工作期间，预测到了项目管理的发展方向，并下决心出国攻读项目管理硕士学位，这就属于"抢先出发"，也就是"面向未来找机会"。比起局限于今天找机会，这当然是一种更好的方法。今天的机会，许多人都看得到，竞争很激烈，就不一定是真正的机会。

换个视角是指从别人没用过的崭新视角去看同一个问题或同一个事物，看到问题或事物的另一面，即别人从未看到过的那一面。这其实是要重新定义问题或事物。例如，当别人都看到事物的正面时，你设法看到它的反面；当别人都看到一个威胁时，你设法看到它是一个机会。

做难做的事是指设法去做别人做不了的难事。如果你所做的每一件事都是别人也能做的，那你就没有什么特色，没有真正的核心竞争力。虽然不可能每天都去做别人做不了的难事，但是应该每隔一段或长或短的时间去做一件别人做不了的难事。

利用变化是指利用已经或即将出现的变化，无论是有利还是不利的变化。即便是不利的变化，其实也有利用的价值，因为所谓有利或不利，只是相对而言的。例如，年轻人应该留意单位上可能出现的人员离职，或者单位上可能出现的经营问题，以便从人员离职或经营问题中看到自己的机会。

不断创新是指把创新变成自己的习惯。一旦成为习惯，你就能够很自然地、毫不费力地实现许多创新。创新，不宜偶尔为之，不宜贪大求全。我们应该每天都把创新装在心里和落实在行动里，以便通过许多小的创新来孕育或积累大的创新。2019年5月29日下午，我与几位毕业生商定了31日做一次毕业跑。因为时间太紧，来不及定制独特的文化衫，只能购买带云南大学标志的现货T恤。没有定制文化衫，我总觉得是一个缺憾，总想弥补。跑步快结束时，我突然发现路边有人在卖许愿板。我当即告诉学生买八块，每块写一个字，合起来就是"以终为始跑向未来"，然后我们拿在手里合影。这就是一个自然而然实现的创新。

　　可能有人觉得培养创新能力是比较难的。其实，并非如此。你如果每天都注意培养自己的获取信息的能力和按要求做到位的能力，那么创新能力就会随着这两种能力的提升自然而然地提升。每天都从海量的数据中获取对自己有用的信息，并设法按信息中明示或暗示的要求做到位，这是培养创新能力的基础（见图2-5）。许多人的创新能力不足，其实都是由获取信息的能力不足或按要求做到位的能力不足而导致的。

图2-5　创新能力提升

贯彻成果导向

　　贯彻成果导向，也是项目管理中的重要理念。在第一场，曾经讨论过要处理好成果与价值的关系，因为成果是价值的载体之一。没有成果，想要实现的价值就无所依附。这里的成果，就是可交付成果（deliverable）。

■ 什么是以成果为导向

　　项目管理非常强调"以可交付成果为导向"，因为客户想要的就是成果，领导想要的就是成果。至于你怎么把成果做出来，那是你自己的事情，客户不关心，领导不关心。某天，在某饭馆吃饭，服务员拿来的米饭是凉的，我就问，米饭怎么是凉的？服务员就向我解释米饭为什么是凉的，说是微波炉刚好坏掉了。其实，作为客户，我一点也不关心米饭为什么是凉的，只是想要一碗热米饭而已。

可交付成果是某一过程、阶段或整个项目完成时，必须要产出的产品、服务或其他成果。说得直白一点，那就是，你做完一件事情之后，必须取得的产品、服务或其他成果。在项目工作中，每一个过程结束了，每一个阶段结束了，都必须提交出所需的可交付成果。整个项目完成时，当然更是必须提交出所需的可交付成果。

一个成果要列为可交付成果，必须具备四个特点。

- □ 它一定是有人想要的，能够满足相关人士的需求。也许是客户想要的，也许是领导想要的，也许是其他相关方想要的，也许是我自己想要的。千万不要把没有人想要的东西列为可交付成果。我们的资源本来就极其有限，只能用来做真正有用的东西。

- □ 必须是项目团队能够在规定的时间和成本之内做出来的。通常，人们想要的东西会远多于项目团队能够在特定时间和成本内做出来的。所以，就必须对人们的需求进行筛选。对于那些不能被考虑的需求，就必须把它们明确地排除在项目范围之外。同时，必须明确告诉相关方，他们的那些需求无法在本项目中得到考虑。

- □ 对于该成果是否已经做出来了，必须能够用一定的方法去验证。例如，对于研发出来的新产品，我可以看到它的存在，我可以摸到它的存在。对于所学到的新知识，我们可以用考试成绩来证明它的存在。你在列出某个可交付成果之后，必须规定将如何验证它的存在。

- □ 对于该成果是否符合范围、进度、成本和质量方面的要求，必须是可以用一定的方法来测量的。在验证了某个可交付成果的客观存在之后，紧接着就要测量一下它是否符合要求。例如，用尺子来测量新产品的外观尺寸是否符合要求。对于任何一个可交付成果，都必须规定具体的要求以及相应的测量方法。

■ 为什么要以成果为导向

以可交付成果为导向，有利于防止人们做无益于可交付成果形成的活动；也有利于防止人们空虚，不知道该忙些什么。如果可交付成果不明确，你很可能会去做一些无用功，或者每天都无所事事。以可交付成果为导向，要求人们先搞清楚想要取得的可交付成果；然后，根据这些可交付成果倒推出须开展的各种活动及其要求。这样，就可以确保只做那些有益于可交付成果形成的活动。如果在可交付成果还不明确时就去开展各种活动，那通常都会做一些无助于可交付成果形成的活动，造成资源浪费。

以可交付成果为导向，特别有利于激励自己、团队成员和其他相关方。对将取得的成果，有了一个清晰的预期，我就会有极大的热情去做事。我之所以愿意吃苦，是因为我知道吃了这些苦之后，会有很美好的结果。正如在第一场提到过的，可交付成果就像是一盏指路明灯，指引我向前。

有一种领导风格，叫变革型领导风格。它要求领导者事先创建一个美好的愿景，用这个愿景激励大家去努力。美好的愿景，要么本身就是很重要的、很有意义的可交付成果，要么其中就包含着很重要的、很有意义的可交付成果。想象中的美景可能比现实中的美景，更能起到激励作用。

以可交付成果为导向，要求人们在做事之前就尽可能明确想要取得的可交付成果，然后通过做计划去明确必须开展哪些活动，最后实际开展这些活动，做出可交付成果。可交付成果做出来之后，你就会有很大的成就感，会受到很大的激励，从而会继续去做类似的事情。这样就会形成一个良性循环。如果可交付成果不明确，就会形成一个恶性循环。可交付成果不明确，导致没有计划或者只有毫无针对性的计划，又导致瞎忙活、浪费资源、做无用功，最终会因资源浪费和无用功而受到打击，受到打击之后，积极性降低，以后做事的动力就严重不足。

以可交付成果为导向，特别有利于证明自己的优秀。你需要用成果来证明自己的优秀。有些人总是觉得自己怀才不遇甚至被埋没了。其实，怀才不遇是必然的，因为你没有把才华展露出来；能被埋没的人才都不是真正的人才，因为你没有能力冒出来。虽然每个人都可以这样评价自己——我能做什么；但别人不是这样评价你的，别人评价你的主要标准是：你做过什么、取得过什么成果。你能做的事情再多，如果你什么也没有做过，什么成果也没有提交出来，那你在别人的眼中就只能什么也不是。请记住：在别人眼中你之所以优秀，那是因为他们看到了你的业绩，看到了你的成果。在你自己的心中，你是因为优秀才能出成果；但在别人的心中，你是因为出了成果才变得优秀。

在学了项目管理之后，我们应该把以可交付成果为导向变成自己的习惯和行为模式，改变过去的以活动为导向的习惯和行为模式。过去，人们做事经常是以活动为导向的，根本不去考虑做事情必须取得什么样的可交付成果。采用这种做事的方式，虽然做事的过程可能轰轰烈烈，但做完之后往往什么都没有。

网络上有这么一个说法：俄罗斯方块游戏告诉我们，成功是会消失的，失败是会积累的。那么，我们有没有办法使成功永不消失呢？办法当然是有的！那就是把成功固化为一个又一个的具体且可视的可交付成果。例如，把你的听课心得整理成书面文章。可视化的可交付成果不仅能够激励自己，也可以向别人证明自己的优秀。

按照以可交付成果为导向的理念，那种"没有功劳也有苦劳"的说法是完全不成立的。你做事，努力了、累了、苦了，但没有做出应有的成果，那也是白搭。对于这种情况，别人最多只会同情你，而不可能欣赏你。没有做出应有的成果，那你肯定浪费了许多资源，像你自己的精力和体力资源。

有人会说，不是有这么一个说法吗？"不以成败论英雄"。其实，这个说法只是用来安慰别人的。千万别把它当作自己的行为准则。作为自己的行为准则的，必须是以成败论英雄。失败也许是可以原谅的，但绝不是我们要追求的。我们要追求的就是成功。失败，如果不是自己的原因造成的，那是可原谅的；如果是自己的原因造成的，那就根本无法原谅。失败了，不一定是狗熊，但只有成功了，才是英雄。对于失败，不少人喜欢用"交学费"来找借口甚至开脱责任。其实，只要稍加思考，就可以发现，交学费的借口也完全无法成立。谁愿意交了学费却拿不到毕业证、学位证？既然交了学费，就必须得到所需的成果。

我一直很重视以可交付成果为导向，追求做出一个又一个可交付成果。我所写的工作总结，所做的翻译练习，所做的案例作业，所发的微信公众号文章，所发表的论文，以及所出版的著作，都是这样的可交付成果。它们不仅能够把我一点一滴的成功都固化、可视化，而且能够给我带来很大的成就感，促使我取得更大的成功。

■ 反败为胜四绝招

如果实在做不出原定的可交付成果，那怎么办？没有关系，我们还有办法把这种看似的失败转变为真正的成功。以下是反败为胜四绝招。

第一招，把这次的失败作为实现心灵成长的催化剂。越是大的失败，就越是要实现大的心灵成长。不经历失败，心灵就难以成长，人就难以成熟。所实现的心灵成长，也是一种可交付成果。

第二招，写出一份甚至是一本经验教训总结。这件事的过程，从开始到结束，究竟是怎样的？自己做了哪些努力？哪些地方做得好，哪些地方做得不够好？如果有机会重新做，应该怎么做？外部环境因素如何？存在哪些有利因素和不利因素？哪些相关方对事情施加了有利或不利的影响？这份总结，也是一种可交付成果。

第三招，把这次的失败作为通向另一个战场的重要跳板，以便在另一个战场取得成功。一个人在这个地方失败了，就设法到另一个地方去取得成功。随着在另一个战场取得成功，原来的失败也就不是什么大不了的事了，甚至是可用于证明自己优秀的一种证据了，可以向别人证明失败打不倒我。未被打败的我，也是一种可交付成果。

第四招，把这次的失败作为通向更大的成功的台阶，以便在更高的标准上取得成功。例如，一个人今年连二本大学都没有考上，没有关系，他就下定决心明年考上清华大学。等到明年考上清华大学之后，今年的这个失败也就完全不是个事了。真正善于进步的人，没有任何失败会是真正的失败。更加努力的我，也是一种可交付成果。

11

项目管理的模块划分

项目管理的模块划分，包括对项目从开始到结束的项目生命周期进行阶段划分，以及对项目所涉及的全范围进行领域划分。在每一个阶段和每一个领域又需要应用一些流程、工具和技术。

项目阶段划分

项目生命周期可划分成或多或少的项目阶段，以便以阶段管控来确保整个项目的成功。

■ 阶段划分的基本做法

最简单的阶段划分就是把项目生命周期划分成开始、执行和结束这三个阶段。在开始阶段，应该明确项目目标，编制项目计划。在执行阶段，应该按计划执行并监控执行情况，及时发现和解决问题。在结束阶段，应该进行项目收尾，并总结经验教训。

根据具体项目的特定情况，可以对开始阶段、执行阶段和结束阶段再做进一步细分。阶段划分的数量多少，主要是取决于所需的管控严格程度。想要管得越严，就要把项目划分成越多个阶段；想要管得越松，就要把项目划分成越少个阶段。例如，对建筑施工项目，开始阶段又可分为初步设计、详细设计和编制计划，执行阶段又可分为执行分部工程一、执行分部工程二和执行分部工程三，结束阶段又可分为试运行、验收移交和经验总结。虽然笼统地讲，任何项目都可分为开始、执行和结束这三个阶段，但是不同项目的阶段细分可能会有很大区别。

■ 阶段划分的基本标准

阶段划分的最主要标准是：想要依次完成的各种阶段成果，既包括中间成果，也包括最终成果。通常，阶段结束点必须要有相应的阶段成果形成，而不能只是一个自然的时间点。没有明确的阶段成果形成的任何时点，都不应该作为阶段结束点。

根据拟取得的阶段成果来划分项目阶段，这也是项目管理中的以可交付成果为导向的要求，有利于防止无的放矢地去做事情。例如，你想要完成初步设计文件，那就应该把初步设计作为一个阶段；你想要得到书面的项目计划，那就应该把编制项目计划作为一个阶段。

明确阶段成果，也有利于在必要时提前终止项目，也就是说，在项目的最终成果完成之前就把项目提前关闭。因为已经有阶段成果形成，而阶段成果又有一定的用途，所以即便提前关闭，项目也在某种程度上是成功的。

明确阶段成果，也有利于及时对团队成员和项目相关方进行认可和奖励，激励他们在后续阶段做得更好。如果阶段成果符合要求，就应该在阶段结束时立即开展认可和奖励，而不能把认可和奖励拖到项目完工时才一并开展。

阶段划分的一个辅助标准是：所需的不同资源种类，既包括人力资源的种类，也包括实物资源的种类。人力资源中有项目团队成员和其他项目相关方。实物资源中有材料、设备和用品等。按所需的资源的明显不同来划分阶段，有利于编制各阶段的资源计划，有利于防止资源的过早或过量准备，有利于防止资源的迟到或短缺，也有利于取得掌握资源的不同相关方的支持。事先就让资源所有者知道他们需要在什么时间向项目提供什么资源，特别是让他们知道项目只需使用其资源一段不长的时间，当然就有利于取得他们的支持。

阶段划分的另一个辅助标准是：所面临的不同风险种类，既包括有利于项目成功的机会，也包括不利于项目成功的威胁。机会是好风险，威胁是坏风险。按面临的不同风险来划分阶段，有利于确定各阶段最需管理的风险，有利于引导相关方参与风险管理，有利于确保阶段成果的交付。同一个风险，在不同的项目阶段，其重要性可能有所不同，需要相关方参与应对的程度也可能有所不同，对阶段成果的交付也可能有不同的影响。

■ 阶段划分的启示

项目阶段划分对每个人都有很好的启发。每个人的人生都需要分阶段，需要做的许多工作也需要分阶段。只要每个阶段都做了每个阶段该做的事情，管理好了相应的风险，利用了相应的资源，取得了相应的成果，那么你的人生或工作就是成功的。

根据《易经》第一卦"乾卦"，成功人士的一生大致可分成以下六个阶段。

- □　"潜龙勿用"阶段（20岁之前）。你只能积蓄力量，无法有所作为。
- □　"见龙在田，利见大人"阶段（20~30岁）。你应该有所作为，同时特别需要领导和长辈的提携。
- □　"君子终日乾乾"阶段（30~40岁）。你必须每天都非常勤勉，为以后的发展奠定坚实基础。
- □　"或跃在渊"阶段（40~50岁）。你要么冒出来，要么沉下去。
- □　"飞龙在天，利见大人"阶段（50~70岁）。一旦你冒出来了，就可以在事业上有所成就，并需要有好的助手或好的学生。
- □　"亢龙有悔"阶段（70岁以后）。你就想要回归田园了。

可以说，人生或职业成功之路，其实都是很简单的，只要你能够做到：该干什么时就干什么，确保每一个阶段都是成功的，绝对避免事后补课。事后补课，不仅机会成本很高，而且在进行事后补课时，别人就会超出你很多。

项目生命周期

通常，同一类型的项目会有基本相同的阶段划分，而不同类型项目的阶段划分则会有较大区别。例如，建筑施工项目的阶段划分与IT开发项目的阶段划分，会明显不同。

■ 项目生命周期模板

同类型项目的阶段划分，其实是基于所有这类项目的共性所提炼出来的项目生命周期模板。项目生命周期模板，既可以是行业项目管理标准中的内容，或者项目管理教科书中的内容，也可以是项目所在单位的组织过程资产的重要组成部分。较大的组织，通常都有自己的项目生命周期模板，用于指导所有同类型项目该如何划分阶段，各阶段该开展哪些工作，各阶段该如何管理风险。

例如，建筑施工项目的项目生命周期，从业主的视角来看，包括以下阶段：概念研究、设计招标、项目设计、施工招标、施工建造和移交收尾；从设计方的视角来看，是从参加设计投标开始至项目结束，没有前面的概念研究阶段；从施工方的视角来看，是从参加施工投标开始至项目结束，没有前面的概念研究、设计招标和项目设计阶段[①]。

例如，世界银行为其贷款所资助的项目，规定了这样的项目生命周期模板，其中包括项目识别、项目准备、项目评估、贷款谈判、项目执行和项目后评价等六大阶段。每个阶段都有须开展的主要工作，须形成的主要成果。例如，项目评估阶段的成果就是项目评估报告。

行业标准、项目管理教科书或组织中的项目生命周期模板，当然不可能面面俱到，不可能完全符合每个项目的具体需要。因此，每个项目都必须根据自己的特殊情况，对项目生命周期模板进行裁剪应用，该增的要增，该减的要减，该调整的要调整。是否具有可裁剪性，是用于评价模板好坏的标准之一。一个不便于裁剪的模板，绝不是一个好模板。

■ 项目生命周期的基本类型

根据项目的需求和技术的易变程度，项目生命周期又可以分成以下四大类：预测型生命周期、迭代型生命周期、增量型生命周期和适应型生命周期（见图2-6）。这里的"需求"是指产品范围，即项目最终成果应该具备的功能，"技术"是指用来实现产品范围的技术手段。当然，这四种生命周期也可以混合应用于同一个项目。这样一来，项目所采用的就是混合型生命周期了。

[①]Project Management Institute. 项目管理知识体系指南（PMBOK® 指南）：建设工程分册 [M]. 北京：中国电力出版社，2018.

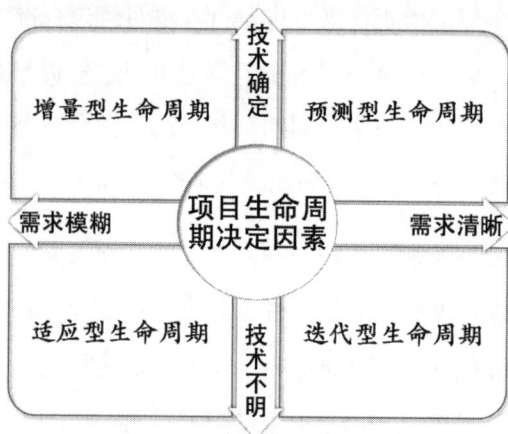

图2-6　项目生命周期的基本类型

对于需求清晰，而且所需技术也很确定的项目，就要采用预测型生命周期。这种生命周期，也叫计划驱动型生命周期，是指先设想好要实现的项目成果，并编制周密的项目计划，然后严格照计划执行去实现既定的成果。在执行过程中，基本无须变更。例如，对普通的房屋建设项目，先设计好要建成的房子，编制出施工计划，再严格执行，就可以建成想要的房屋。在这类项目的执行过程中，如果发生较多的变更，那就是由于早期的设计和计划没有做好引起的，或者是由于执行没有严格遵守设计和计划。

对于需求清晰，但是所需技术还很不明确的项目，就要采用迭代型生命周期。在这种项目上，究竟该用什么技术手段去实现特定的明确需求，是一个巨大的挑战。必须通过不断地迭代去摸索合适的技术手段。所谓迭代，就是循环。因为这种摸索不可能一次就完成，往往要多次。例如，针对某种特定的疾病，研发一种治疗药物，就应该采用迭代型生命周期。这种项目，需求很清晰，就是要研发出一种能治好该疾病的药物，但是该采用什么技术手段去实现这个需求，却是很不明确的，只能靠一轮一轮的探索，也就是迭代。

对于所需技术确定，但需求模糊的项目，就要采用增量型生命周期。这类项目的发起人或客户还没有想清楚到底想要什么样的项目成果。之所以没有想清楚，可能是因为项目成果比较复杂，使他无法立即想清楚；也可能是因为他还不敢肯定自己愿意花多少钱或愿意等多长时间。增量，是指成果的特性或功能是逐渐增加的。

例如，公司网站建设项目，往往需要用增量型生命周期。先根据公司的最初需求，建立几个基本网页并交付使用；接着，根据公司新产生的需求，来补充新的网页并交付使用；还可以再根据新的需求进行类似的增量开发。

对于需求模糊，而且所需技术又很不明确的项目，就要采用适应型生命周期。这类项目是高风险的项目。所谓适应，也就是敏捷，其实是迭代和增量的综合。在做项目的过程中，需要通过多次迭代才能开发出项目成果的某种功能，而项目成果究竟要有多少种功能，又并非一开始就明确。例如，要研发一种能够同时治疗多种疾病的药物，就需要采用适应型生命周期。一方面，究竟要能够治疗多少种疾病以及哪些疾病，并非一开始就清楚，所以需要增量开发；另一方面，无论是任何一种治疗功能的实现，其技术途径又需要通过迭代来探索。

■ 项目生命周期类型示例

我们用一个五阶段项目来展示上述四种项目生命周期的异同。五个项目阶段是：立项、设计、建造、测试和交付。如果采用预测型生命周期，这五个阶段就会按顺序进行，阶段之间首尾相接，项目结束时一次性交付完整的成果（见图2-7）。这种方法属于"想好了再做"。

图2-7　预测型生命周期示例

如果采用迭代型生命周期，那么就需要把设计、建造和测试放入同一个迭代期（见图2-8）。这样一来，设计、建造和测试都不再是项目阶段，项目阶段就变成了各个迭代期。每一个迭代期就是一个项目阶段。迭代就是循环，且每次循环的水平会更高。究竟要做多少次迭代，才能交付出正确的成果，取决于具体情况。每一次迭代都是针对同样的产品功能，而不是针对不同的产品功能，以便该产品功能越来越接近用户的真实需要。例如，磨刀，可以磨一轮试一下，又磨一轮试一下，直到刀的锋利程度达到客户的要求。项目结束时，一次性交付完整的项目成果。这种方法属于"边想边做边试"。

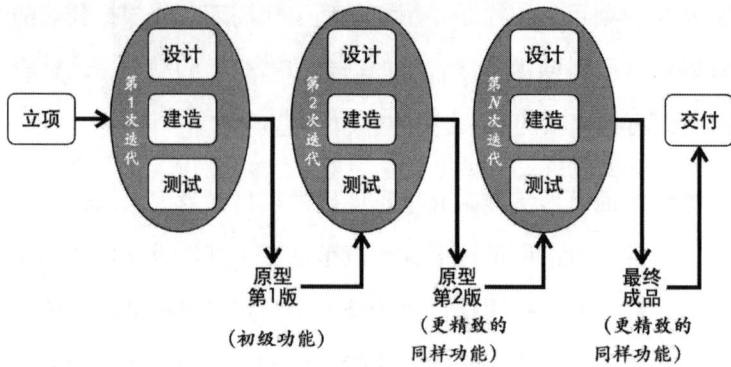

图2-8　迭代型生命周期示例

如果采用增量型生命周期，那也是要把设计、建造和测试放入同一个迭代期，也是一个迭代期就是一个项目阶段（见图2-9）。与迭代型生命周期不同的是，这里的每一次迭代都是为了实现产品功能的增量，即：增加新的功能。每一次迭代都会得到功能更完善的产品原型。每一次迭代所得到的产品原型，都交付给客户使用和评审，以便客户提出对新功能的需求，使项目进入下一轮迭代。这种方法属于"边想边做边问"，即：一边做，一边去问客户"你还需要什么功能"。

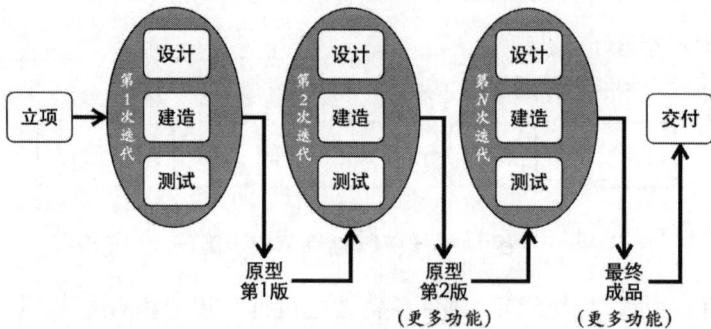

图2-9　增量型生命周期示例

迭代型生命周期和增量型生命周期，虽然都是要通过一次一次的迭代来交付最终成果，但是它们中间阶段的迭代有很大不同。迭代型生命周期中的迭代，其目的是要确保交付的正确性，是要开发出供项目团队内部评审用的原型，这种原型不能交付给客户使用。内部评审，客户无须参与或只需在很低程度上参与。增量型生命周期中的迭代，其目的是要快速实现并向客户交付可使用的产品功能。在增量型生命周期中，要通过一次一次的迭代，开发出供客户使用和评审的原型。由于客户等不及全部功能都齐全之后才来使用产品，所以应该先开发出部分功能供客户使用。

适应型生命周期，是迭代型和增量型的综合。其中既有迭代型生命周期中的由项目团队开展的内部迭代，又有增量型生命周期中的由客户参与的外部迭代（见图2-10）。内部迭代是要确保所采用的技术手段是正确的，外部迭代是要确保逐渐增加客户所需要的产品功能。

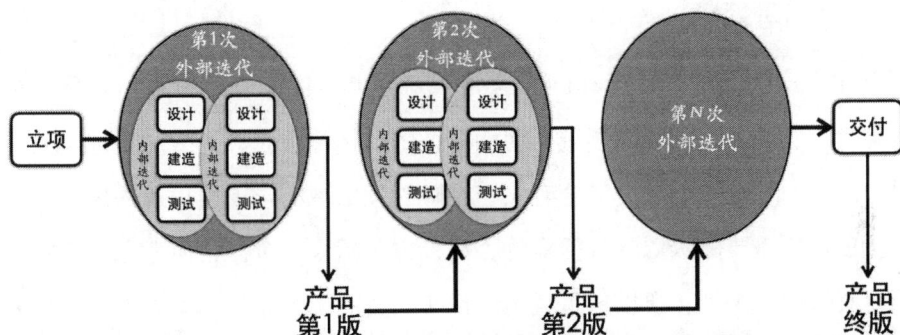

图2-10　适应型生命周期示例

如前所述，阶段划分的主要标准是拟交付的阶段成果，辅助标准是所需的资源和面临的风险。那么，不同类型的生命周期，在这三个方面的主要区别是什么？无论采用哪种生命周期，最终成果都是符合客户需求的项目产品，所以这里就不讨论最终成果了。从阶段成果来看，适应型生命周期和增量型生命周期，在每个迭代期结束时，都要交付出供客户使用的阶段成果；而预测型生命周期和迭代型生命周期，每个项目阶段所形成的阶段成果都只用于项目团队内部评审，并不供客户使用。客户虽然也可参与评审，但不会把阶段成果拿去使用。

从所需的资源来看，预测型生命周期，各阶段需要不同专业的人员，例如，设计阶段需要设计人员，建造阶段需要建造人员。而迭代型、增量型和适应型生命周期，每个阶段都需要全部专业的人员，例如，每个迭代期都同时需要设计人员、建造人员和测试人员。

从面临的风险来看，预测型生命周期，由于各阶段的工作很不同，所以各阶段的风险也就很不同。而迭代型、增量型和适应型生命周期，每个阶段的工作种类都很相似，所以各阶段的风险种类基本相同，风险的严重性则会随项目越来越接近完工而逐渐减轻。

知识领域划分

对项目管理方法进行知识领域划分，是为了管控更加方便和有效，为了总结经验教训更加方便和有效，也是为了项目管理的培训和教育更加方便和有效（例如，可以按知识领域开设相应的培训课程）。

■ 三个高层领域

可以在高层次上把项目管理的知识领域划分为：目标管理领域、人员管理领域和风险管理领域。目标管理领域与前面提及的目标整合有关，人员管理领域与第10章提及的资源整合和相关方整合有关，风险管理领域则与前面提及的风险整合有关。虽然项目所需要的资源既包括实物资源，也包括人力资源，但考虑到实物资源通常只要有钱就能买到，所以这里就不讨论实物资源了，而只讨论人力资源。人力资源又包括项目经理、项目团队成员和其他相关方。项目经理和团队成员直接从事项目工作，其他相关方则会对项目施加不同的影响。

目标管理领域、人员管理领域和风险管理领域之间存在紧密联系。首先，在目标管理领域，制定项目目标；其次，在人员管理领域，考虑实现目标所需的人力资源，以及所需的相关方参与和支持程度；再次，在风险管理领域，基于初定的项目目标和所需人员，考虑风险。考虑了风险之后，再回到目标管理领域对项目目标做必要调整，然后可能又要回到人员管理领域和风险管理领域。可能要多次循环开展这三个领域的工作，才能达到项目目标、所需人员和面临风险之间的最佳协调，形成完整且平衡的项目计划。最后，要严格执行计划，并监控执行情况，及时解决问题，确保这种协调和平衡的实现。通过一边执行一边监控，实现在动态中保持协调和平衡，这很重要。停留在纸面上的静态协调和平衡，没有任何意义。

■ 十个知识领域

在PMI的《PMBOK®指南》中，项目管理被分成了十个既有区别又有联系的知识领域，即：项目整合管理、项目范围管理、项目进度管理、项目成本管理、项目质量管理、项目资源管理、项目沟通管理、项目风险管理、项目采购管理及项目相关方管理。

在这十个知识领域中，项目整合管理，其实是高于其他九个知识领域的，因为整合管理是项目管理的管理哲学，因为该知识领域是用来协调与统一其他九个知识领域的。也就是说，要在项目整合管理的指导之下，去做其他九个知识领域的管理。无论做哪个知识领域的管理，都要牢记"整合"。

在这十个知识领域中，项目范围管理、项目进度管理、项目成本管理、项目质量管理合起来，就是项目目标管理领域，因为我们通常用范围、进度、成本和质量这四个维度来定义微观的项目目标。做项目，从微观上讲，就是要在规定的范围、进度、成本和质量要求之下做出项目成果。

暂且不考虑项目资源管理和项目采购管理知识领域中与实物资源有关的内容，项目资源管理、项目沟通管理、项目采购管理和项目相关方管理这四个知识领域合起来，就是项目人员管理领域，是用于协调做项目所需的人力资源的，包括项目所在单位内部和外部的人力资源。

项目风险管理知识领域，则单独构成项目风险管理领域。风险管理与任何一个知识领域都存在交叉关系。也就是说，无论是做哪一个知识领域的管理工作，都必须同时做风险管理，考虑风险。当然，也有些风险管理工作是需要专门开展的。例如，专门召开风险识别会议。

项目管理十个知识领域之间的关系，如图2-11所示。项目整合管理是项目管理的指导思想，要求实现项目中的全部要素的整合，追求综合最优。也许任何一个单个要素都没有达到最优状态，但是全部要素合成的整体已经达到最优，这就是所谓的综合最优。

通过项目范围管理确定该做什么，该做出什么成果；通过项目进度管理确定应该在什么时间做；通过项目成本管理确定应该用多大的代价做；通过项目质量管理确定应该做到什么技术要求。通过这四个知识领域确定了项目目标，接着就要考虑需要什么资源，特别是人力资源。

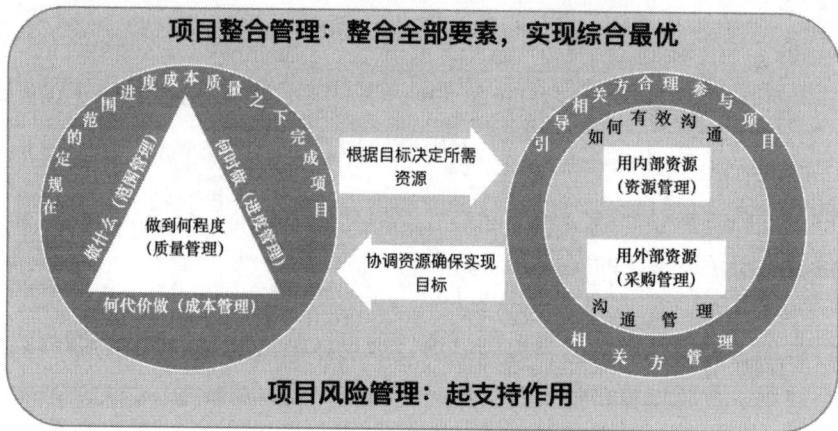

图2-11   项目管理十个知识领域的关系

通过项目资源管理，来利用项目所在组织内部的资源；通过项目采购管理，来利用项目所在组织外部的资源；通过项目沟通管理，与团队成员及其他相关方进行有效沟通；通过项目相关方管理，取得众多相关方对项目的参与和支持。用这四个知识领域协调所需的资源，来实现项目目标。

通过项目风险管理，来识别、分析和应对项目面临的各种风险。项目风险管理知识领域，可以对其他九个知识领域起到支持作用。项目风险管理知识领域就像是整座项目管理大厦的柱子。如果柱子不牢固，那整座大厦就会面临倾倒的风险。

■ 知识领域与项目阶段的关系

项目管理的十个知识领域与项目阶段之间是什么关系？无论采用的是预测型生命周期、迭代型生命周期、增量型生命周期，还是适应型生命周期，在每一个项目阶段都需要开展这十个知识领域的管理工作，只是每个阶段的侧重点可能有所不同。

项目阶段之间通常首尾相接，一个接一个按顺序开展；前后两个阶段也可以有部分交叉和并行。这种交叉和并行，通常都是为了缩短项目工期；当然，也可能带来一定的风险，特别是返工的风险。例如，设计阶段还未结束就开始建造，就可能导致建造需要返工。把两个阶段部分并行开展，这就是用"快速跟进法"来做项目。从理论上讲是允许的，但必须认真考虑由此而来的风险，设法把风险控制在能够承受的区间之内。任何不考虑风险的阶段并行，都可能为项目失败埋下巨大隐患。

国内存在一种"三边工程"，边勘测，边设计，边施工。也就是把勘测、设计和施工这三个本该按先后顺序开展的阶段部分并行了。其实，三边工程的本质问题并不在"三边"，而在不合适的风险管理。如果把风险管理做好了，那"三边"就会变成合理的。看问题，应该设法看到隐藏在背后的更本质的东西。每年高考之后，总有不少人议论某份试卷太难了。其实，对于高考这类选拔型考试，试卷的难易程度根本就不是问题的本质，试卷的鉴别力才是问题的本质。一份试卷，再难或再易，都是可以的，只要能够区分出水平高的考生和水平低的考生。所以，讨论试卷的难易程度，是毫无意义的。

与项目阶段之间可以部分交叉相比，项目管理知识领域之间的交叉会更明显。在实际工作中，这些知识领域通常都需要交叉在一起开展，尽管也有必要在特定时间专门开展某个特定知识领域的管理工作。例如，项目进度管理和项目成本管理通常需要交叉开展，尽管也需要单独编制进度计划。

之所以要强调这些知识领域之间的交叉关系，是因为所有这些知识领域的管理工作都应该被协调起来开展。任何一件管理工作，无论做得有多好，如果没有与其他相关的管理工作相协调，那都是没有任何意义的。这就像太极拳中的任何一个动作都必须与前后的动作协调起来、连贯起来。例如，一份再好的项目进度计划，如果不与项目范围计划、成本计划、质量计划和资源计划等相协调，那肯定是毫无用途的。事实上，要做好某一件管理工作并不难，难的是协调做好各种相关的管理工作。例如，不计成本地赶工，的确能够缩短工期，但是项目成本就被抛在脑后了。也就是这个原因，才使得项目整合管理变得如此重要。正如PMI强调的，项目经理也许可以把全部的管理工作都授权出去，交给团队成员去负责，唯独不能把整合管理工作授权出去，而必须由他自己亲自开展[①]。如果把整合管理都授权出去，那他就根本不是项目经理了。

---

① project Management Institute. 项目管理知识体系指南（PMBOK® 指南）[M]. 6 版. 北京：电子工业出版社，2018.

■ 知识领域划分的意义

之所以要把项目管理分成若干个知识领域，有三个主要理由。

一是便于管理和控制。例如，与项目目标有关的知识领域有范围管理、进度管理、成本管理和质量管理。这样，就可以分别编制范围、进度、成本和质量计划，然后加以协调。如果只是笼统地讲"编制目标计划"，就很难找到切入点。划分成不同知识领域之后，也就可以从各领域入手去监督各领域的执行情况，发现绩效偏差，并设法解决。例如，可以监督进度绩效，发现和解决进度偏差。如果没有知识领域划分，就很难开展具体的监督和控制工作。划分得越细就越有利于具体监控，当然监控和协调的工作量也会相应增加。

二是便于分领域总结经验教训，提炼相应的知识和理论。例如，可以专门总结项目范围管理的经验教训，形成项目范围管理的理论。当然，任何一个知识领域的经验教训或理论，都需要与其他知识领域的经验教训或理论相协调。

三是便于开展培训，便于人们学习。例如，可以按知识领域来开设相应的培训课程。这就如同太极拳之所以要被分解成一个一个的具体动作，就是便于师傅向徒弟讲解和示范，便于徒弟学习和练习。一旦练得很熟练了，太极拳的动作分解对徒弟来说就没有多大意义了。

还需要提及的是，《PMBOK®指南》中的项目管理十个知识领域，只是针对大多数项目的，并不是说所有项目都只需要开展这十个知识领域的管理工作。针对特定的项目，项目经理可以自行增加其他适用的知识领域。例如，对于建筑施工项目，就需要增加这三个知识领域：项目财务管理，项目安全和环境管理，以及项目索赔管理。建筑施工项目需要大量资金，就需要加强财务管理，确保获得足够的资金；建筑施工项目面临较大的安全风险，且与自然环境有密切关系，就需要专门开展安全和环境管理；建筑施工项目通常用承发包合同来完成，而施工索赔管理又是合同管理中的重点与难点。

把项目管理划分成目标管理领域、人员管理领域和风险管理领域，对每个人提高工作效率和效果，都很有指导意义。一件工作，你如果很重视它，就要把它当项目来做，按以下基本步骤开展。

首先，从范围、进度、成本和质量这四个方面去规定工作目标。

其次，任命项目经理，组建和建设项目团队，并努力获取尽可能多的相关方的支持。也许你本人就是项目经理。有些工作，表面上看是由你一个人在做，其实你也需要一个团队。例如，你考研究生，就需要有一个由亲朋师友组成的团队来帮你。任何工作的成功，都离不开相关方的支持。

最后，管理风险，包括应对妨碍项目目标实现的各种威胁，利用有助于项目目标实现的各种机会。例如，团队成员的能力或相关方的支持，可能达不到所需要的程度，或者高于所需要的程度。前者是威胁，后者是机会。管理风险，一定要以实现项目目标为导向。也就是说，不能离开项目目标去应对威胁或利用机会。只有会影响项目目标的实现的威胁或机会，才需要、才应该，也才值得去应对或利用。例如，团队成员张三可能辞职。如果他辞职对项目目标的实现不会有任何影响，那就没有必要加以应对。

综上所述，可以总结出一种基本、简单且有效的工作方法。那就是，制定目标，建设团队和获取支持，以及管理风险。这三个步骤都做好了，工作的成功就是水到渠成的、自然而然的事情。

12

项目管理的流程、工具和技术

现在，讨论项目管理中的流程、工具和技术这三个内容。在任何一个项目阶段、任何一个项目领域，都需要应用合适的流程、工具和技术去开展管理；阶段之间的协调，领域之间的协调，也都需要应用合适的流程、工具和技术去实现。

什么是流程

流程，对应英文是process，也可以翻译成"过程"，是使用特定的工具和技术去加工特定的原材料来取得想要的成果。所需要的原材料，就是输入（input）；要取得的成果，就是输出（output）。流程就是把一定的输入转化成一定的输出的整个过程。

用"输入""工具和技术"和"输出"这三个要素来描述每一个流程，就把每一个流程都结构化了（见图2-12）。由这类结构化的流程所构成的方法，也就是结构化方法。结构化方法与非结构化方法不同。西方文化更喜欢用结构化方法，中国文化更喜欢用非结构化方法。如果我告诉你，洗手必须严格按特定的六个步骤来做，那就是要求你用结构化方法去洗手。如果我只是告诉你，洗手必须认真，必须洗干净，那就是要求你用非结构化方法去洗手。显然，前者的发挥余地很小，但结果可复制；后者的发挥余地很大，但结果不可复制。

```
┌───────┐      ┌───────────┐      ┌───────┐
│ 输入  │ ───▶ │ 工具和技术 │ ───▶ │ 输出  │
└───────┘      └───────────┘      └───────┘
```

图2-12　由三要素构成的流程

不断改进工作方法，其中也包括不断把工作结构化。要把能够结构化的方面都结构化，以便腾出更多的时间和精力去处理那些实在不能结构化的方面。例如，写文章，把文字录入和排版结构化了，我们就有更多时间去思考，从而就能更快地写出更好的文章。

在PMI的《PMBOK®指南》中文版中，把process翻译成了"过程"，相应地，project management process也就翻译成了"项目管理过程"。为了与这个译文对应，后面我将用"过程"这个词，而不用"流程"。项目管理是通过协调开展一系列项目管理过程来实现的。

项目管理过程和过程组

《PMBOK®指南》描述了49个基本项目管理过程。它们通过输入和输出联系起来。一个过程的输入，要么来自项目外部，要么来自前面其他过程的输出；一个过程的输出，要么成为项目的最终成果，要么成为后面其他过程的输入。

这49个项目管理过程又被归并成了五大项目管理过程组，即：启动过程组、规划过程组、执行过程组、监控过程组和收尾过程组（见图2-13）。这五大项目管理过程组，是任何一个项目从开始到结束都要经过的。无论规模大小、工期长短、复杂程度高低，每一个项目都必须经过每一个过程组，不得跳过任何一个过程组。

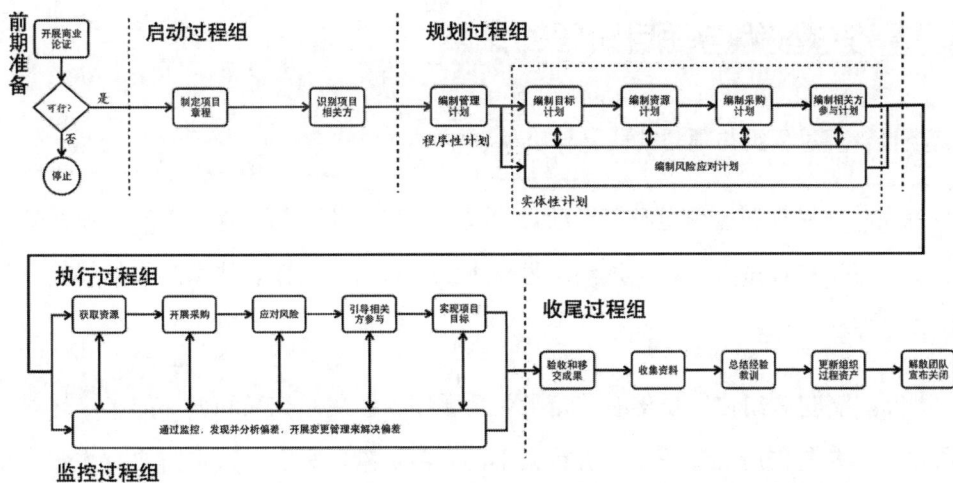

图2-13　五大项目管理过程组

项目启动过程组，就是定义项目目标，办理项目立项手续，并且识别项目相关方。在项目进入启动过程组之前，要开展前期准备工作，论证项目的商业可行性。只有在商业上可行的项目，才会进入启动过程组。办立项手续，就是制定项目章程，用经批准的项目章程来宣布项目立项。

项目规划过程组，就是编制项目计划，包括编制管理计划、目标计划、资源计划、采购计划、相关方参与计划，以及风险应对计划。管理计划是关于如何开展管理工作的程序性计划，后面这些计划则都属于实体性计划。全部计划都需要协调起来。

项目执行过程组，就是执行项目计划，包括获取资源、开展采购、引导相关方参与、应对风险、实现项目目标。

项目监控过程组，就是监控项目执行情况，及时发现并分析偏差。如果偏差太严重，超出了可接受的区间，就要开展变更管理加以解决。

项目收尾过程组，就是办理项目成果的验收和移交手续，收集资料，总结经验教训，并把资料和经验教训作为组织过程资产归档，供以后的项目参考借鉴。收尾过程组的最后一项工作是解散团队并宣布项目正式关闭。解散团队和项目关闭需要有仪式感，不能随随便便。

项目管理过程组与项目阶段的关系

项目管理过程组与项目阶段是什么关系？

首先，项目管理过程组不等于项目阶段。过程组关注的是管理工作，项目阶段关注的技术工作。做项目，必须同时做技术工作和管理工作。技术工作是基础，管理工作是保证。

其次，各过程组之间虽然有一定的先后顺序，但更是交叉和循环的。这与项目阶段之间通常是先后顺序关系，有很大不同。项目阶段只在有特殊需要时才部分交叉。项目管理过程组之间的顺序关系只是形式上的，不是实质性的，而交叉和循环关系才是实质性的。特别是，监控过程组与每一个其他的过程组都是交叉的，因为任何一项工作都要被监控。

最后，每个过程组都可在任何一个项目阶段开展。例如，某个项目，从技术上讲，被分成了商业论证、详细设计、施工建造和验收移交这四个项目阶段。这样一来，每个过程组不仅要针对整个项目做一次，还要针对每个阶段做一次。可以把项目生命周期比喻成螺栓，把项目管理过程组比喻成螺母。螺母要从螺栓的开始端出发，向结束端旋转，直到到达结束端。螺栓的开始端就是整个项目的开始，螺栓的结束端就是整个项目的结束。项目管理过程组是贯穿项目始终的。

项目管理过程组之间的交叉和循环关系，导致了项目管理过程之间也是交叉和循环的，导致了每一个项目管理过程也可以在任何项目阶段开展，导致了每一个项目管理过程在一个项目上可能不止开展一次。项目管理过程组之间的交叉和循环关系，以及项目管理过程之间的交叉和循环关系，都是很复杂的，无法用语言讲清楚，需要每个人自己去体会。

过程组、生命周期和知识领域的关系

可以把项目管理过程组、项目生命周期和项目管理知识领域整合到一张图中（见图2-14）。在项目生命周期的每个阶段，都既需要应用项目管理过程组，也需要应用项目管理知识领域。项目管理过程组中的任何一个过程，同时也会隶属于某一个特定的项目管理知识领域。

例如，启动过程组的识别相关方过程，同时隶属于项目相关方管理知识领域；规划过程组的制订进度计划过程，同时隶属于项目进度管理知识领域；执行过程组的管理质量过程，同时隶属于项目质量管理知识领域；监控过程组的控制范围过程同时隶属于项目范围管理知识领域；收尾过程组的结束项目或阶段过程，同时隶属于项目整合管理知识领域。

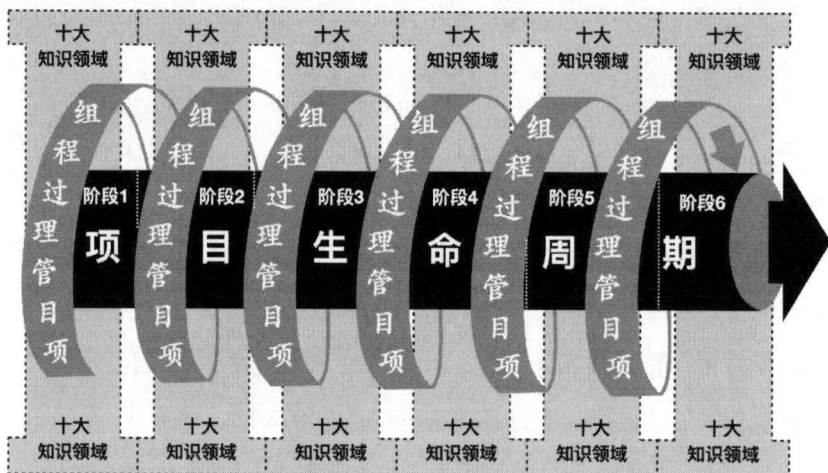

图2-14　项目管理过程组、生命周期和知识领域的关系

项目管理过程的输入、输出、工具和技术

任何一个工作流程都必须要有相应的输入，要使用适当的工具或技术来加工已有的输入，得到所需的输出。有些流程同时需要工具和技术。工具是外在的硬件或软件，技术则是人们所掌握的工具应用技巧。有些流程只需要用技术，不需要用工具。

■ 举例和概述

项目管理过程，作为一种管理方面的工作流程，当然也是如此。例如，《PMBOK®指南》（第6版）中的创建工作分解结构过程[①]的输入和输出如下。

□ 需要用范围管理计划、项目范围说明书、需求文件、事业环境因素和组织过程资产这五个输入。

□ 需要用专家判断和分解这两个技术。这里没有写出需要使用的工具。事实上，也需要使用相应的工具，例如，工作分解结构编制软件。有了这种软件，我们就可以更有效地使用专家判断和分解这两个技术。即便完全手工

[①]Project Management Instltute. 项目管理知识体系指南（PMBOK® 指南）[M]. 6 版. 北京：电子工业出版社，2018.

做，也需要纸和笔这两个工具。

□ 需要得到范围基准、假设日志更新和需求文件更新这三个输出。其中范围基准是工作分解结构、工作分解结构词典和项目范围说明书的汇编，假设日志更新和需求文件更新是假设日志修订版和需求文件修订版。

这里不便详细介绍每一个项目管理过程及其输入、工具、技术、输出，只能引导大家尽量用这种结构化的工作流程去做事，以提高工作效率和效果。就像煮饭一样，为了煮出可口的饭，既需要好的原料，也需要好的厨具和厨艺。

项目管理中有许多技术。有的技术比较硬，有各种条条框框或基本规则，属于科学类技术，例如，用于编制项目进度计划的关键路径法。有的技术比较软，主要靠你的自由发挥，属于艺术类技术，例如，最常用的专家判断技术。几乎在任何工作中都或多或少需要应用专家判断技术。

■ 专家判断技术

专家判断技术，在日常工作和生活中也是极其常用的，在此专门讨论一下。专家判断体现的是管理的艺术性，用于在信息不足的情况下制定决策。我们经常需要在信息不足的情况下做决策，因为也许无法收集到足够的信息，也许不值得收集足够的信息，也许时间来不及了。

专家判断可以来自你想得到的任何人。任何人，只要具备相应的实践经验、培训经历和专门知识，就可以提供相应的专家判断。专家判断适用于大多数管理和技术工作。只要是需要人们的主观努力的工作，都需要一定程度的专家判断。只有完全靠机器自动完成的工作，才不需要使用专家判断技术。

专家判断，并不是简单地拍脑袋，而是要把客观信息和主观经验有机地结合起来，做出决策。客观信息越丰富，需要的主观经验就可以相应减少。在日常生活中，我们经常向别人寻求专家判断，也经常给别人提供专家判断。例如，向别人问路，就是寻求别人的专家判断；给别人指路，就是给别人提供专家判断。如果我问了两个人，两个人给我指的路不一样，那怎么办？我必须再对他们两个人的说法做出一个我自己的专家判断。这样，就可以防止出现"手表定律"的情况。手表定律是指如果两块表的时间是不同的，那你就不知道现在是几点了。具有优秀的专家判断能力的人，即便面对十块时间不一致的手表，也能够知道现在究竟是几点钟。

随着人工智能的发展，许多人的专家判断能力会逐渐下降，因为太依靠人工智能了。我们应该如何保持和提升自己的专家判断能力？最好的办法是始终保持好奇心，保持不断探索的精神，甚至要设法成为机器人的父母或者老师。父母是造机器人的，老师是教机器人的。能够做机器人的父母或老师的人，将来会有越来越好的职业前景。未来不仅需要造越来越多的机器人，而且越来越多的机器人是需要培训的。

■ 输入、输出、工具和技术的类型

无论是输入、输出还是工具、技术，都会有三种不同的类型。

第一种是必须有的，包括必须要有的输入，或者必须要使用的工具或技术，或者必须要得到的输出。例如，在创建工作分解结构时，必须有项目范围说明书和需求文件这两个输入，必须使用分解技术，必须得到工作分解结构这个输出。

第二种是可能有的，包括可能需要的输入，或者可能要使用的工具或技术，或者可能要得到的输出。是不是真的有，取决于具体情况。例如，在创建工作分解结构时，可能需要项目进度计划作为输入，可能需要使用相关软件这个工具，可能得到需求文件更新这个输出。

第三种是最好有的，包括最好要有的输入，或者最好要使用的工具或技术，或者最好要得到的输出。例如，在创建工作分解结构时，最好要有组织过程资产这个输入，最好要使用自动化的工作分解结构编制软件这个工具，最好还要得到经验教训总结这个输出。

必须有的，是用来判断某个项目管理过程的开展是否合格的通用标准。缺少任何一条"必须有的"，那就是不合格的。可能有的，是用来判断某个项目管理过程的开展是否合格的专用标准。专用标准，是只适用于某个特殊情境的。最好有的，则是用来判断某个项目管理过程的开展是否优秀的通用或专用标准。

比起输入或输出，工具或技术的可选择性更大。例如，吃饭这件事，你可以

选择筷子这个工具及相应的筷子使用技术，你也可以选择刀叉及相应的刀叉使用技术，你甚至可以筷子或刀叉都不用，直接有手抓着吃。一方面，大家都知道使用合适的工具和技术能够提高工作效率和效果；另一方面，实际上，许多人又不愿意或不善于去学习和使用合适的工具或技术。这就像是，你虽然知道锋利的刀子是很有用的，但是又不去找这样的刀子，或者又不去把刀子磨锋利。每个企业都会做质量管理，但不少企业从不使用具体的工具和技术，那怎么能够确保质量管理的效率和效果呢？

讲到这里，"源于方法"部分就要结束了。方法是由理念、模块、流程、工具、技术和行为所组成的一个体系。项目管理方法也是如此。改进方法，应该从这六个方面入手。可以从单个方面入手，也可以从两个或更多方面同时入手。关于行为，我们暂且放到一边，留到最后一场"源于个人，成于团队"时再讲。

13

价值的项目化落实

前面讨论了"源于方法",包括方法的概念、类别,以及项目管理方法的主体架构。运用有效的方法,不断改进工作方法,目的就是要实现目标。现在就来讨论"成于目标"。

每个人、每个组织,都应该有想要在未来实现的重大价值,也就是想要在未来实现的重大梦想。重大价值或梦想的实现,必须要通过一个又一个具体项目的成功实施。这就是所谓的"价值的项目化落实"。

从战略管理到运营管理

每个人小时候都被问过这个问题:你长大后想干什么?有些孩子回答:我想当解放军;有些孩子回答:我想当科学家;有些孩子回答:我想当明星。孩子们的回答,代表着孩子们对未来的美好憧憬和梦想。在家长和老师的正确引导下,他们也许真的能够成为他们想要成为的那个人。

美好的梦想代表的是战略目标。无论个人还是组织都需要有战略目标,明确自己在未来究竟要成为一个怎样的人,或者本组织在未来究竟要成为一个怎样的组织。例如,"我要成为优秀的科学家",或者"本组织要成为中国最大的工程建设总承包企业"。

战略目标通常是很笼统的,不具体,必须通过一系列具体项目的执行才能实现。所以,就必须把战略目标项目化,即:分解成一个一个便于执行的项目,以便通过这些项目的完成,以及对项目成果的持续性使用,去实现战略目标。

　　确定战略目标之后，就需要认真考虑：我们应该做哪些项目，来创造有利于战略目标实现的各种条件。创造出各种条件之后，就可以通过日常运营来持续使用这些条件，从而实现战略目标。任何组织或个人都需要做这三大管理：战略管理、项目管理和运营管理。通过战略管理确定战略目标；通过项目管理创造可用于实现战略目标的各种能力；通过运营管理来持续使用已经创造出来的各种能力，获得运营收入，从而实现战略目标（见图2-15）。这就相当于：首先用望远镜找到未来的目的地；然后修一条路、造一批车、培养一批开车的人；最后，由这些被培养出来的人开着这些造出来的车，日夜兼程，行驶在这条被修成的道路上，朝目的地前进。

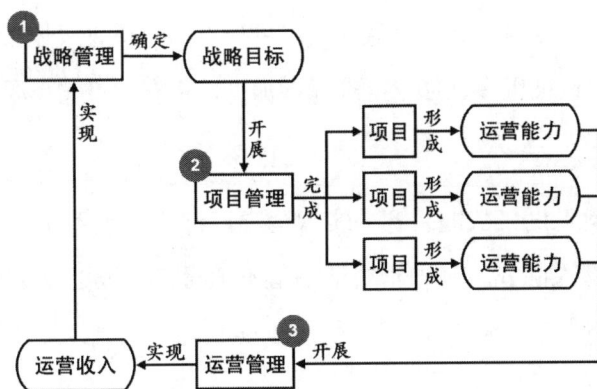

图2-15　战略管理、项目管理和运营管理

项目组合管理

　　服务于同一个战略目标的所有项目，合在一起，被称为"项目组合"（portfolio）。项目组合管理，是21世纪发展起来的一个学科，是从投资管理和项目管理这两个学科衍生出来的。项目组合管理的任务就是从全部备选项目中选择那些最有利于战略目标实现的项目来做。

　　之所以要做项目组合管理，是因为我们的资源很有限，而我们可以做的项目又是很多的。我们必须用一定的标准对所有备选项目进行排序，选择排序靠前的、最有价值的项目来做。那些排序靠后的项目，就只能放弃不做。

　　之所以要做项目组合管理，还因为我们有一个既定的战略目标。我们必须分析每个项目对战略目标的实现所能起到的作用，选择作用最大的那些项目来做。如果没有战略目标，那就根本无法考虑究竟该做哪些项目。就像没有目的地，那走哪条路都无所谓正确与否。

例如，企业有一个战略目标，就是要成为履行社会责任的模范。那就需要通过项目组合管理来认真考虑该做什么慈善项目、节能减排项目、商业模式变革项目，还有其他相关工作。即便是慈善项目，也是多种多样的，例如，既可以进行慈善捐款，也可以组织员工做公益活动，企业必须做出选择。

例如，个人要成为优秀的项目管理专家，就需要通过项目组合管理来认真考虑该参加什么培训，该获取什么资格认证，该看什么书，该获取什么实践经验等。社会上的培训和资格认证很多，你只能选择参加少数最有利于实现职业生涯规划的培训和认证。

请注意，任何无助于战略目标的实现的项目都是必须不做的。做了，就是在浪费资源。经常有人问我，某种资格证书值不值得考？我通常会回答：那要取决于你的职业生涯规划。讲得更正式一点，那就是要看该项目是否符合实现战略目标的需要。

在选择项目、确定项目组合时，必须考虑项目组合中的不同类型项目之间的平衡，防止"偏科"。例如，高风险和低风险项目的平衡，高新尖技术项目和成熟技术项目的平衡，财务价值项目和社会价值项目的平衡。例如，《哈佛商业评论》杂志2015年1月发表了一篇文章《CSR真谛》指出，为履行好社会责任，企业应该在三条战线布置社会责任项目：第一战线是纯慈善战线，如给灾区捐款；第二战线是提高运营效率战线，如节能减排；第三战线是变革商业模式战线，如电池生产厂商回收利用废旧电池。这三条战线的项目都会产生社会效益，但对企业经济效益的影响却很不一样。第一战线项目，不能直接增加企业的利润；第二战线项目，可能但不一定增加企业的利润；第三战线项目，则会增加企业的利润，相当于建立一种新的盈利模式。

文章的作者调查了参加美国哈佛商学院社会责任培训课程的142位企业管理人员，发现在1072个社会责任项目中，48%的项目是第一战线的，39%的项目是第二战线的，13%的项目是第三战线的。虽然被调查者所在的企业都是履行社会责任较好的企业，但是，仍有60%的被调查者对所在企业的社会责任活动和方向表示不满意。从数字可以看出，第三战线的项目数量仍然偏少。文章指出，第三战线的商业模式变革项目，无须面面俱到，而可以只是针对某条产品线、某个细分市场或某个其他局部。这样一来，商业模式变革项目的数量也可以很多。

我们能从这个案例得到什么启发？不要一讲履行社会责任，就是捐款捐物；不要一讲做好事，就是搀扶老人过马路；不要一讲娱乐，就是打麻将。我们必须注意多种活动、多种项目之间的平衡。企业必须经常考虑变革商业模式，个人必须经常考虑优化行为模式。

当然，在当今快速变化的世界，战略目标和项目组合都不能一成不变。有两种情况。一种是战略目标或项目组合无法立即就十分明确，而是需要逐渐明确。另一种是内部或外部环境的变化可能使本已明确的战略目标或项目组合不再合适。这就要求定期或不定期地对战略目标和项目组合进行重新审查。无论企业还是个人，每一年都要开展至少一次重新审查，可以在年底或年初做。通过重新审查，可以进一步明确战略目标或项目组合，可以调整战略目标或项目组合，例如剔除某个项目，或新增某个项目。

项目集管理

我们已经通过项目组合管理，对所有备选项目进行优先级排序，选择了那些对实现战略目标最有价值的项目来做。接着，就需要认真分析这些拟做的项目之间的横向联系，以便把所有这些拟做的项目归并为一个一个的项目集（program）。

前面我们提到过，项目集就是存在某种配套关系的一系列项目的集合。这些项目配套好了，就能够产出"1+1+1>3"的效益。

仍以前面的企业履行社会责任为例。企业不仅可以把各种慈善项目当作一个项目集，把各种运营效率提升项目当作一个项目集，把各种商业模式变革项目当作一个项目集，而且还可以创建跨项目类别的项目集，把相关的慈善、运营和变革项目协调在一起，当作一个项目集来管理。

前些年，某个县的县长带着他手下的发改局、建设局和农业局的局长们来找我，希望了解一下项目管理方法对促进县域经济发展能够起到什么作用。他们向我介绍了该县的农业发展战略、工业发展战略和康体旅游业发展战略。接着，我就问他们，有没有一个能够把这三大发展战略协调起来的更高层次的战略。他们说，还没有。我就建议他们制定一个更高层次的战略，来协调农业、工业和康体旅游业，防止各行业各搞各的，甚至相互拆台。这里就涉及了项目组合管理和项目集管理。与更高层次的战略相对应的是更大的项目组合，与各行业的战略相对应则是较小的项目组合，也可以叫作子项目组合。实现跨行业的协调，就是要找出各行业之间的密切联系，用项目集管理的方法来相互促进。

他们还提到了一个具体的问题：高速公路建好了，没有车流量。我跟他们说，这并不是公路建设项目的问题，而是相关的配套建设项目没有跟上。公路沿边的产业建设没有跟上，哪里会有车流量。只是孤立地做一个公路建设项目，当然是没有好的效益的。这其实是没有应用项目集管理，没有充分考虑各种项目应该如何配套才能更好地促进县域经济的发展。县域建设中需要解决的一个突出的问题就是条块分割，无法建立跨行业的项目集，例如，由农业项目、交通项目和旅游项目组成的项目集。

在市政公用设施建设中，也普遍存在因没有采用项目集管理而带来的各种问题。例如，反复开挖同一条街道。今天修水管，挖了街道；明天铺设电缆，又要挖街道；后天要种树，还要再挖街道，如此无穷无尽。这些项目本来是应该被作为一个项目集而加以协调管理的。

项目组合和项目集管理的启示

个人健身，也需要应用项目组合管理和项目集管理。你可以把那句普遍的口号"健康工作50年"作为自己的健身战略目标，也可以制定更高的战略目标。我本人的健身战略目标是：为项目管理健康工作60年。这个战略目标是我在2013年制定的。

2012年，我的身体已经到了崩溃的边缘，出现了高血压、高血脂、高尿酸等，痛风几乎每两周发作一次，经常突然头晕。当时，我已经不能正常工作。怎么办？我当然就想到了用所学的项目管理知识去恢复身体，去健身。为了恢复身体，需要做这四类项目：医疗、饮食控制、体育运动和需求建立。医疗项目是用来治标的，例如减轻痛风发作的痛苦。饮食控制项目、体育运动项目和需求建立项目，是用来治本的。这四类项目构成了我的健身项目集，也构成了我的健身项目组合。

特别是饮食控制、体育运动和需求建立之间有非常密切的联系，只有这三类项目紧密配合，才能取得理想的健身效果。当然，这三类项目不是按先后顺序进行的，而是平行开展、相互促进的。因为在内心有对健身的迫切需求，所以就能够控制饮食，就能够去运动。控制饮食和健身运动取得了良好的效果，又会进一步加强内心的健身需求。这样也就形成了一个良性循环。到现在，我晚餐只吃苹果已经快六年了，跑步锻炼已经四年多了。这几年，我的身体恢复得很好，血压和血脂基本正常了，痛风完全不发作了。现在，苹果晚餐和跑步锻炼，已经成了我的日常运营，成了我的生活新常态。

我是怎么做到每天晚餐只吃苹果的呢？其实，只吃苹果这个目标，并不是一开始就明确的。一开始只是想要控制饮食。为了控制饮食，我做了三个重要的项目。

第一个项目是，2012年2月26日绝食24小时，其间我只喝了一小瓶纯净水。做这个项目，要获得的主要价值是：体验不进食的难过，把最难过的日子先过掉。

第二个项目是，2012年7月13日至2013年2月28日，七个多月我完全食素。除了偶尔外出吃素食，在家里吃饭，每顿饭都是一碗米饭、一盘用白水煮出来的蔬菜（不加油盐，蘸酱油吃），加一小碗生洋葱。这7个多月是比较难过的，经常晚上梦见吃肉。这个项目的价值是：习惯了长时间过难过的日子。

第三个项目是，2013年8月至9月，我编辑并印制了一本个人画册《汪小金激情项目管理30年》，纪念我从事项目管理30周年。我编印这本画册，有三个目的：一是总结一下30年的工作经历，二是感谢很多人，三是下决心再为项目管理工作30年。为项目管理健康工作60年的战略目标就是这个时候明确的。为什么要定第三个目的？就是要在内心建立对健康身体的强大需求。要为项目管理再工作30年，就必须有健康的身体。

这三个项目做完后，再结合西方人的那句谚语"每天一苹果，医生远离我"（An apple a day keeps doctors away），我就把控制饮食的目标具体化为晚餐只吃苹果了。从2013年10月25日起，我就完全告别了传统晚餐，每天晚餐都只吃苹果，偶尔附加点黄瓜、香蕉、桃子等水果。很多人问我，晚上会不会饿？我回答，不仅不饿，而且很舒服。比起绝食24小时，比起那七个多月全素食，苹果晚餐已经是一种很大的享受了。

对于较长远、较大的目标，必须把它分解成一系列相互关联的小目标，然后把实现每一个小目标都当作一个项目来做。随着这些项目的逐渐完成，较大的目标也就会逐渐实现。如果你觉得一个梦想或目标不易实现，那么就必须把它项目化，即分解为一系列便于完成的项目。

项目管理

每一个项目都需要用项目管理方法去管理和完成。狭义的项目管理，仅指对单个项目的管理。单个项目是项目集或项目组合的组成部分。广义的项目管理，还包括项目集管理和项目组合管理。进入21世纪以来，人们已经越来越讲广义的项目管理了。这样做的好处是，防止单个项目被孤立。被孤立的项目，缺少其他项目的配合，往往不能对组织或个人的发展起到应有的作用。就像一个被孤立的个人，无论你的能力有多大，都不可能大有作为。从战略目标到项目组合，再到项目集和项目，形成了一个从高到低的层次结构（见图2-16）。

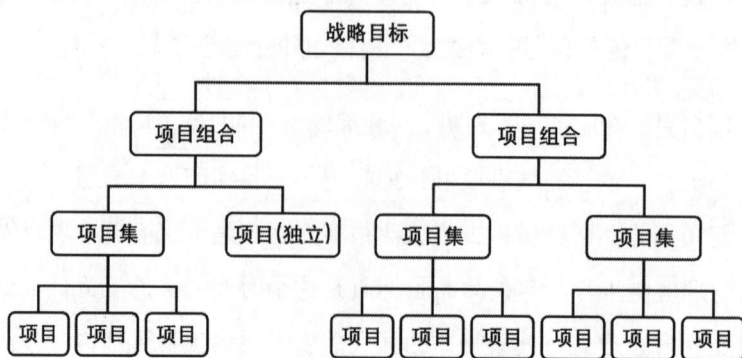

图2-16　从战略目标到项目的概念层次结构

那么，究竟什么是项目？项目是为创造独特的成果而开展的，通常需要逐渐细化的临时性工作。项目有别于为生产相同的成果而开展的、一开始就能明确全部工作细节的永久性工作。这种永久性工作叫日常运营。

项目所创造的独特的成果，也许是有形的成果，例如，建成的生产线；也许是无形的成果，例如，开发出来的服务能力；也许是不能直接归入产品或服务的其他成果，例如，所学到的新知识。我做那个24小时绝食项目，就是要锻炼出承受短期痛苦的能力；我做七个多月全素食项目，则是要锻炼出长期过苦日子的能力；我做个人画册编印项目，就是要建立起内心对健康身体的强大需求。这三个项目的能力类可交付成果和需求类可交付成果，都不是直接的产品或服务，而是属于其他成果。这三个成果配合起来，就有了一个更大的效益，那就是我建立了自己晚餐只吃苹果的能力，这个能力是属于服务类可交付成果。

项目有以下四个特点。

- □　以成果为导向，即必须明确项目做完后要形成什么样的成果。
- □　具有独特性，即为创造独特的成果而开展的独特性工作。
- □　具有临时性，即必须在规定时间开始，在规定时间结束。
- □　通常具有逐渐细化性或渐进明细性。

所以，做项目，就是要在规定时间内开展需要渐进明细的独特性工作，创造出独特的有形或无形成果，供日常运营使用。

项目的这四大特性，即临时性、独特性、渐进明细性和成果导向性，对于我们改进思维模式和行为模式很有意义。对独特性和成果导向性，前文已经讨论过。现在，讨论临时性和渐进明细性。临时性告诉我们，做事情，一定要按时开始按时结束。我们不应该把时间看成永续不断的河流，而应该看成一段一段的。这一段过去了，就再也没有了。用项目管理方法做事的人，会有很强的时间观念。每个人、每个单位都想要提升执行力。其实，提升执行力的方法非常简单，那就是把每一件工作都当作项目来做，追求按时开始按时结束。在单位，如果每一个人的工作都按时开始按时结束，那么就可以减少大量的等候时间。对个人来说，如果总能按时开始按时结束，那么工作效率就会很高。

除了非常简单的小项目，大多数项目都需要渐进明细，即：随着时间推移和情况明朗而逐渐细化项目目标，逐渐细化项目成果应该具备的功能或特性，逐渐细化所需开展的具体工作。渐进明细性告诉我们，不能只喊大道理，而要设法把道理具体化，以便把道理一步一步地落实下去。用项目管理方法做事的人，善于把道理具体化、可操作化，即善于用结构化方法去落实大道理。

项目的这四大特性联合起来告诉我们，任何必须在规定时间内解决的比较复杂的问题，都应该被看作一个项目，用项目管理方法去解决。在规定时间内，意味着临时性；比较复杂的问题，意味着问题的独特性及解决方法必须渐进明细；解决，意味着必须取得理想的结果。

人类日益做独特性工作

项目作为独特性工作，是越来越多的人现在和以后要越来越多地从事的工作。从这个角度来讲，人类社会已经从工业社会进入项目社会。随着人工智能的发展，绝大多数重复性工作都可以交给机器去做，人类也就应该且必须去做独特性的项目了。例如，把类似于售货、售票等重复性工作交给机器去做，那么人类就应该也必须去做这三类独特性项目：研发自动售货机，解决自动售货机的故障，以及对自动售货机进行升级换代。正如PMI在2019年的《职业脉搏调查》报告中指出的：人类的工作性质正在从"终生做同一种工作"（job for life）变成"做各种项目的组合"（portfolio of projects）。过去，你只需要日复一日做同样的工作，现在和未来，你必须经常做不同的项目。

在人工智能时代，你想要不被机器取代，就必须始终保持好奇心，不断提高做独特性项目的能力。未来，职业前景最好的人，应该是能够成为机器人的父母或机器人的老师的人。

14

设定有挑战可实现的目标

目标须反映真实需求

对于从梦想式大目标分解出来的每个项目，又该怎么设定项目目标？最能够实现的目标，一定是反映了人们内心最真实的需求的目标。项目目标，必须要反映项目相关方内心最真实的需求。如果项目是必须做的，但目前相关方的需求还不够强大，那么就必须先通过教育等项目来建立需求。有些情况下，建立需求并不容易，甚至很困难。从2018年在中国大陆地区上映的印度电影《厕所英雄》中，就可以看出建立需求的困难。虽然从技术上讲，在农村建设简易厕所是非常容易的，但是要让人们真正"需要"厕所，却遇到了来自传统习俗的极大阻碍。

你相信心想事成吗？我很相信！我一直都是运气很好的人。我的好运不在于天上掉馅饼，而在于只要我努力，就会有好的结果，就能实现目标。因为这个结果和目标，是我内心真正追求的，反映了我内心最真实的需求。如果你经常心想事不成，那是因为你的想只是表面的。大家还记得我前面说过的这句话吗：知易行难非真知，心想事成必真想。

制定目标的精明原则

西方管理学中有一个制定目标的"SMART原则"，SMART是这几个词的首字母缩写：具体的（Specific），可测量的（Mesurable），能实现的（Achievable），相关的（Relevant），有时间限制的（Time-bound）。因为Smart本身也是一个单词，意思为"精明的"。所以，我把这个原则叫作：制定目标的精明原则。其含义如下。

- □ 具体的，是指必须明确指出将做什么以及将取得什么结果。例如，我将通过每天跑步五公里在三个月内减轻体重五公斤。

- □ 可测量的，是指能够用客观的方法来测量目标的实现情况，包括实现的过程，以及最终实现与否。例如，我可以通过称体重来测量减肥的执行情况和最终目标的实现情况。

- □ 能实现的，是指经过合理的努力可以实现这个目标。目标不能定成完全无法实现的。那种完全无法实现的目标，没有任何意义，只是用来骗人骗己的。

- □ 相关的，是指所制定的目标对于我自己是有意义的。这个目标的实现有助于我实现一个特定的美好梦想，或者一个特定的战略目标。例如，我的梦想是成为优秀的项目管理专家，那么考取PMP®证书就是有意义的，而考取律师资格证就没有意义。

- □ 有时间限制的，是指必须给目标的实现规定时间要求，例如，我要在三个月内减轻体重五公斤，我要在2019年12月31日之前考取PMP®证书。如果不规定明确的时间要求，我就可以不断地拖延，从而导致目标永远无法实现。

这个精明原则，对指导人们制定有意义且现实具体的目标，有积极的作用。不过，这个精明原则有它本身的不足，那就是具体的、可测量的、有时间限制的，这三条之间存在太大的交叉，甚至可以把这三条合并为"具体的"。还有，强调"可实现的"，就不利于制定极具挑战性的战略目标和项目目标。一位学英语出身的年轻人，刚进入项目管理行业时，我告诉她，要立志成为项目管理界最好的英语翻译。她反问我，这个目标好像不符合SMART原则。我告诉她，SMART原则不适用于制定战略目标，因为战略目标必须足够高大上。甚至可以说，战略目标是用来不断接近的，而不是用来完全实现的。

制定目标的扎根原则

我们不能总是照搬前人的成果，而是应该设法更进一步。在此，我就基于这个精明原则和项目管理理论，提出一个制定目标的ROOTS原则，即扎根原则^①。
ROOTS本身是"树根"的意思，它也是以下这些英文单词的首字母缩写。

- □ RO是Result-Oriented的缩写，意思为：以成果为导向的。
- □ O是Obsessive的缩写，意思为：日思夜想的，魂牵梦绕的。
- □ T是Top-level的缩写，意思为：高水平的。
- □ S是Specific的缩写，意思为：具体的。

符合这四条要求的目标才是真正扎根于人的内心的，有意义且能够实现的（见图2-17）。

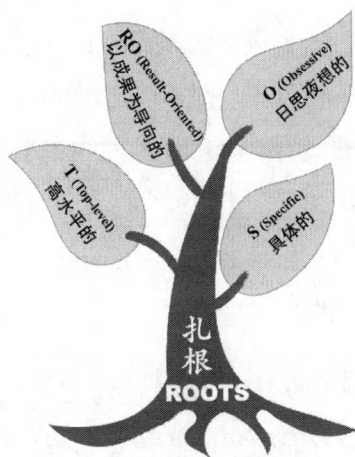

图2-17　制定目标的扎根原则

■ 目标必须以成果为导向

先说说头两个字母RO，以成果为导向。项目管理非常强调以成果为导向。做项目就是要做出所需的成果。开始做一个项目或者一件事情之前，就应该预想一下这个项目或这件事做完后要取得什么成果，甚至还要预想一下在做项目或事情的过程中要取得什么中间成果。

例如，你计划做一个阅读图书的项目，那就应该设想一下该取得的可交付成果，包括写出来的学习心得。一位朋友告诉我，他去年读了120本书，平均每三天

---

① 汪小金. ROOTS原则：目标管理的新神器［J］. 项目管理评论，2019（5）：54-56.

读一本。我听了之后，建议他把读书的数量减少一半，并把省下来的时间用来写读书体会。这样效果会更好。

我曾经总结了这么三句话：观察必有发现，学习必有心得，思考必有成果。这里的"发现"和"心得"都是中间可交付成果，而"成果"则是基于对"发现"和"心得"的深入思考而得到的最终可交付成果。观察而无发现，学习而无心得，思考而无成果，这不符合项目管理的要求。

■ 目标必须是日思夜想的

再来看第三个字母O，Obsessive，日思夜想的，魂牵梦绕的。对于计划要实现的目标，要取得的可交付成果，你必须日思夜想、魂牵梦绕，甚至有点强迫症。在日常生活中，许多人都有轻微的强迫症，例如，老是怀疑家门没有锁好。轻微的强迫症不要紧，关键是你要控制它，不要让它恶化。在控制它的同时，还要设法把轻微的强迫症用到正确的地方，例如，用于强迫自己实现目标。我在上大学的时候，就发现自己有轻微强迫症。我一直控制得很好，并能够正确使用它。其实，任何追求完美的人，都是有"强迫症"的。

在制定目标的时候，你必须认认真真地问问自己：这真是我想要的吗？想要，不仅是显意识里想要，而且必须是潜意识里也想要。这个目标，必须是你的整个身心的需要。必须防止你自己的一个部分接受它，另一个部分又拒绝它。在《项目干系人管理》这本书中，作者介绍了一种全身心决策方法[①]。应该动用大脑、心脏和肠胃等全部器官来做决策，而不是只依靠大脑。这样，就可以确保你所做出的决策符合你整个身心的需要，而不只是某个器官的需要。

例如，你需要做出一个决定，是不是要跳槽？你应该先用大脑做出跳槽或不跳槽的决定。这个决定代表了显意识的决定，是理性的决定。接着，再闭上眼睛，静下心来，感受一下你的整个人体是否对这个决定感到紧张，也就是感受一下你的感性是否能够接受，你的潜意识是否愿意接受。如果感到紧张，那就说明这个决定只是大脑的决定，只是显意识的决定，并不是你真正想要的决定，你就应该重新考

[①] 特雷斯·罗德. 项目干系人管理［M］. 邓伟升，汪小金，译. 北京：中国电力出版社，2014.

虑。如果无论跳槽还是不跳槽，你都无法全身心地接受，那么就暂时放下这件事，以后再说。

制定目标，也可以用全身心决策方法。只有整个身心都乐意接受的目标，才是魂牵梦绕的目标。例如，我先用大脑决定出门跑10公里，再感受一下其他器官是否乐意接受这个决定。如果乐意，那么跑10公里将是一种享受；如果不乐意，我勉强去跑，那就是负担了。

只有那些潜意识中也知道运动很重要的人，才能持续不断地去运动，才能在运动中体会到快乐。2017年春节，我写了一篇文章《唯运动和学习不能放假》[①]，其中有这么一句话："对于内心平和且强大的人，其快乐主要来自内心而非外在事物。而运动和学习本身就充满了发自内心的快乐！"对于一个从潜意识都知道运动和学习很重要的人，他绝对不会因为春节大假就放弃运动和学习。就像孔子所说的："君子无终食之间违仁，造次必于是，颠沛必于是。"（《论语·里仁》）一个内心求仁的人，不会在任何时候去违反仁的要求。

如前所述，我之所以能够每天晚餐只吃苹果，能够经常进行长跑锻炼，那是因为我在内心建立了对健身的强大需求。也就是说，把健身变成了我日思夜想、魂牵梦绕的目标。可以毫不夸张地说，健康首先是想出来的。这不是迷信，而是确有道理的。如果你潜意识中都想要有健康，那么你的一切言行都会为此目标而努力。时间长了，自然而然地，就能得到健康。

遗憾的是，虽然人的显意识是由大脑直接控制的，但是人的潜意识并不直接受大脑的控制。也就是说，大脑所想，一定代表着你的显意识中的追求，但不一定代表你的潜意识中的追求，甚至与你潜意识中的追求完全矛盾。好在每个人都可以影响自己的潜意识。你今天的潜意识，其实是过去，特别是孩提时代的无数显意识及相关言行的沉淀。如果要建立更积极的潜意识，你必须从今天开始在大脑中无数次重复积极的显意识，并不断地把这些积极的显意识付诸言行。

谎言重复一万遍就会成为真理，这句话是有一定的道理的，特别是对善意的谎言，对有相关行动与之配合的谎言。你不停地去说一句善意的谎言，并采取相应的

[①] 全文请见微信公众号：drwangpm。

行动，你的潜意识就会逐渐相信它，从而也就能把它变成真理。

以前看了一部非常好的加拿大电影《圣·拉尔夫》（*Saint Ralph*）。一位14岁的少年，用跑马拉松完美地诠释了"爱、梦想、目标、意志和奇迹"。他父亲死于战争，母亲又成了植物人。护士安慰他，如果发生奇迹，妈妈就会醒来。为此，他就有了一个梦想，去创造一个奇迹。于是，他到处打听什么是奇迹，如何才能创造奇迹。一天，他听见体育老师对学生们说（其实是抱怨学生不够努力），如果哪位学生能够获得波士顿马拉松冠军，那真是堪称奇迹。从这一刻起，他把获得下一年的波士顿马拉松冠军当作了自己魂牵梦绕的目标，并用坚强的意志去练习，去创造奇迹。看了这部电影，我总结了这么几句话：因为有挚爱，所以有梦想；因为有梦想，所以有目标；因为有目标，所以有意志；因为有意志，所以有奇迹。如果把中间这些都隐藏起来，我们能看到什么？那就是：因为有挚爱，所以有奇迹。

这是不是可以对我们每个人有很大的启发？如果你觉得自己不能坚持控制饮食，不能坚持锻炼身体，那就请按照这一系列的"因为……所以……"去反思，去追根溯源：是不是你的爱还不够？接着，从"爱"这个源头开始，来改进自己的言行。请记住，只有爱才能创造奇迹。

■ 目标必须是高水平的

再来看第四个字母T，Top-level，高水平的。你制定的目标必须是高水平的，必须花大力气才能实现，而并非轻易就能实现。那种轻易就能实现的目标，最多只能作为日常运营的目标，而不能作为项目的目标。日常运营是要维持生存，而做项目是要实现发展，特别是跳跃式发展。很容易实现的目标，当然对实现跳跃式发展没有多大意义。

在确定项目目标时，把目标定为大约有70%的可能性能够实现，就可以了。剩下的大约30%，就需要你付出巨大的努力。一个想要快速进步的人，绝对不会把目标设为有100%可能性能够实现的。那种100%能够实现的目标，对你不会有激励作用。即便实现了，也不能实质性地促进你进步，也不会给你带来成就感。没有成就感，你就不可能越做越好。

　　其实，促使一个人前进的最大动力，就是发自内心的成就感，而不是任何别的东西。一件很困难的事情，我做成功了，就会有成就感；一个很高的目标，我实现了，就会有成就感。有了成就感，我就会不停地去做类似的事情，实现类似的目标，从而不断进步。不要把目标设定为"坐"着就可以够到的，也不要设定为"站"着就可以够到的，甚至不能设定为"踮起脚"就可以够到的，而应该设定为"跳起来"才能够到的。

　　大家都知道，吹牛皮、说大话，是很不好的。但是，有一种吹牛皮、说大话，是很好的。那就是，我先吹出一个牛皮，说出一个大话，接着就努力去实现。这种吹牛皮、说大话，其实，也是要制定高水平的目标，同时，希望借助别人的督促来实现。

　　不要总是在自己现有的舒适区内循环，否则，这个舒适区就会变成你的停滞区，甚至是厌烦区。必须在适当时间去突破现有的舒适区，建立一个新的、更高级的舒适区。在现有的舒适区内循环，就是做日常运营；而建立新的舒适区，就是做项目。

　　例如，在我每天跑或走5公里已经形成习惯，变得很舒适之后，在2017年1月1日，启动了一个突破这个舒适区的项目。从那天开始，我要求自己每周至少跑一次10公里，并逐渐把跑10公里变成一个新的舒适区。我在10公里跑的舒适区循环了大约一年时间，也就是做了一年10公里跑日常运营。接着，我在2018年4月12日又做了一个项目，来突破这个10公里跑舒适区，建立20公里跑舒适区。接着，在20公里跑舒适区循环了一年之后，又于2019年的3月4日突破了20公里跑舒适区，建立21.1公里半程马拉松跑舒适区。跑步四年多，我平均每年建立一个新的舒适区（见图2-18，图中已补充在大讲堂结束之后实现的2020年1月的突破和5月的突破）。

　　俗语说赶鸭子上架。做日常运营，通常不应该赶鸭子上架；但是做项目，就必须赶鸭子上架。我在国外读书的时候，把每一个案例作业都当作项目来做。我从来不选择很容易的题目去做，也从来不选择很容易的视角去做。我总是选择较难的题目，或者较难的视角。这样，我就故意创造了一些困难。等我克服了这些困难，我就学到了很多东西，取得了很大进步。这也就是要求自己：创造困难、创造挑战、创造好运。

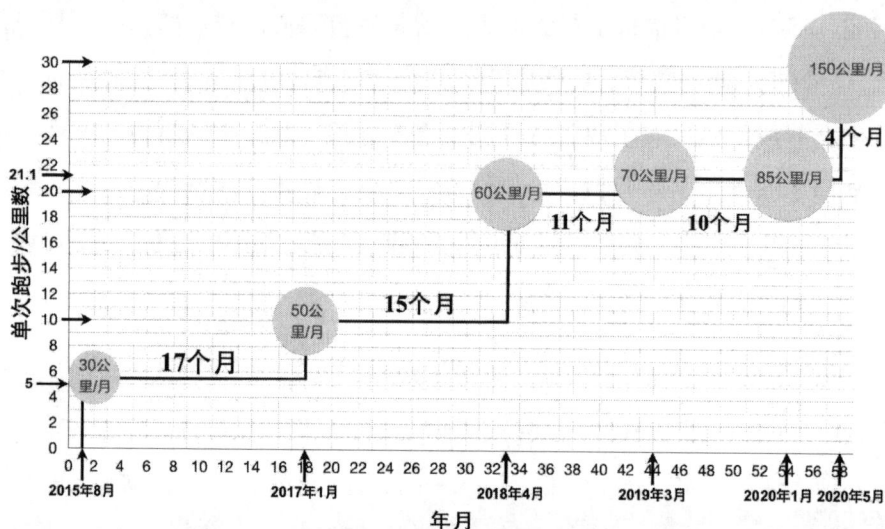

图2-18   汪小金跑步提升图

我学英语也采取了赶鸭子上架的方法。在英语词汇量还很小、英语阅读能力还很差的时候，我就下决心逐字逐句地阅读毛主席的《论十大关系》英文版。之后，我又阅读海明威的《老人与海》英文版。虽然阅读速度很慢，但是读完后，英语阅读能力就提高了很多。

可以说，学习是必须赶鸭子上架的。只有这样，你才能有很大的收获和进步。当然，这并不意味着学习的过程就会很痛苦。对于喜爱学习的人来说，在赶鸭子上架的过程中，虽然会遭受一些表面的苦，但是更会享受到来自内心的巨大快乐。

其实，苦和乐，是相对而言的。为了享受乐，就必须先吃苦。毫无疑问，人的成长是离不开吃苦的，人的进步是离不开吃苦的。你不能老喝鸡汤，还必须适当喝喝苦药，甚至自己要主动找一些苦药喝喝。只有吃够了苦的人，才能真正享受甜的幸福。就像前面提到过的电影《圣·拉尔夫》。电影中的少年为了锻炼自己的意志力，故意把膝盖的皮肤磨破，跪在酒精中祈祷。在吃了这样的苦之后，还有什么苦不能吃？侯宝林那一代相声演员为什么那么优秀？因为他们在旧社会吃过了"撂地锻炼"的苦。在旧社会，他们什么东西都没有，只能凭自己的一张嘴，在大街上讲相声讨生活。经过撂地锻炼的人，其生存能力和发展能力就一定很强。我在国外读博士的那三年，也是我经受撂地锻炼的三年。那是最困难，也是成长最快的三年。我必须完全靠自己打工来维持生计，还要靠打工来交学费，而且还要很好地完成博士论文。那三年，吃尽了苦头，享受了成长，收获了成功。

■ 目标必须是具体的

最后，看看第五个字母S，Specific，具体的。目标必须是具体的，而不能是笼统的、模糊的。这里的S，相当于SMART原则中的S、M和T的综合。也就是说，同时包含了这三层意思：具体的、可测量的和有时间限制的。

如前所述，笼统和模糊的，那是梦想，而不是目标。笼统和模糊的梦想必须被细化成具体的目标，才能梦想成真。例如，"我要当一个好学生"，这是一个梦想，而不是目标；"我要在数学课的期末考试中考90分"，这才是一个具体的目标。

与西方文化相比，中国的传统文化并不讲究具体化、可测量化。例如，中医的望闻问切诊病法，就完全没有具体的测量器具和测量指标，全凭医生的主观感觉和判断。而西医就完全不同，强调采用客观的测量器具和测量指标，例如，用血压计测量血压，并把80~120毫米汞柱定为正常值。

中国传统文化是一种更讲哲理、更讲大道理、更喜欢模糊美的文化。我们喜欢，在一个大道理之下，给人们留出很大的灵活发挥余地。例如，孔子强调人要行仁，但并没有对"仁"规定具体的测量标准。如果规定了具体的测量标准，那大道理也就不够"大"了。这种做法的优点是：有利于统揽大局，有利于根据具体情况做具体应用。孔子对不同学生问什么是仁，就会给出差别很大的回答。对樊迟，孔子的回答是："仁者先难而后获"。（《论语·雍也》）意思是，行仁的人，会先付出辛劳，再求收获。对司马牛，孔子的回答是："仁者，其言也讱"。（《论语·颜渊》）意思是，行仁就是说话谨慎。对颜渊，孔子的回答是："克己复礼为仁"。（《论语·颜渊》）意思是，主动按照礼制的要求去行事，那就是行仁。

这种做法的缺点则是：无法用统一标准来考核大道理的落实情况，无法准确地测量实际是否达到了大道理的要求。例如，对于别人问他某人是否达到了仁的要求，孔子只能回答：不知道。例如，在《论语·公冶长》中，孟武伯问："子路仁乎？"子曰："不知也。"又问，子曰："由也，千乘之国，可使治其赋也，不知其仁也。"意思是，子路可以在一个诸侯之国带领军队，但我不知道他是否达到了仁的要求。关于行仁，虽然可以判断某个具体言行是否属于"行仁"，但是无法判断某个人是否达到了"仁"的要求。

中国传统文化具有很强的包容性，善于吸收西方文化的相关内容，为我所用。例如，我们学习和采纳了诞生于西方的现代科学研究方法，学习和应用了西方文化所强调的具体化和可测量化，学习和发展了发源于美国的现代项目管理方法。

什么才算是具体的目标？有三条判断标准。

一是不同的人对目标会有基本相同的理解。如果不同的人对目标会有很不同的理解，那么这个目标就是不够具体的。某天上午，某人去蛋糕店定制一个蛋糕。他告诉店老板，这个蛋糕是要送给他的老板的，所以需要做得大气一些。老板答应了。下午，他去取蛋糕时，却责怪店老板把蛋糕做得太小气了。为此，两人发生了争吵。问题的根源就在于，对什么是"大气"，双方的理解不一致。

二是目标的实现是可操作的。也就是说，人们可以从目标中看出该从哪里入手、该做什么去实现目标。例如，"把墙壁油漆成白颜色"，就是可操作的目标；"把墙壁油漆成很漂亮的颜色"，就是不可操作的，也不符合第一条标准。

三是目标的实现是可测量的。不仅最终实现与否可以测量，而且目标的实现过程也是可以追踪的，可以进行阶段考察的。例如，"我要在三个月内减轻体重10公斤"，就是可以测量的，可以追踪的目标；"我要减肥"，就不符合这个标准。

梦想式大目标，必须分解成一个一个的项目去实现。针对每个项目又应该按扎根原则去设定目标。

项目目标的基本维度

把想要实现的重大价值或梦想项目化之后，就需要针对每一个项目制定具体目标，以便通过各项目的具体目标的实现去实现重大价值或梦想。制定目标的扎根原则的最后一条就是目标必须是具体的。那么应该如何把目标具体化？按照项目管理的要求，必须从范围、进度、成本、质量和风险五个方面来实现项目目标的具体化。

项目目标的基本维度

■ 概述

在讨论项目管理方法的基本架构时，曾经讲到项目目标的四个维度——范围、进度、成本和质量，也讲到了对项目目标有影响的风险。它们之间的关系如图2-19所示。范围、进度和成本构成一个三角形，质量被夹在中间，受制于范围、进度和成本。风险则是外面的一个圈，对范围、进度、成本和质量都有影响。这五个要素是用于把项目目标具体化的必不可少的要素。

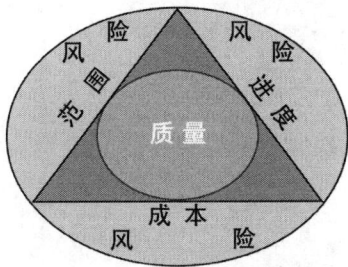

图2-19　项目目标的基本维度

范围是指必须做出的可交付成果，以及为了做出成果而必须开展的工作。进度是指必须在什么时间做出可交付成果，必须在什么时间开展工作。成本是指准备花多少钱。质量是指可交付成果和工作必须达到的技术水平。风险则是万一发生会对项目的范围、进度、成本和质量的至少一个方面有影响的不确定性事件。

■ 各维度的优先级排序

用于定义项目目标的范围、进度、成本和质量这四个维度，到底哪个更重要呢？首先，必须强调，任何一个维度，都有必须达到的最低要求。范围的最低要求是项目成果必须具备的基本功能；进度和成本的最低要求是可承受的最长工期和最大成本；质量的最低要求是必须在技术上合格。

对风险，也有最低要求。无论如何，必须把项目失败的风险控制在企业能够承受的区间之内。也就是说，对风险的最低要求，就是项目所在企业的风险承受力。项目失败的风险不能大于企业的风险承受力。如果大于，万一项目失败，企业就会倒闭。

必须在允许的最大风险和最小风险的区间内，来确定项目的范围、进度、成本和质量目标（见图2-20）。这四个维度，笼统地讲，是同等重要的。但是，在某个特定的项目上，会有特定的优先顺序，以便必要时牺牲排序靠后的维度去保排序靠前的维度。例如，对一个进度目标特别重要、必须按期完工的项目，在万不得已时，就可以以增加成本为代价去赶工期，确保项目按期完工，甚至可以适当缩小项目的范围，来确保项目按期完工。当然，不能突破成本和范围的底线。

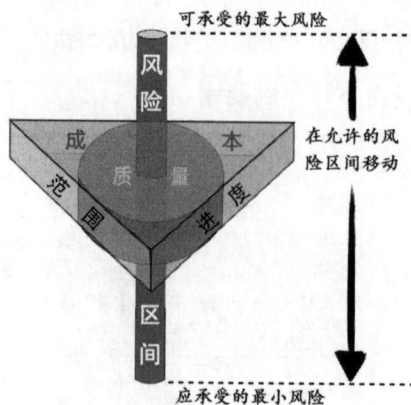

图2-20　在允许的风险区间内确定项目目标

　　各维度的优先顺序通常由项目发起人而不是项目经理来决定。项目经理作为项目管理方面的专家，应该主动引导项目发起人对这四个维度做出合理的、明确的排序。特别是，必须提醒项目发起人不要把这四个维度都定成第一重要的。如果它们都是第一重要的，那将来你就无法以牺牲哪个去保哪个。

　　在目标的多个维度或多个子目标之间排出明确的优先级顺序，这是项目管理中非常强调的一种良好做法。在有些建筑工地上的"安全第一，质量至上"这类口号，并不科学。如果两个都是最重要的，在出现矛盾时该怎么办？

　　我曾经在云南省鲁布革水电工程上工作了10年，主要是与日本承包商打交道。日本承包商在现场的口号是：安全第一，质量第二，进度第三。如果安全与质量有矛盾，绝对保安全；如果质量与进度有矛盾，绝对保质量。从表面看，他们不重视进度，实质上这才是真正重视进度。如果安全和质量有问题，你拿什么去保证进度。正是在"安全第一，质量第二，进度第三"这个口号的指导下，日本承包商在鲁布革项目上，做到了安全、质量、进度、成本、范围各方面都很好。

　　在许多情况下，进行优先级排序并不容易。如果鱼和熊掌我都想要，那怎么办？如果妈妈和媳妇同时掉水里，先救谁？对于这种看似很难回答的两难问题，如果你的思路对头，也并不难回答。

　　我们通常用"重要性"这个标准来对子目标进行优先级排序。有些情况下，我们实在区分不出或者根本不想区分各子目标的重要性，那又怎么办？那就假设这些子目标同等重要，然后按实现的难易程度来排序。把容易实现的排在前面，较难实现的排在后面。

　　讲到这里，大家应该知道对鱼和熊掌该怎么排序了吧，应该知道先救妈妈还是媳妇了吧。鱼和熊掌，哪个容易得到，就把哪个排在前面。如果媳妇问你，她和你妈妈同时掉水里，你先救哪一个，你就理直气壮地回答她：先救容易救的。

　　下面逐一讨论范围、质量、进度、成本这四个要素。风险，将在"16项目目标各维度的关系"中讨论。

项目范围

项目范围是指项目可交付成果应该具备的功能，以及为了形成这些功能而必须开展的项目工作。前者是产品范围，是直接面向客户的，直接为了满足客户的需求；后者是狭义上的项目范围，是面向项目工作人员的，是项目工作人员要做的工作。产品范围决定项目范围（狭义），项目范围（狭义）服务于产品范围。广义上的项目范围则同时包括了产品范围和狭义的项目范围。

例如，要煮一锅土豆焖饭。最后被煮熟的饭，就是产品范围，是要直接提交给吃饭的人的。吃饭的人会关心饭的色香味。这里的色香味，就是被煮熟的饭这个产品的功能。如果功能不符合要求，客人就会拒绝食用这锅饭。为了做出这锅饭，我们需要开展一些技术工作和管理工作。技术工作包括准备好水、准备好米、准备好土豆、准备好锅、准备好炉子等。管理工作包括编制工作计划、记录工作情况、监控工作情况，以及最后的收尾总结。这些就是狭义的项目范围。

狭义的项目范围，客户并不直接关心，而是项目工作人员直接关心的。也就是说，虽然客户不关心这锅饭是怎么做出来的，但是项目工作人员必须关心怎么才能做出一锅具备特定的色香味的土豆焖饭。狭义的项目范围所形成的成果，不直接面向客户。例如，我们不会把工作计划交给客户去使用，更不会把单独的水、米、土豆、锅和炉子等交给客户去使用。当然，如果客户想要检查一下我们的工作计划，以及所准备的水、米等原材料，那应该允许他们检查。即便是这种情况，客户仍然不会直接使用这些原材料。所以，准备这些原材料，仍然属于狭义的项目范围。

苹果电脑的Pages文稿编辑软件，最近增加了一个新功能，中文文本可以竖排了。这是属于产品范围的优化，我很喜欢。如果把文本框先设为竖排的，那么输入文字时所出现的选择条目也是竖排的，这就不太符合我的习惯了。后面这个就属于项目范围的修改，其实没有必要。也就是说，产品范围的变更与项目范围的变更，不一定有必然的联系。

项目范围与产品范围必须协调。对项目范围，如果该做的工作没有做，那么项目产品就不可能具备应该具备的功能，也就不可能满足客户的需求。例如，我们忘记了准备土豆，那么煮出来的就不可能是土豆焖饭了；我们忘记了监控火候，就可能把饭煮焦。如果多做了不应该做的工作，就不仅浪费资源，而且可能导致项目产品不符合要求。例如，我们准备了本不该准备的红薯，并把红薯加到米饭中，那煮出来的饭就不再是客户需要的土豆焖饭了，而变成了土豆和红薯焖饭。

区分产品范围和项目范围，是很有意义的。产品范围是必须实现的，以满足客户的要求。而项目范围则是可以在确保产品范围不变的情况之下进行缩减的。我们可以用尽可能小的项目范围去实现既定的产品范围。这一点对施工承包商特别重要。如果认真策划一下，施工承包商也许可以用小得多的项目范围去为业主实现同样的产品范围。

通常用工作分解结构（Work Breakdown Structure，WBS）来定义项目的范围目标。例如，煮土豆焖饭项目的工作分解结构，如图2-21所示。WBS所定义的是：项目必须形成具有哪些功能的成果，以及必须做哪些工作。WBS必须符合100%规则，也就是说，只要这些工作全都完成了，就能形成相应的成果，就能完成整个项目。

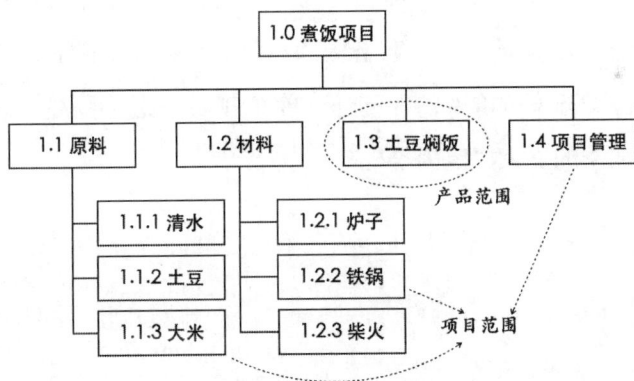

图2-21　WBS示例

WBS只是按照层级关系，自上而下地对成果和工作进行简单罗列，而不会具体说明每个成果究竟是怎样的成果，每个工作究竟是怎样的工作。因此，对于需要多人合作的项目，如果你只给别人一份WBS，别人很可能无法正确理解其中的每一个要素。这样一来，就需要编制另一份文件来配合工作分解结构。这份文件就是"WBS词典"。它对WBS中的每一个要素进行解释。WBS词典可详可简。如果相关人员对本项目都很熟悉，很有经验，那么就可以很简单；否则就应该很详细。

为了防止经不住诱惑去做不该做的工作，或者不小心去做不该做的工作，在用WBS定义必须要做的全部工作的同时，还应该编制一份除外工作清单，指出那些必须不做的工作。请注意，这份清单不是用来罗列那些看起来就很荒谬的工作的，而是用来罗列那些看起来很合理，但因某种原因已经决定不做的工作。我们的精力有限、资源有限，不可能所有事情都去做，必须有所为有所不为。

我们在制订长远工作计划时，可以列出三列：必须做的事、想要做的事、必须不做的事。但是，在制订短期工作计划时，就只能保留这么两列：必须做的和必须不做的。中间那一列想要做的事，必须被化解掉。有些想要做的事，归入必须做的，有些则归入必须不做的。

明确规定必须做什么，必须不做什么，既可以防止少做必要的事，也可以防止多做不必要的事，还可以防止发生逐渐的范围蔓延。范围蔓延是指范围在不知不觉中一点一点地扩大。因为每次扩大的幅度很有限，所以我们很可能有意无意地忽视这种扩大。时间一长，就积小成大了，不仅导致了资源的巨大浪费，而且也导致了结果不符合要求。防止范围蔓延，看似容易，实则很难。根据PMI2018年的《职业脉搏调查》，遭遇范围蔓延的项目数量从2014年的43%增加到了2018年的52%。即便是在应用项目管理较好的组织中，也有33%的项目遭遇范围蔓延。PMI把防止范围蔓延列为项目成功的三大决定因素之一。

项目质量

项目质量是对应于范围的，不仅对产品范围要规定质量要求，而且对狭义的项目范围也要规定质量要求。例如，这锅饭要达到怎样的色香味要求？单独的水、米、土豆、锅和炉子，分别必须达到怎样的质量要求？所编制的工作计划要达到怎样的质量要求？说得再具体一点，那就是针对WBS中的每一个要素都要制定相应的质量要求。只有每一个成果都达到了质量要求，每一件工作都达到了质量要求，整个项目才能达到质量要求。

质量要求又包括如下几个方面：质量标准、质量测量指标、质量保证措施和质量控制措施。质量标准是高层级的质量要求，往往是笼统的定性描述。例如，办一场宴会，需要购买白酒，就可以规定这个质量标准：符合国家相关标准且在当地受普遍欢迎的中等烈度白酒。质量测量指标是对质量标准的具体化。例如，可以把上述白酒的质量标准具体化为这几个测量指标：符合国家标准《酱香型白酒》（GB/T 26760—2011），2018年在本市所占的白酒市场份额不低于20%，酒精度在35度至45度之间。质量保证措施是在开展相关工作时必须采取的措施，以便保证工作和成果达到既定的质量测量指标和质量标准。例如，从酒类行业协会了解2018年各种白酒所占的市场份额，到指定的大型超市购买，购买时认真查看酒的外包装。质量控制措施是指如何检查质量保证措施的执行情况，如何检查成果是否符合质量测量指标和质量标准。例如，抽查买酒的发票，以证明的确是从指定超市购买；抽查酒的成分，看是否符合规定的国家标准，看酒精度数是否在要求的区间内。

再举一个例子。你要参加一次考试。质量标准是必须通过考试；质量测量指标是必须考90分以上；质量保证措施是考前一个月每天复习4小时，持续一个月，不能间断；质量控制措施则是每天监控学习时间是否达到要求，学习效果是否达到要求。

每一位工作的执行者都必须对自己所做的工作采取质量保证措施。相应的监督人员，则会对已经做过的工作和已经取得的成果，采取质量控制措施，来检查质量是否符合要求。如果不符合，就会提出解决建议。例如，学生在听课时，必须对听课做质量保证，确保听课集中精力。而老师则会对学生的听课情况进行质量控制。老师发现问题后，要把问题反馈给学生；接着，学生要改正问题，改进质量保证工作。如果学生自己不做质量保证，那么老师的任何质量控制措施都不可能起到应有的作用。每个人都必须做好自己的质量保证，并且准备接受外来的质量控制。

质量要求既可以是明示的，也可以是暗示的。明示的质量要求是写在书面文件中的，是法律法规规定的、合同规定的，或者某人自己规定的。例如，客户规定了土豆焖饭中土豆和米饭分别所占的比重，土豆焖饭的干稀程度等。暗示的质量要求则是无须明示的、大家约定俗成的基本要求。一个产品如果达不到这些基本要求，就根本成不了该产品。例如，食品必须是能吃的，钢笔必须是能够写字的。对于某些大家都熟知的常规产品，完全可以不写明示的质量要求。

项目范围与质量的关系

项目范围与质量是什么关系？先看看它们之间的联系。首先，一定是先有范围要求，再有质量要求。也就是说，质量要求不可能脱离范围要求而独立存在。只有先确定了该做出什么成果以及该做什么工作，才能确定对这些成果和工作的质量要求。

其次，对项目范围中的每一项成果和工作，都必须规定相应的质量要求。如果不规定质量要求，那么所做出的成果可能完全没有用，所做的工作可能完全没有意义。当然，如果是大家都熟知的常规成果和工作，就没有必要写出明示的质量要求。

再次，质量要求必须通过项目范围中的相关工作去实现。例如，只有做了监控煮饭的火候这项工作，才能保证所煮的土豆焖饭的生熟程度达到既定的质量要求；只有做了准备土豆这项工作，才能保证所煮的土豆焖饭中含有适量的土豆。

再来看范围和质量的区别。对于成果而言，范围是指该做出什么成果，而质量是指所做出的成果必须符合技术要求，而且必须具有使用价值。例如，这个瓶子必须有一个瓶盖，这是范围要求；这个瓶盖必须能盖紧这个瓶子，确保不漏水，这就是质量要求。

对于工作而言，范围是指必须做该做的工作，而质量是指做工作的过程必须符合技术要求。例如，学生必须到教室听课，这是范围要求；学生在听课时必须集中精力，不能玩手机，这是质量要求。

如果这个瓶子虽然有盖子但盖不严，如果某个学生虽然来听课了但是在课堂上玩手机，这都属于范围做到位了，质量却不符合要求。这样一来，瓶子发挥不了应有的功能，学生也不能学到应有的知识。当然，如前所述，如果范围做得不到位，那也是不行的。如果根本不制造瓶盖，瓶子就缺了一个功能；如果学生根本不去教室听课，就学不到课堂上的任何知识。

项目进度

项目进度是指应该在什么时间开展所需的工作，应该在什么时间完成所需的成果。因为项目是临时性的工作，所以就必须按时完成。做项目，不是要把工作永久做下去，而是要在规定的时间结束它。

俗话说，机不可失，时不再来。如果不及时开展相应的工作，很可能就会失去开展该工作的最佳时机，甚至永远不再有机会开展该工作。如果不按时完成所需的成果，成果也许就会失去应有的价值。例如，本来客人是来吃午饭的，你本来应该在中午12点煮好土豆焖饭。如果你到下午2点才煮好，那这锅饭也就发挥不了应有的作用。为了在中午12点煮好这锅饭，你当然还必须按时完成准备水、米等原材料的工作。

为了按时开展相关工作，按时完成所需的成果，就需要编制项目进度计划。可以编制三种不同层次的项目进度计划，即：最高层的里程碑进度计划，中间层的概括性进度计划，以及最低层的详细进度计划（见图2-22）。

图2-22　三种层次的项目进度计划

在里程碑进度计划中，只列出里程碑的计划实现时间。里程碑是项目进展过程中的关键时间节点，例如，项目的开始、项目阶段的结束、关键的外部接口、整个项目的结束。如果里程碑不能按期实现，整个项目就不能按期完成。例如，从外面采购的关键设备不能按时到货，就代表相应的"关键外部接口"里程碑没有按期实现。例如，对煮土豆焖饭项目，可以规定这么几个里程碑：项目开始、原材料就绪、器具就绪、项目结束。原材料就绪，代表着水、土豆、米等都已经准备好。器具就绪，代表着炉子、锅等已经准备好。项目结束，代表着土豆焖饭已经煮好，可供食用。

概括性进度计划，比里程碑进度计划更详细，列出概括性活动的计划开始时间和结束时间。概括性活动是有待再分解的较大的活动，还可以至少被分解为两个进度活动。例如，准备土豆，就是一个概括性活动。还可以把它分解成采购土豆、运输土豆、清洗土豆、削土豆皮、切土豆等进度活动。

然后，就可以针对这些更具体的进度活动，编制详细进度计划。详细进度计划是对概括性进度计划的细化，会列出每个进度活动的计划开始时间和结束时间。可以说，里程碑进度计划和概括性进度计划是项目的进度目标计划，而详细进度计划则是项目的进度执行计划。

项目成本

项目成本是指应该花多少钱开展相应的工作，应该花多少钱完成所需的成果。需要花费的成本，是与范围、质量及进度这三个要素密切相关的。每项工作和每个成果都需要成本，较高的质量要求需要较高的成本，较紧张的工期通常需要较高的成本。如果所需要的资源的价格，季节性起伏较大，那么在不同时间开展同一件工作，成本也会差别较大。例如，平时请家政工人做清洁，价格比较低；而在春节大假期间，价格就比较高。

制定成本目标时，必须考虑开展工作和做出成果所需的全部成本种类。在整个项目的成本目标中，必须同时包括技术工作的成本、管理工作的成本，以及分摊给本项目的总部管理费，还有为应对风险而准备的资金。前两种成本是直接成本，第三种成本是间接成本，最后一种是或有成本（可能发生或不发生的成本）。

16

项目目标各维度的关系

项目的效率与效果

项目范围、进度、成本和质量这四个维度，可以进一步被概括成两个维度，即效率和效果。其中，进度和成本是关于效率的，范围和质量是关于效果的。效率是指正确地做事，用较短的时间和较低的成本完成项目。效果是指做正确的事，即做出来的可交付成果是有用的，能发挥所需的功能。效率和效果之间存在一定程度的矛盾。必须追求效率与效果的基本平衡，防止过于偏重效率或效果（见图2-23）。

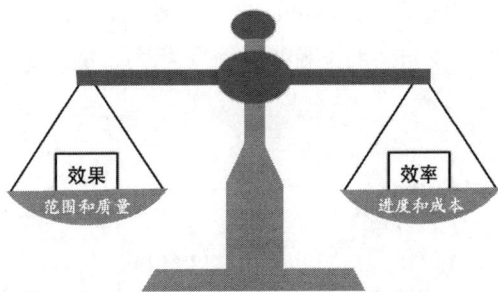

图2-23　项目效率与效果的平衡

如果在很短时间内用很低成本完成了项目，但是做出来的可交付成果功能不全、质量不好，发挥不了应有的用途，那就是效率高但效果差。反之，如果用很长时间和很高成本做出了一个很好的可交付成果，那就是效率低但效果好。如何在效率和效果之间取得平衡，这是一个巨大的挑战。做项目，既要有一定的效率，又要有一定的效果。

一个效率极低但效果极好的项目，从短期来看，是失败的，但是从长期来看，又是成功的。例如，澳大利亚的悉尼歌剧院建设项目。这个项目最初计划用4年时间、700万澳大利亚元建成，实际上建了14年，花了约1亿澳大利亚元。工期拖了10年，实际成本是最初预算的14倍多。不过，建成以后的悉尼歌剧院功能很好，成了澳大利亚的象征，成了世界建筑史上的一大奇迹。如果现在去问澳大利亚人，悉尼歌剧院建设项目是成功还是失败的，他们十有八九会告诉你是成功的。因为随着时间的推移，人们逐渐不再计较当年的工期延误和成本超支。悉尼歌剧院建设项目的效率为什么非常低？如果用现在的眼光去做一下事后诸葛亮，就可以发现，其根本原因是没有用规范的项目管理方法，主要表现在：施工开始之前的规划很不充分，以及没有指定专职项目经理，而是由总建筑师这个技术专家来做现场管理。该项目是1959年开工的，那时项目管理方法和项目经理职位都刚刚在美国诞生，还没有推广到澳大利亚。

一个效率极高但效果极差的项目，当然是完全失败的项目，像有些被称为豆腐渣工程的项目。因各种原因而偷工减料、不合理地抢工期，就必然导致豆腐渣工程。任何没有效果的效率，都是毫无价值的。做任何项目，做任何事情，都必须设法在效率和效果之间取得平衡。从追求效率和效果的平衡的角度看，诸如"只要功夫深，铁杵磨成针"的说法是不合理的。你用一辈子的时间去磨一根铁棒，效率太低，浪费太严重。当然，这句话的本意是激励人们做事要有毅力。

四维度的相互联系与制约

项目范围、质量、进度和成本这四个要素，当然是紧密相连的，任何一个都不可能离开其他要素而单独存在。通常，范围是龙头，是牛鼻子。范围先确定了，那么进度、成本和质量这三者就会形成相互制约的关系，即：你要优化任何一个要素，都不得不在某种程度上损害某一个其他要素。

这种制约关系是客观存在的，不会因人的主观意志而改变。例如，要在更短的时间内完成既定的范围，就只能增加成本或降低质量要求。也可能需要在增加成本的同时，还要降低质量要求。要用更高的质量标准完成既定的范围，就需要更长的时间或更高的成本。也可能既需要更长的时间，又需要更高的成本。要用更低的成本完成既定的范围，就需要更长的时间或更低的质量标准。也可能既需要更长的时间，又需要更低的质量标准。

一旦这种相互制约关系导致了进度、成本或质量中的任何一个突破了可以接受的底线，那么唯一的办法，就是回过头去缩减范围。也就是减少所需完成的成果的数量，从而减少所需开展的工作的数量。范围缩减了之后，再来平衡进度、成本和质量之间的制约关系。定义范围与平衡进度、成本、质量，可能需要循环多次，才能使范围、进度、成本和质量这四个要素之间达到一种有效的平衡关系。

这四个要素之间达到平衡之后，还需要对这四个要素的相对重要性做出优先级排序，以便在万不得已时，牺牲排序靠后的要素去保排序靠前的要素。千万不要把这四个要素都定成第一重要。如果它们都是第一重要的，也就任何一个都不重要了。

因为这四个要素之间存在制约关系，所以不能仅凭主观想象就把这四个要素都定死。最多只能主观地定死其中的三个要素，再客观地计算出第四个要素。例如，主观确定了项目的范围、质量和进度目标，那么成本目标就不能主观确定了，而必须进行客观计算。

项目风险对项目目标的影响

风险是一旦发生会对项目的范围、进度、成本和质量的至少一个方面有积极或消极影响的不确定性事件。有积极影响的，就是机会；有消极影响的，则是威胁。这里暂且只讲作为威胁的风险。

只有对目标有影响的不确定性事件，才是风险。对目标有影响，以及不确定性，这两条缺一不可。任何确定的、肯定要发生的事件，即便对目标有很大影响，都不是风险。任何不确定的事件，如果发生后不会对项目的范围、进度、成本或质量的任何一个方面产生影响，那也不是风险。

许多单位都很重视人才管理。从严格的意义上讲，"人才"这个词被滥用了。到处都是"人才交流市场"。其实，到人才交流市场的人，一般都不是人才；老到人才交流市场的人，就肯定不是人才。真正的人才，根本无须到人才交流市场找工作，而是在还没到人才交流市场之前就被人抢走了。单位应该用风险管理的方法去做人才管理，只有那些万一离开会对单位项目目标、经营目标或战略目标的实现造成不良影响的人，才是真正的人才。

制定项目目标时，通常，先不考虑风险，按最可能的情况制定出初步的范围、进度、成本和质量目标，并使这四个要素之间达到平衡。然后，考虑风险，看看有哪些不确定性事件会妨碍目标的实现。当然，可能妨碍目标实现的不确定性事件是非常多的，我们不可能也没必要全都加以考虑。对于那些发生可能性极低，或者万一发生影响极小的事件，就不必考虑。例如，在煮土豆焖饭的过程中，一辆卡车冲进厨房的可能性极低。

我们只需要考虑对目标的实现有实质性影响的风险。考虑这些风险时，需要估算一下，如果不主动管理这些风险，那么实现原定目标的可能性有多大。如果可能性低于期望值，就必须安排时间和资金去主动管理这些风险。接着，把用于管理风险的时间和资金，分别加到进度目标和成本目标中，也就是延长总工期，增加总成本。然后，估算一下实现修改后的目标的可能性有多大。如果这个可能性已经达到了期望值，那就可以把目标确定下来了。

实现目标所需的假设条件

具体的、考虑了风险的目标，是否就必然能够实现？不是的！目标的实现，还需要各种假设条件，即：假设为真实的、无须验证的前提条件。这些前提条件相当于为实现目标所需要的环境因素。例如，我把去机场的赶路时间定为一小时，那是因为我假设了路上不堵车。如果路上堵车了，会怎么样？我当然就不可能在一小时内到达机场。如果假设条件错了，后面的一切都会跟着错，当然也就不可能实现目标。

在制定项目目标的同时，一定要搞清楚特定目标的实现需要哪些假设条件。正如会影响目标实现的风险是非常多的，目标实现所需的假设条件也是非常多的。我们不可能也没必要列出所有的假设条件。对于那些自然而然就会具备的假设条件，就无须列出。例如，对于煮土豆焖饭项目，就无须列出"厨房中有足够的空气"这个假设条件。通常，只有那些我需要提醒别人帮我落实的假设条件，才需要专门列出。例如，孩子早上7点半必须出门去上学。为了保证按时出门，孩子就可以列出这个假设条件：早上7点早餐摆放到餐桌上。因为早餐将由妈妈准备。孩子需要提醒妈妈落实这个假设条件。

列出假设条件，有两个主要目的：一是提醒别人帮我搞定这些必不可少的条件，以确保目标实现；二是如果因假设条件没有落实而导致目标不能实现，我就有理由减轻责任。例如，早餐上桌晚了10分钟，孩子就有理由不按时出门。

项目经理通常应该把自己搞不定的，必须由上级领导或职能经理负责搞定的事情列为假设条件。我作为项目经理，承诺在规定的范围、进度、成本和质量之下完成项目成果，但是有相应的假设条件。如果任何一个假设条件不具备，导致不能在规定的范围、进度、成本和质量之下完成项目成果，那我的责任就可以减轻很多。项目经理必须善于用假设条件来保护自己。

越紧张的目标，就需要越严格、越多的假设条件与之配合。例如，某件正常需要8小时才能完成的工作，我把它的工期定为4小时，那就需要假设：工作人员在工作期间不受任何干扰，工作人员具有从事该工作的20年经验。如果领导制定了非常紧张的目标，要求你必须实现，你对目标本身没有任何讨价还价的余地，那么你就必须针对假设条件来讨价还价。你必须认真罗列出需要领导帮助搞定的所有假设条件，把这份假设条件清单报给领导。告诉领导，如果这些假设条件都具备，你就可以实现领导规定的目标。如果领导承诺了这些假设条件，你就接受这个任务。如果领导不承诺其中的任何一个假设条件，你就必须说服领导放宽目标。即便无法直接对目标进行谈判，也总可以对假设条件进行谈判。如果连假设条件都不允许谈判，那这样的领导就完全不值得你跟随了。

列出假设条件之后，就需要对假设条件进行分析，看看实现的可能性有多大。如果某个假设条件实现的可能性不大，就需要把这个假设条件去掉，换一种写法，写成一种风险，然后当作风险来管理。例如，通过分析发现，妈妈每天早上都按时准备早餐的可能性不大，那孩子就要把"早上7点早餐摆放到餐桌上"这个假设条件去掉，并增加一个风险"早餐上桌的时间可能延误"，并制定相应的风险管理措施。

其实，我们做任何事情都是有假设条件的。例如，据网络信息，某年元旦，某家公司的一位员工在公司年会上抽到了一个10万元的现金奖，厚厚的一大个红包，可高兴了。打开一看，竟然是10万元柬埔寨瑞尔，折合人民币只有170多元。他的情绪立即跌到了谷底。公司老板实在不该挑战员工心中的假设条件啊！他心中假设的是人民币呀。挑战别人的假设条件，那无异于釜底抽薪，会从根本上破坏双方的关系。例如，我假设你是诚实的，用诚实的方法与你打交道，结果你却不诚实，那我以后还怎么跟你打交道。

项目目标必须是敏捷的

用范围、进度、成本、质量和风险这五个维度定义好项目目标之后，项目目标是否就可以一成不变了呢？肯定不是！随着环境的变化，竞争的变化，你本人或其他人的需求的变化，项目目标必须适当调整，甚至被放弃。

项目目标必须是敏捷的，而不是死板的。这里的敏捷，包括三层含义：定期开展的滚动式调整，必要时开展的变革性修改，以及万不得已时开展的战略性放弃（见图2-24）。

图2-24   项目目标敏捷的三个层次

■ 滚动式调整

应该随时间的推移、情况的明朗，定期对项目目标进行滚动式调整。也就是说，要按事先确定的时间间隔，重新审查目标的合理性，并进行适当调整，以便目标一直现实可行并符合需求。

在项目开展了一段时间之后，应该重新评审项目的范围、质量、进度和成本要求的合理性，应该重新评价项目风险，并对项目目标做必要调整。一种最常见的调整是：根据截至目前的项目绩效及对未来项目风险的评估，来调整项目工期中的应急时间或项目预算中的应急资金。例如，项目做了一半，一直运气很好，原先预计的风险大多没有发生，那就可以大幅度减少原先预留的应急时间和应急资金，即可以缩短工期、降低预算。这样一来，就可以保持应急时间与剩余工期之间的合理比例，以及应急资金与剩余预算之间的合理比例。

有时，也可以适当调整项目的范围或质量要求，例如，可以取消某个不太重要的产品功能，或者适当降低质量要求。当然，无论是取消某个功能还是降低质量要求，都必须经过全面、系统的综合评审，才能做出决定。有时，也可以在缩减范围的同时，提高质量要求。这就是减少产品功能，但把剩余的功能做得更加精致。有时，也可以在降低质量要求的同时，扩大范围。这就是降低产品的精致程度，但把产品功能做得更全。

■ 变革性修改

必要时，应该为快速响应变化而对目标进行变革性修改。这既包括及时感知并分析已经发生的环境变化、竞争变化或相关方需求变化，并为适应变化而及时对项目目标做适当调整；也包括及时预测将要发生的环境变化、竞争变化或相关方需求变化，并为顺应甚至引领变化而对项目目标做适当调整。

为快速响应变化而对项目目标做变革性修改，与前文的滚动式调整，有两大主要区别。第一大区别是变革性修改不一定按事先规定的时间间隔来做，而是根据需要随时做。例如，竞争对手的某个竞争性产品今天上市了，我们就需要适当调整正在研发的新产品的范围目标，以确保我们的新产品将来仍有足够的竞争力。为适应已经发生的变化而对目标进行调整，千万不要犯跟随主义的错误。例如，你发现刚上市的竞争产品有某个很好的功能，千万不要简单地对正在研发的产品也增加一个这样的功能。而要在分析已经发生的变化的基础之上，用创新主义来做出自己的特色。例如，仔细分析已上市的竞争产品的缺点，并针对其缺点来调整正在研发的产品，使之能较好地弥补竞争产品的缺点。这样一来，即便你的产品晚一步上市，也能够有竞争优势。至少在弥补那个缺点方面有竞争优势。

第二大区别是变革性修改是为了适应外部的变化，而滚动式调整是为了项目内部的协调。可以说，滚动式调整是在项目内部对项目目标进行优化，进行精细化；而变革性修改则是为了确保项目目标与外界环境相协调。滚动式调整的目的是随着时间的推移和情况的明朗，来提高项目目标内部的一致性，使范围、进度、成本、质量和风险这些维度之间更加协调，更加相互支持。变革性修改的目的是，确保项目目标与外部环境之间的和谐，其中就包括确保项目目标的合规性（compliance）。合规性，是制定和修订项目目标时必须认真考虑的一个问题。项目目标必须"合规"，即必须符合相关行业标准、规章制度、法律法规，甚至文化习俗。不合规的项目目标，在制定出来的那一刻，就注定了是要失败的。要么实现不了，要么实现了也没有任何意义。

■ 战略性放弃

在万不得已的时候，要及时进行战略性放弃，提前终止正在进行的项目。如果目标确实实现不了，或者确实失去应有的价值了，就必须及时提前终止项目，放弃现行的目标。我们希望每一个项目都达到预期目标，但项目在实现目标之前就被提前终止的情况也并不罕见。

任何一个组织，任何一个人，如果从来都没有提前终止过任何项目，那么一定是浪费了巨大的资源的。不可能每一个项目都能走向成功。及时发现并终止一个正在走向失败的项目，就可以减少资源浪费，也可以为更有价值的项目腾出资源。

2006年，我参加了一次PMI组织的专家对话，对话的主题就是"拔掉插头"（Pull the Plug）。这是英语中的一个成语。一台机器，你按正常的终止程序终止不了它，那么就只能拔掉它的电源插头。在项目管理中，拔掉插头，就是提前终止项目。对话的成果发表于*PM Network*杂志2006年第6期。其中有我的这一句话：以平和的方式及时地终止一个正在走向失败的项目，这是一种基本的但目前被忽视的项目管理能力。每个人、每个组织都需要制定合适的规则，来鼓励在必要时提前终止正在走向失败的项目。

敢于战略性放弃，这往往能够体现一个人或组织的自信和追求。基于自信，我知道放弃所导致的损失只是暂时的；基于追求，我知道这种损失很快就可以弥补，而且我还能够实现更有价值的目标，获得更大的利益。

第三场

源于计划，成于敏捷

开场白

编制项目计划，是项目管理中的重要内容。完善的计划，是确保实现项目目标的基础。项目的成功"源于计划"。

完善的计划绝不是一成不变的计划，而是融进了灵活应变的敏捷性的计划。任何计划如果没有灵活应变的敏捷性，那肯定是不完善的。

因为计划不可能十全十美，执行不可能毫无偏差，更何况情况在不断变化，所以，任何计划，一旦开始执行，就要准备好对其进行变更。这也是"成于敏捷"的一种要求。

无论是项目执行、监控或收尾，都必须既严格遵守计划，又敏捷应对变化（见图3-1）。

图3-1　完善的计划和敏捷的执行、监控及收尾

17

项目启动和管理计划编制

引言

在办理项目的立项手续之前，需要开展前期准备工作，落实项目的可行性，落实做项目的资金。如果任何一条没有落实，就把项目正式上马，将来可能会遇到很大的麻烦，项目很容易做着做着就成了一个烂尾工程。

完成前期准备工作之后，进入启动过程组办理项目的立项手续。接着，进入规划过程组编制项目计划。启动过程组，是要明确项目目标；规划过程组，是要把项目目标具体化并确定实现目标的方法。接着，进入项目执行过程组和监控过程组，按计划执行并监控执行情况。最后，进入收尾过程组把项目正式关闭，并总结经验教训，更新组织过程资产。

为了简便起见，可以把启动过程组和规划过程组合并成规划阶段，把执行过程组和监控过程组合并成执行阶段，把收尾过程组作为收尾阶段。这样一来，项目就有规划、执行和收尾这三个不同的阶段。

项目启动

项目启动是指办理项目立项手续，宣布项目正式上马。两项主要的工作是：发布项目章程，识别项目相关方。

■ 编制和发布项目章程

在开始编制项目计划之前，需要编制和发布项目章程。项目章程是项目的立项文件。编制项目章程的过程，就是办理项目立项手续；发布项目章程，就是宣告项目正式立项。项目章程相当于项目的宪法，用于指导后续一切规划、执行、监控和收尾工作。任何工作都不能违反项目章程。

项目发起人可以亲自起草项目章程，也可以委托项目经理或其他人代为起草。委托项目经理代为起草的情况，比较常见。项目章程由项目发起人或其授权者签发。一旦签发，就宣告了项目正式立项，就标志着项目已经取得领导的支持，已经在组织中有合法的地位，从而应该得到各方面的支持。

除了宣告项目正式立项，项目章程还有以下三个重要作用。

- □ 叙述启动项目的理由，也就是叙述做项目的需求和做项目的意义。
- □ 明确项目的方向性目标，包括对项目范围、进度、成本、质量等方面的基本要求。方向性目标不能规定得太死，而应该留出一定的伸缩余地。
- □ 授权项目经理管理项目。项目章程中必须规定项目经理的权力和责任。例如，项目经理有权向组织中的各职能部门借人，有权向财务部要钱，有权要求组织中的采购部门提供招标采购服务，项目经理要对项目的成败承担责任，项目经理要协助相关人员或部门实现项目的价值。

项目章程的主要内容包括：项目目的、项目目标、项目管理要求、主要相关方及其角色。项目目的，也就是组织为什么要做这个项目的理由，即拟实现的需求和价值。明确了项目的目的，有助于激励项目团队成员和其他相关方努力去做好项目。如果不知道为什么要做某件事，人们就不可能尽最大努力。

项目目标，就是项目的方向性目标，包括高层级的可交付成果、高层级的质量要求、高层级的里程碑进度计划、预先批准的财务资源。这些高层级的要求，还不是严格的项目目标计划，只是用于指导项目目标计划的编制的大框架，其中含有较大的伸缩余地。将来的项目目标计划，不得突破这个大框架。

项目管理要求，是项目发起人或其授权者对如何管理项目的一些原则性要求。例如，项目风险管理的原则，项目重大决策的制定程序，项目变更管理的原则，项目的重要审批权限，项目规划、执行和收尾的原则。对于较重要的项目，项目发起人通常会组建项目治理委员会来制定项目的重大决策。项目治理委员会，也可以叫

"项目领导小组"，是负责项目治理的机构。项目治理是高层领导对项目工作的指导、支持和监控。通俗地讲，任何级别比我高的人对我的工作的指导、支持和监控，都属于治理的范畴。所以，"治理"比"管理"的层次更高。

项目发起人应该授权项目治理委员会来审批项目目标，制定对项目的原则性要求，以及为项目提供环境保障。项目经理要根据项目治理委员会的决策来开展项目管理。越是大型项目，项目治理就越重要。不过，即便是小型项目，项目治理也很有必要。例如，对婚礼举办项目，可以组建由新郎、新郎父亲、新娘父亲、承办方负责人和伴郎组成的治理委员会。新娘和其他重要亲朋则一律作为顾问委员会的成员。顾问委员会可以提建议，但不能做决策。这个婚礼到底要怎么办，到底要办成什么样子，婚礼举办的范围、进度、成本和质量要求，都必须由项目治理委员会来做出原则性决策。

在主要相关方及其角色部分，应该明确列出包括项目发起人、项目经理和其他个人或机构在内的主要相关方，以及他们在项目上应该承担的责任，应该扮演的角色，应该享有的权利。当然，这里所列出的这些内容，只是原则性的，将来编制相关方管理计划时可以根据需要进行必要细化。

■ 识别和分析项目相关方

在编制项目章程的同时，要识别项目相关方。相关方是与项目有直接或间接关系的任何个人、小组、团体或组织，他们可能对项目施加影响，也可能受到项目的影响。识别相关方，不能局限于某个特定的范围，而要尽可能全面，识别出尽可能多的相关方。识别出的相关方，只怕少不怕多。少了，就会遗漏；多了，可以在经过分析之后把不重要的相关方放在一边加以观察，而无须专门管理。

对识别出的每一个相关方，都要了解其情况，分析其利益、影响、权力、态度等。例如，可以采用权力与利益方格、权力与影响方格、凸显模型等方法进行分析，以便对相关方进行归类管理（见图3-2）。例如，对权力大、利益大的相关方，要重点管理；对权力大、利益小的相关方，要满足其利益；对权力小、利益大的相关方，要让他们随时了解项目进展情况。利益大的相关方，会特别关心项目的进展情况。像球迷对于足球队，就是权力小但利益大的相关方。

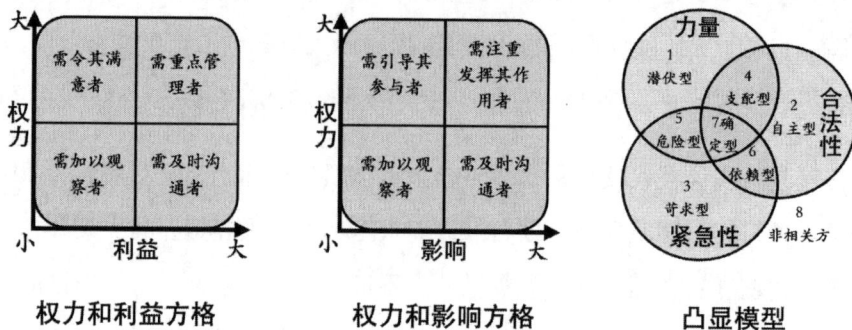

图3-2 项目相关方分析方法示例

对相关方有了充分的了解之后，就要制定和采取相应的措施，引导他们合理参与项目，包括引导他们合理参与项目计划的编制。引导相关方合理参与项目，这是获取相关方对项目的支持的最好的办法。如果你不让别人参与进来，那就很难获取别人的支持。当然，参与的方式可以是多种多样的。

之所以要在办理项目立项手续时就要识别相关方，这是为了尽早跟相关方打交道，尽早听取相关方的意见，尽早获取他们的支持。大家都知道，随着项目的进展，项目变更的代价会越来越高，因此相关方对项目的影响应该相应地越来越小。

在识别和分析相关方之后，就要编制相关方登记册，记录相关方的基本信息，包括名称、职位、角色、联系方式、权力、利益、影响、作用等，并对相关方进行排序。有了相关方登记册，就便于在编制项目计划时去征求相关方的意见，引导相关方的参与，获取相关方对项目计划的支持。

项目章程和相关方登记册编制出来后，项目发起人或其授权者要及时召开项目启动会，也就是项目立项会。在这个会议上，要分发项目章程，任命项目经理，请项目经理发表就职演说，宣布项目正式立项。召开项目启动会，对获取相关方对项目的支持，有很重要的作用。

■ 项目相关方管理的发展

在20世纪，项目经理基本上只需要闭门造车，无须做相关方识别和相关方管理。那时，你告诉我要一个什么样的成果，我帮你做出来就可以了，至于你为什么要这个成果，你打算如何使用这个成果，我一概不管。这种方法，其实是"扔过墙去"的方法。你自己搞清楚需求，把需求扔给我；我按你的需求做出成果，再把成果扔给你；扔给你之后，我就不管了。

在21世纪，项目管理的发展很快，特别是项目相关方管理的发展很快（见图3-3）。例如：

- □ 在PMI 2004年发布的《PMBOK®指南》（第3版）中，就要求项目经理在做项目的过程中，及时发现与相关方之间的问题，并且设法解决。这时的相关方管理虽然还停留在被动解决问题的层面上，但是比起以前的不理相关方，也是一个大进步了。

- □ 在2008年的《PMBOK®指南》（第4版）中，PMI要求项目经理主动识别相关方，主动对相关方施加影响，从而把被动式相关方管理提升到了主动式相关方管理。

- □ 在2012年的《PMBOK®指南》（第5版）中，又进一步要求鼓励相关方参与项目，并且把项目相关方管理单独列为一个知识领域。

- □ 在2017年的《PMBOK®指南》（第6版）中，相关方管理又向前发展了一大步。PMI要求项目经理积极引导相关方参与项目。从第5版的鼓励相关方参与，到第6版的引导相关方参与，这当然是一个大进步。

- □ 现在的发展趋势是：项目管理界正在日益强调项目作为相关方的利益共创共享平台，以便相关方自觉参与项目。

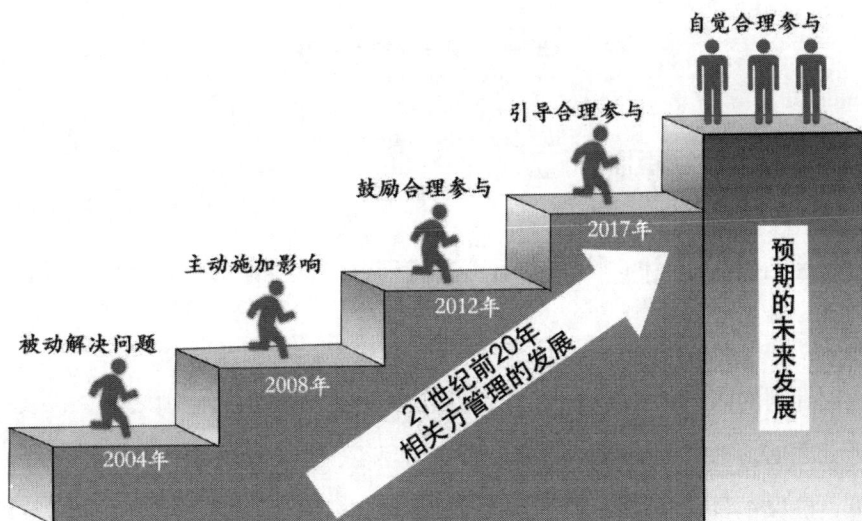

图3-3　21世纪项目相关方管理的发展

项目计划总览

项目计划由三大部分组成：管理计划、目标计划和支持计划。管理计划是程序性计划，相当于法律中的程序法。目标计划是实体性计划，相当于法律中的实体法。支持计划是对目标计划起支持作用的计划，包括资源计划和风险计划。

其中，管理计划会规定如何编制目标计划，如何编制资源计划和风险计划，如何开展项目执行、监控和收尾；目标计划会规定项目的范围、进度、成本和质量目标；支持计划会规定所需的资源，以及该如何管理风险。

为了更加直观，可以把这三种计划放入一个三角形，形成"项目计划三角形"。管理计划是一条边，目标计划是另一条边，支持计划是起支持作用的第三条边（见图3-4）。

图3-4　项目计划三角形

计划编制的六大原则

为了编制出高质量的项目计划，必须遵守一些基本原则。我总结了编制项目计划必须遵守的六大原则。

编制计划的第一大原则是：环境扫描原则。在项目正式立项之前，以及在编制项目计划之前，都必须透彻了解项目所处的环境，包括所在组织内部的环境和外部的环境，确保项目与环境没有明显的冲突，例如，不违反组织规则，不违反法律法规，不违反文化习俗。在编制计划和开展执行的过程中，必须自始至终关注组织内外部环境及其动态变化，并为适应变化而对项目计划做必要的调整。例如，组织战略目标的变化，国家法律法规的变化，行业技术标准的变化，市场情况的变化，都可能对项目产生实质性影响，从而必须调整项目计划。

编制计划的第二大原则是：资产盘点原则。在项目正式立项之前以及在编制项目计划之前，都必须透彻了解项目所在组织中的，与本项目有关的组织过程资产，以便加以利用，使本项目有一个较高的起点。做项目，不能"一切从零开始"，而必须基于以往的组织过程资产，力求比以往的项目做得更好。"一切从零开始"这句话，只能是工作态度，不能是实际做法。从态度上讲，要一切从零开始，从做法上讲，要把过去的经验教训作为通向项目成功的第一个大台阶。如果善于利用组织过程资产，那么项目还没开工，就已经登上了一个通向项目成功的大台阶。

编制计划的第三大原则是：方向明确原则。在编制项目计划之前，必须先确定项目的大方向，明确项目大致要做成什么样子。就像是在选择行走路线之前，必须先明确究竟要向南走还是向北走。明确大方向，通常是项目发起人的责任，项目经理则需要提供专业协助。如果大方向都不明确，那编计划就毫无依据可言。方向明确原则中，也包含了必须先确定具有挑战性但又可实现的大目标。这种大目标其实是方向性和指导性目标。如果方向性目标是错误的，那么无论怎样编制项目计划，都是无济于事的。例如，中国男子足球队又在参加世界杯亚洲区预选赛。你可以要求球队预选赛出线。这个目标虽然极具挑战性，但并非完全不可能。你当然不能要求球队获得世界杯比赛的冠军，因为这个目标至少在目前来看是完全不可行的。

编制计划的第四大原则是：广泛沟通原则。无论是编制计划之前，编制计划之中，还是后面要对计划进行调整，都必须与各种相关方充分沟通，广泛征求他们的意见，邀请他们以合理方式参与计划编制工作。各种相关方都参与计划的编制，既有利于提高计划的质量，又有利于使他们对项目计划有主人翁感，使项目计划成为他们自己的计划。同时，必须对相关方的配合和参与，以正式和非正式方式给予认可和感谢。例如，把对项目计划的编制做出了直接贡献的人的姓名，都一一列入相关附录中，以示认可和感谢。如果这份计划是我参与编制的，而且我的参与得到了认可，那我当然积极支持和努力实现这份计划。

编制计划的第五大原则是：细化可变原则。不能一开始就试图编制出很详细的项目计划，而应该先编制出粗略的控制性计划，并要求用滚动式规划方法来逐渐细化出详细的计划。所谓滚动式规划，是指对近期就要开展的工作，编制详细计划，而对远期才开展的工作，就要随时间的推移再编制详细计划。除了留出逐渐细化的余地，在项目计划中还必须留出一定的可变的余地。也就是说，对某些项目工作，要留出采用不同方案去实施的余地，而不是限定为只能采用某一种方案。例如，开展一项活动，应该允许采用不同的资源配置方案，像多用人工少用机器，或少用人工多用机器。

编制计划的第六大原则是：考虑风险原则。项目作为面向未来的独特性工作，必然面临诸多风险。在编制和调整项目计划时，必须考虑可能发生的风险，在计划中预留出用来应对风险的余地，例如一定的应急时间，一定的应急资金，针对严重风险的应急预案。考虑风险，与第五条原则中的可变，有一定程度的联系，但更有实质性区别。可变，是指为主动变更留出余地。考虑风险，则是指为应对可能发生的风险而留出被动变更的余地。可变，是为了优化项目计划。考虑风险，则是为了使项目计划现实可行。如果不考虑风险，一旦风险发生，整个计划就会完全失效。

计划须通过的六大检验

高质量的项目计划，必须能够通过一些关键检验。我总结了六大检验，它们与前面的六大原则有基本的对应关系，以确认六大原则的落实情况。检验只有"通过"或"不通过"之分，没有任何中间的灰色地带。只要有任何一项检验"不通过"，项目计划就必须修改。通常先由计划编制者自行检验，再请咨询专家做独立检验。

第一大检验是环境协调性检验。必须仔细检查项目计划与组织内外部的环境是否协调，也就是，项目计划是否与环境有冲突，是否"合规"。如果存在任何不合规的地方，就必须予以纠正。项目计划的合规，是确保整个项目合规的重要基础。如果项目计划是不合规的，那就不可能把项目做成合规的。

　　第二大检验是历史参照性检验。必须认真检查项目计划是否利用了组织过程资产，是否比以往类似项目的计划在某个方面或某几个方面有了明显的改进。如果找不出任何一个方面，是明显优于以往项目的计划的，那就通不过历史参照性检验。当前项目的计划，至少要在一个方面有明显的改进。

　　第三大检验是整合一致性检验。必须认真检查一下，项目计划的所有组成部分是否存在不一致甚至矛盾，是否形成了一个完整的系统，是否统一地指向项目的大方向、大目标。例如，项目的范围、进度、成本、质量、资源、风险等计划都必须协调一致，共同服务于项目的大方向和大目标。

　　第四大检验是广泛接受性检验。项目计划编制出来了，应该依次问以下三个问题：该征求意见的人，都征求意见了吗？该发表意见的人，都发表意见了吗？该对计划签字的人，都签字了吗？如果对这三个问题的回答都是肯定的，那么项目计划就能通得过广泛接受性检验。有些人是必须发表意见的，不发表就不行。一定要注意防止虚假一致性。所谓虚假一致性，是指他没有说话，我就误认为他同意了，其实他并没有同意。有些人是必须要对计划签字的，没签字就不行。

　　第五大检验是充足余地性检验。这是与细化可变原则相对应的。高层级成员是否为下一层级成员细化计划和灵活执行留出了一定的余地？我们是否为随时间推移而逐渐细化计划以及进行必要的主动变更留出了一定的余地？高层级成员不应包办全部细节，在当前时间也不应定死以后的全部细节。

　　第六大检验是风险承受性检验。项目计划中是否有足够的应急时间、应急资金？项目计划中是否已经包含必要的风险管理活动？对于严重且具有强烈预警信号的风险，是否制订了应急预案？对于每一个已识别的风险，是否都指定了相应的风险责任人去监督和应对？如果对这些问题的答案都是肯定的，那么计划就能够通得过风险承受性检验。

　　如果严格遵守了前面的六大原则，那么项目计划就很容易通过这六大检验。能够通过这六大检验的计划，才是完善的项目计划。

编制项目管理计划

项目正式立项之后，就可以编制项目计划了。首先是编制项目管理计划。项目管理计划是一份经正式批准的文件，用来确定项目的规划、执行、监控和收尾方式。它是一份程序性计划，而不是实体性计划。例如，它是关于将如何编制实体性计划的计划，而不是实体性计划本身。

项目管理计划的三大组成部分是：关于如何定义项目目标的规定，关于如何划分项目阶段的规定，以及各种相互协调的子管理计划。

在第一部分需要写明：用来定义项目目标的多个维度，由谁按什么程序来确定项目目标，如何监控和考核项目目标的实现情况。用来定义项目目标的维度，以前曾讲过，最基本的就是范围、进度、成本和质量这四个维度。对特定的项目，可能不局限于这四个维度，还可增加其他维度。例如，对建筑施工项目，可以增加"安全"维度。

项目的范围、进度、成本和质量目标，其实是从项目发起人和其他主要相关方对项目的利益追求中细化出来的（见图3-5）。例如，项目业主要建一道大门，其利益追求是大门必须"安全、方便、美观、新潮"。项目经理就需要从这八个字细化出范围和质量要求，再估算出所需时间和成本。如果有必要，再回头调整范围和质量要求，并取得业主对这种调整的批准。接着，还要考虑风险，回头对范围、质量、进度和成本要求做必要调整，并取得业主对这种调整的批准。

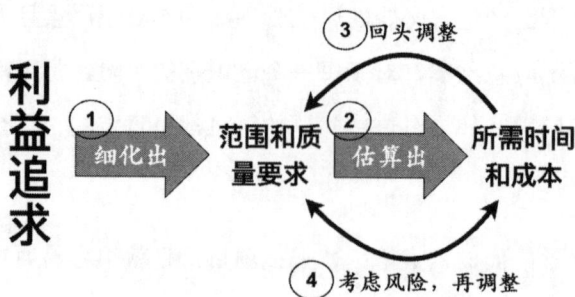

图3-5　从利益追求细化出项目目标

确定项目目标，通常要采用自上而下和自下而上相结合的程序，由项目发起人、项目团队和主要相关方协商的方法。先由发起人提出总体目标，自上而下传达；然后，在广泛征求意见的基础上，由项目团队在总体目标的指导下制定具体目标，自下而上汇报。如果具体目标实在无法支持总体目标，就要请发起人修订总体目标。

关于如何考核项目目标的实现情况，需要写清楚：进行动态考核的时间间隔，例如，必须在阶段结束时和整个项目结束时进行考核；用于考核的主要指标及其允许的最大偏差，例如，可交付成果的功能情况，项目的工期和成本情况；考核的过程和结果都要反映在综合的项目绩效报告中，使之系统化并有据可查。

在第二部分需要写明：项目生命周期类型，项目生命周期阶段划分，以及每个阶段的主要成果。这部分的内容，以前曾经详细介绍过，这里只需简单回顾一下。项目生命周期的类型，有预测型、迭代型、增量型、适应型、混合型。用不同的生命周期类型，阶段划分和阶段成果都会有很大的不同。

在第三部分需要包括：各种子管理计划，如需求管理计划、范围管理计划、进度管理计划、成本管理计划、质量管理计划、资源管理计划、沟通管理计划、相关方管理计划、采购管理计划、变更管理计划。这些子管理计划要相互协调，有些也可合并。例如，进度管理计划和成本管理计划，就可以合并。

对于子管理计划，举几个例子来说明。在需求管理计划中，需要写明：将如何收集、分析和记录项目需求，如何追踪需求的实现情况，如何监督和控制需求变更。在范围管理计划中，需要写明：将如何划定项目范围边界，如何编制工作分解结构，如何监控项目范围，如何验收项目成果。在进度管理计划中，需要写明：将如何编制和更新进度计划，如何监督和控制项目进度，如何报告项目的进度绩效。在成本管理计划中，需要写明：项目预算必须达到的准确度，项目预算必须如何与进度计划、范围计划协调，将如何监控项目成本，将如何报告项目成本绩效。在质量管理计划中，需要写明：项目的质量政策、目标和角色，将使用的质量管理程序和工具，必须开展的正式质量评审。在变更管理计划中，需要写明：将如何提出变更申请，将如何评审变更申请，将如何追踪变更的执行情况，将如何对变更做后评价、总结经验教训。

18

项目目标计划编制

引言

项目管理计划编出来后，就要根据其中关于如何编制计划的规定来编制项目目标计划。项目目标计划包括项目范围计划、进度计划、成本计划和质量计划。采用不同类型的项目生命周期，编制计划的方法会有较大不同。这里只讲预测型生命周期下的计划编制。

如前所述，目标是从需求而来，又是项目拟实现的价值的载体。所以，编制项目目标计划，就必须从收集需求和考虑价值这两端同时入手，建立起需求、目标和价值这三者的完美连线。任何与需求无关的价值，或者与价值无关的需求，都不应反映在目标计划中，都不应被实现。

在编制目标计划的过程中，需要对需求进行筛选或调整，也需要对拟实现的价值进行适当调整。那些实现的难度太大甚至无法实现的需求或价值，就要在编制目标计划的过程中被剔除或修改。这样一来，就可以确保需求、目标和价值之间的一致性，从而确保用目标的实现来实现需求和价值。

项目范围计划

在传统的预测型项目管理方法中，首先要编制项目范围计划，也就是要搞清楚必须做出哪些可交付成果，包括最终的可交付成果和中间的可交付成果，还要搞清楚这些成果必须具备的功能或特性。对产品类成果，是功能；对服务类或文件类成果，则是特性。项目范围计划必须是以可交付成果为导向的。

项目范围计划的三大组成部分是：项目范围说明书、工作分解结构和WBS词典。项目范围说明书的作用是：为项目划定范围边界。WBS的作用是：确定边界之内该做出哪些及什么样的可交付成果。WBS词典的作用则是：对WBS中的每一个成果进行或详或简的解释。对这三个文件的作用可以这样概括：项目范围说明书是"界内界外须分清"，WBS是"不多不少正合适"，WBS词典则是"清清楚楚各组件"。有了项目范围计划，就可以既不少做事，又不多做事，还能正确地做事。

编制项目范围说明书，当然要依据项目章程、范围管理计划和需求文件来进行。可以把项目章程中的高层级可交付成果直接拿过来，列入项目范围说明书，并进行更详细的解释；或者，可以对项目章程中的高层级可交付成果进行必要的细分，并进行解释。应该对需求文件中所列出的全部需求进行筛选，区分出那些必须在本项目实现的需求，以及必须不在本项目实现的需求，以便明确项目边界。所有必须实现的需求，都要有相应的可交付成果与之对应；所有必须不实现的需求，都要列入项目的除外工作清单，防止经不住诱惑或不小心去做。例如，客人向我们定制一锅土豆焖饭，并希望我们送饭上门。但是，由于客人的资金限制，以及我们的人力限制，我们无法送饭上门。这就需要专门指出本煮饭项目不包括"送饭上门"这项工作。也就是，要把"送饭上门"列入除外工作清单，防止客人对本项目产生不合理的过高预期。

项目范围说明书的主要内容包括产品范围描述、产品验收标准、主要可交付成果，以及项目除外工作。前三条都是对项目章程中的相关内容的细化。第四条则明确指出本项目必须不做的工作，以便引导项目相关方对项目抱有合理的期望，防止他们抱有太高的期望。这四条中，最难编写且最重要的内容，就是第四条"项目除外工作"。之所以难，一是因为有些工作很难取舍，二是因为不同的人很可能有不同的意见。之所以重要，是因为其他任何文件都不会写这个内容。"项目除外工作"这一部分，不是用来写那些看起来就是很荒谬的工作的，而是用来写那些看起来很合理但我们已经决定不做的工作。

例如，煮土豆焖饭项目的范围说明书，可以包括这些内容。

☐ 产品范围：煮一锅符合要求的土豆焖饭。

- 产品验收标准：重量、体积、土豆和米饭的比重、水分占比等。
- 主要可交付成果：原料、材料、土豆焖饭、项目管理。
- 项目除外工作：送饭上门。

确定了项目的范围边界之后，就可以编制WBS和WBS词典了。编制WBS，当然要依据项目范围管理计划和项目范围说明书，同时需要参考需求文件，要得到的成果当然就是WBS和WBS词典。例如，对于煮土豆焖饭项目，可以编制出如图3-6所示的WBS。

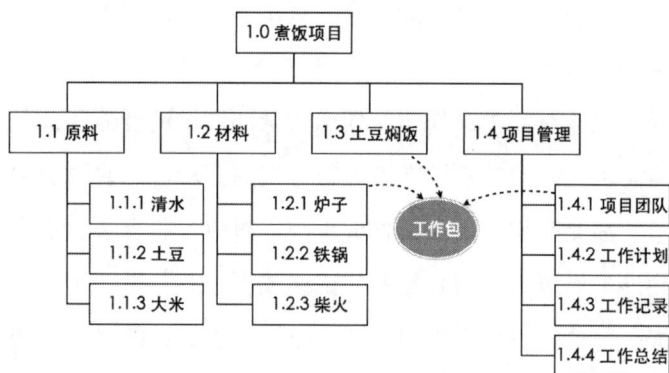

图3-6　WBS示例之一

图3-6中的第二层是直接来自项目范围说明书的主要可交付成果，第三层是对第二层可交付成果的再分解。其中，每一个底层的组件，清水、土豆、大米、炉子、铁锅、柴火、土豆焖饭、项目团队、工作计划、工作记录、工作总结，都是工作包。它们是项目中的最小的可交付成果。

因为WBS只是按照层级罗列可交付成果，别人不一定看得懂，各人对同一个成果的理解也不一定一致，所以就需要编制WBS词典来与之配合。WBS词典可详可简，要把每一个组件都解释得让大家看得懂，而且理解会基本一致。例如：

- 对"土豆焖饭"可以这样解释：通过生火煮饭而煮熟且交付给客人的土豆焖饭，重量为2公斤，体积为××立方厘米，体积中约有1/3的土豆。
- 对"土豆"可以这样解释：当天从市场购买的1公斤生土豆，需要清洗好，并切成小块。
- 对"项目团队"可以这样解释：组建好的三人工作团队。

　　当然，编制WBS和WBS词典的方法，都不是只有某种唯一的方法，也都不是一成不变的，而是可以根据具体项目的需要进行灵活变通。例如，对煮土豆焖饭的项目，也可以用项目阶段作为WBS的第二层，然后向下列出各阶段的可交付成果（见图3-7）。

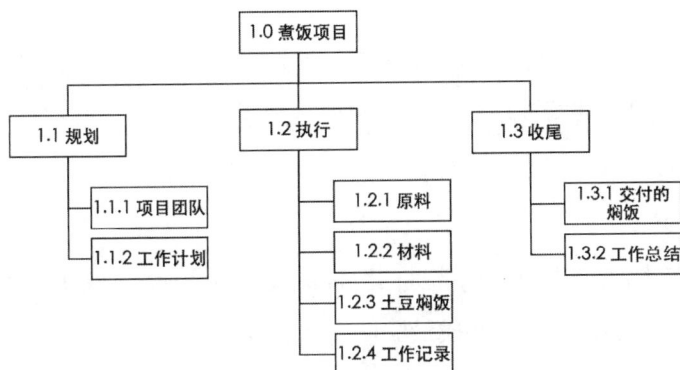

图3-7　WBS示例之二

项目质量计划

　　工作分解结构编制出来后，就需要针对其中的每一个组件确定质量标准和质量测量指标。质量标准是高层级的，比较笼统，不那么具体。质量测量指标则是对质量标准的具体化。通常在符合质量标准的前提下，质量测量指标会有一定的伸缩余地，可以比较高，也可以比较低。很多项目的质量标准都是法律法规或行业标准中规定的，无须项目经理自己确定。项目经理需要确定的是更具体的质量测量指标。例如，你要参加一次考试，及格线为60分，你必须考及格。这个是质量标准，是教育部门规定的。那么究竟是要考60分，还是要考90分呢？这个就是你自己必须确定的质量测量指标。

　　对项目中的某些可交付成果，如果法律法规或行业标准中并没有规定质量标准，那就需要项目经理自行约定并具体化。例如，对于"项目团队"这个工作包，可以约定这个质量标准：能够为完成项目任务而有效合作。然后细化出这几个测量指标：第一，每一个成员在项目期间都是全职做项目，无其他工作任务；第二，每个成员都经过培训，而且都通过了入职测评；第三，团队已经通过成员的共同讨论，建立了基本的工作规则。再举个例子，航空公司为乘客办理登机牌，可以规定这样的质量标准：登机牌办理必须快速。再细化出这两个测量指标：一是50%的乘客从到达柜台到离开柜台不超过3分钟时间，二是95%的乘客从到达柜台到离开柜台不超过5分钟时间。

质量标准和质量测量指标制定出来之后，还需要制定质量保证措施和质量控制措施，这些措施也需要写入质量计划。例如，为了实现每个成员都是全职的这个测量指标，就需要采取这三个质量保证措施：一是只招聘能全职工作的人，二是请成员声明能够全职工作，三是给成员足够的工资收入。如果给的工资收入不够高，他们就会想方设法地去外面兼职赚钱。同时，需要采取相应的质量控制措施，来检查质量保证措施的落实情况，以及质量测量指标的实现情况。

比较完整的质量计划，如表3-1所示。首先，写清楚项目的质量政策。这是口号式的质量管理要求。然后，针对工作分解结构中的每一个组件列出质量标准、质量测量指标、质量保证措施和质量控制措施。等以后资源计划编出来之后，还需要把质量保证的负责人、质量控制的负责人添加进来。

表3-1　　　　　　　　　　　　项目质量计划示例

质量政策	为客人提供优质的土豆焖饭，打造客户对我公司的忠诚度				
WBS标识	WBS组件	质量标准	质量测量指标	质量保证措施	质量控制措施
1.1.1	项目团队	能为完成项目任务而有效合作	每个成员都是全职	只招聘能全职工作者，要求成员声明能全职工作，给成员足够的收入	相应的检查和补救措施
			都通过了入职测评	省略	省略
			团队已有工作规则	省略	省略

项目进度计划

项目范围管理和范围计划都是以可交付成果为导向的，那么为了做出这些可交付成果，又必须在什么时间开展哪些活动呢？这就是项目进度管理要回答的问题。项目进度管理和进度计划都是以活动为导向的。它关心的是，应该在什么时间开展什么活动，以便按时交付出项目范围计划所要求的可交付成果。

编制项目进度计划的第一件事，就是把工作包分解成活动，包括汇总活动和进度活动。最简单的办法就是，把工作包改写成动词，得到一个汇总活动，例如，把"1.1.2土豆"改写成：准备土豆。一个工作包也可被分解成两个或三个汇总活动。例如，"1.3 土豆焖饭"，就可被分解成两个汇总活动：烧火煮饭，检查并交付。

接着，再把汇总活动分解成两个或更多的进度活动。例如，根据WBS词典中对"土豆"这个工作包的解释，把"准备土豆"这个汇总活动分解成采购土豆、运输土豆、清洗土豆、削土豆皮和分切土豆这五个进度活动。一个汇总活动究竟应该被分解成多少个进度活动？这并没有唯一的答案，应该根据需要确定。

对于在很久的将来才开展的汇总活动，可以暂时不分解成进度活动，而是留待以后再分解。这种做法，符合逐渐细化的原则。有了汇总活动，就可以据此编制汇总进度计划。汇总进度计划，往往用传统的横道图表示。例如，对于煮土豆焖饭项目，可以编制出如图3-8所示的汇总进度计划。

汇总进度计划中的"WBS标识"，直接来自WBS，表明这个活动是为完成WBS中相应的工作包而开展的。如果有两个或更多的WBS标识是一样的，那就是这两个或更多的活动都服务于同一个工作包，例如，图3-8中有两个"1.3"，表明这两个活动都服务于"土豆焖饭"这个工作包。

可以把项目章程中规定的项目进度里程碑添加到汇总进度计划中（见图3-8）。对煮土豆焖饭项目，整个项目的开始，是第一个里程碑；工作计划编制完成，是第二个里程碑；原材料就绪，是第三个里程碑；土豆焖饭交付完成，是第四个里程碑；整个项目的结束，是第五个里程碑，也是最后一个里程碑。这五个里程碑就把项目分成了四个阶段：项目规划阶段，原材料准备阶段，煮饭执行阶段，以及项目收尾阶段。这四个阶段合在一起，就是本项目的项目生命周期。

WBS标识	活动编号	活动名称	第1阶段	第2阶段	第3阶段	第4阶段
1.1.1	H1	准备清水				
1.1.2	H2	准备土豆				
1.1.3	H3	准备大米				
1.2.1	H4	准备炉子				
1.2.2	H5	准备铁锅				
1.2.3	H6	准备柴火				
1.3	H7	烧火煮饭				
1.3	H8	检查并交付				
1.4.1	H9	组建项目团队				
1.4.2	H10	编制工作计划				
1.4.3	H11	开展工作记录				
1.4.4	H12	进行工作总结				

图3-8　带里程碑的汇总进度计划示例

有了进度活动，就可以编制详细进度计划。先要排列活动顺序，搞清楚活动之间的先后逻辑关系，画出项目进度网络图。活动之间的逻辑关系可以是完成到开始（FS）关系，开始到开始（SS）关系，完成到完成（FF）关系，或者开始到完成（SF）关系。完成到开始关系，是指前面的活动完成以后，后面的活动才能够开始。其他就以此类推。

对比较复杂的项目，通常用节点图来展现活动之间的逻辑关系（见图3-9）。其中，每一个节点都代表一个活动，节点中写明活动编号、活动名称和其他必要信息。两个节点，用带箭头的线连接起来。这些线代表着活动之间的先后顺序逻辑关系。对比较简单的项目，用逻辑横道图来展现活动之间的逻辑关系，就足够了。逻辑横道图非常简单，就是在传统的横道图上添加用于表示逻辑关系的带箭头的线，把各条横道联系起来。图3-10是逻辑横道图示例。

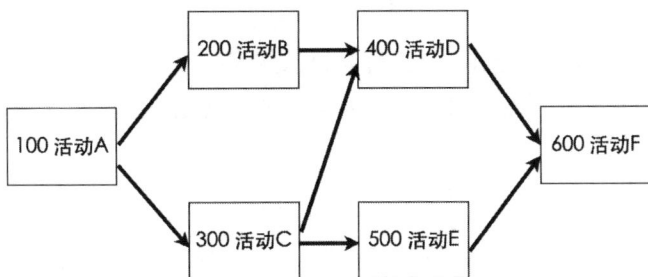

图3-9　节点图示例

在排列活动顺序时，必须搞清楚活动之间的先后逻辑关系可不可以修改。如果不可修改，那就是硬逻辑关系。这是必须遵守的、没有任何讨价还价余地的逻辑关系，往往是活动的性质决定的，或在法律或合同中规定的。对硬逻辑关系，必须避免排列方面的错误。如果可修改，那就是软逻辑关系。这是由项目团队自由选择的逻辑关系。项目团队可以自行决定先做哪个后做哪个。项目团队可以参考业界的最佳实践来决定，可以根据项目的具体需要来决定，可以根据自己的偏好来决定。软逻辑关系是由项目团队自行掌控的逻辑关系。

WBS标识	活动编号	活动名称	第1阶段	第2阶段	第3阶段	第4阶段
1.1.1	H1	准备清水				
1.1.1	H1.1	准备水桶				
1.1.1	H1.2	灌满水桶				
1.1.2	H2	准备土豆				
1.1.2	H2.1	采购土豆				
1.1.2	H2.2	运输土豆				
1.1.2	H2.3	清洗土豆				
1.1.2	H2.4	分切土豆				
1.4.1	H9	组建项目团队				
1.4.1	H9.1	招聘团队成员				
1.4.1	H9.2	分配成员角色				
1.4.2	H10	编制工作计划				
1.4.2	H10.1	起草工作计划				
1.4.2	H10.2	审批工作计划				

图3-10　逻辑横道图示例

如何排列硬逻辑关系，只能体现你有没有犯错误，而不能体现你的水平的高低。如果你我都不犯错误，那么你我排列的硬逻辑关系就会是完全一样的。如何排列软逻辑关系，就能够体现你的水平的高低。水平高的人，排列的软逻辑关系会更加合理；水平低的人，排列的软逻辑关系会很混乱。软逻辑关系，是由你自己掌控的，而不是被迫怎么做的。你自己越是能掌控的事情，你就必须越小心谨慎地去对待。就像你的业余时间怎么用，是由你自己决定的，你必须特别小心。因为如何使用业余时间才是决定你能够成为一个什么样的人的关键。

排列活动之间的逻辑关系时，还需要考虑两个活动之间可能存在的时间提前量或时间滞后量。例如，FS-3天，就有3天的时间提前量。也就是说，在前面那个活动完成之前3天，就可以开始后面那个活动。滞后量则刚好相反，是两个活动之间必须等待的时间。例如，FS+3天，就是指前面那个活动完成之后3天才能开始后面那个活动。

接着，估算活动持续时间，搞清楚每一个活动需要多长时间才能完成。活动持续时间，取决于三个因素：一是活动的性质，二是活动的资源配置，三是工作日历。其中，活动的性质通常已经明确，已经在把工作包分解成活动的过程中得以明确。但资源配置和工作日历通常并未确定。因此，可以先假设某种资源配置和工作日历，进行持续时间估算。等以后确定了资源配置和工作日历后，再回过头来调整。通常，估算活动持续时间与估算活动资源配置之间，需要多次循环。

可用来估算活动持续时间的方法很多。三点估算是一种常用方法。它要求人们，根据最乐观的情况，估算出最短工期（O）；根据正常情况，估算出最可能工期（M）；根据最悲观的情况，估算出最长工期（P）。然后进行加权平均 [例如，用这个公式：（$P+4M+O$）/6]，计算出活动的平均工期。这种估算方法，在日常工作和生活中也非常有用，例如，可以用它来估算考试成绩，并激励自己朝乐观估算努力。

接着，把活动持续时间添加到前面画出的进度网络图上，再把进度网络图放到自然时间表上，就可以得到项目的详细进度计划。自然时间表中的时间单位，可以根据项目的具体需要确定，如小时、天、周。图3–11是煮土豆焖饭项目的详细进度计划的局部。

WBS标识	活动编号	活动名称	持续时间（小时）	自然 时 间 表（包 括 非 工 作 时 间）	
1.1.1	H1	准备清水	1		
1.1.1	H1.1	准备水桶	0.5		
1.1.1	H1.2	灌满水桶	0.5		
1.1.2	H2	准备土豆	3		
1.1.2	H2.1	采购土豆	1		
1.1.2	H2.2	运输土豆	1		
1.1.2	H2.3	清洗土豆	0.5		
1.1.2	H2.4	分切土豆	0.5		
1.4.1	H9	组建项目团队	1		
1.4.1	H9.1	招聘团队成员	0.5		
1.4.1	H9.2	分配成员角色	0.5		
1.4.2	H10	编制工作计划	1		
1.4.2	H10.1	起草工作计划	0.5		
1.4.2	H10.2	审批工作计划	0.5		

图3-11 煮土豆焖饭项目的详细进度计划的局部

编制出了详细进度计划，也就自然地有了汇总进度计划。在项目进度计划编制软件中，只需把所有的进度活动都隐藏起来，就可得到只包含汇总活动的汇总进度计划。

编制出详细进度计划之后，对其中的每一个进度活动，都要规定必须怎么做，必须做到什么质量要求。这些内容，通常都写在项目的技术规范文件中。对规模较大、复杂程度较高的项目，技术规范文件也许是很厚的一大本。只有每一个进度活动的质量都达到了要求，各工作包的质量和整个项目的质量才能达到要求。

项目成本计划

项目发起人在发布项目章程时，已经规定了他打算为本项目花钱的总数。这个总数，通常只是根据初步的项目范围、质量和进度考虑凭经验而得出的粗略量级估算，准确度很低。它本身不是项目成本计划，只是为编制更准确的成本计划提供了一个出发点和大框架。

通常，在编制工作分解结构的同时，就可以对项目发起人给出的项目总成本估算进行自上而下的分配。例如，发起人愿意为煮土豆焖饭项目花200元，我们就把这200元分配到工作分解结构中的各个组件，原料70元，材料40元，土豆焖饭50元，项目管理40元，还可再往下分配。这种自上而下的成本分配，只是最初的步骤。

接着，在编制出进度计划之后，还要依据成本管理计划、WBS、WBS词典、项目进度计划，对每个进度活动进行成本估算，再汇总得出工作包的成本估算，以及整个项目的成本预算。如果汇总得出的工作包成本估算或项目成本预算，与原先自上而下分配的数字有较大的差异，那就要分析原因，加以解决。

之所以需要用项目进度计划作为依据，是因为进度计划中不仅列出了每一个进度活动，而且规定了每一个进度活动的开展时间。有些活动，在不同的时间开展，成本会有很大的不同。之所以需要用WBS和WBS词典作为依据，是因为各进度活动的成本要被汇总到各工作包，还要沿WBS中的层级自下而上汇总到整个项目。整个项目的成本估算必须分配到WBS中的各个组件，确保每一个组件都有相应的成本估算。

对详细进度计划中所列出的每一项进度活动，都需要估算它的成本。可以用表3-2这样的表格来做活动成本估算。先计算出每个活动的直接成本，再按直接成本的某个百分比计算出间接成本，再把直接成本和间接成本汇总，得出总成本。还需要写出估算依据，告诉大家成本估算是如何得出的。需要注意的是，估算活动成本时，必须包含全部的成本种类，如果某种成本没有包含，就必须在估算依据中专门指出。如果有供项目免费使用的资源，对这些资源也需要按正常的收费标准计算成本。否则，成本估算就不全面，就不能供以后的项目参考借鉴，因为以后的项目不一定有同样免费的资源。

还要根据项目进度计划，把项目预算分配到项目的各个时间段，确保项目的每一个时间段都有相应的成本预算。按时间段分配的项目预算，可以是一个表格，也可以同时用成本预算S曲线图来表示（见图3-12）。从图中可以一目了然地看出，截至某个时间点，项目的累计成本将是多少。

编制出项目预算后，还要编制项目资金需求文件，用表格和图形来显示在项目的每个时间段需要项目发起人投入多少资金。如果发起人在某个特定阶段无法投入所需的资金，那就需要回过头去修改项目预算和进度计划，甚至要修改范围计划。编制资金需求文件时，当然就不需要考虑免费的资源了。

表3-2　　　　　　　　　　　活动成本估算

WBS标识	活动编号	活动名称	直接成本	间接成本	总成本	估算依据
1.1.1	H1	准备清水				
1.1.1	H1.1	准备水桶				
1.1.1	H1.2	灌满水桶				
1.1.2	H2	准备土豆				
1.1.2	H2.1	采购土豆				
1.1.2	H2.2	运输土豆				
1.1.2	H2.3	清洗土豆				
1.1.2	H2.4	分切土豆				

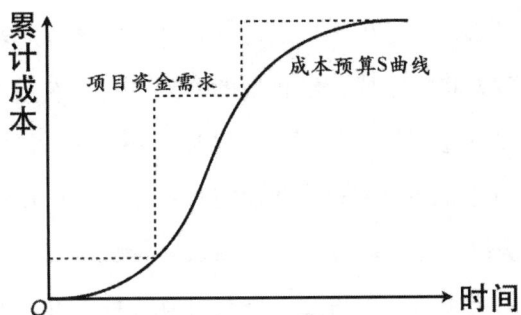

图3-12　项目成本预算S曲线图

各种计划的协调

关于编制项目范围、质量、进度和成本计划，我们在讲解的时候，只能按先后顺序讲。但是，在实际工作中，不一定就是严格按这样的先后顺序进行的。不少工作会是交叉和循环的。例如，进度计划和成本计划的编制就存在大量交叉和循环。编制出进度计划和成本计划后，还有可能要回头调整范围和质量计划。

正如在第二场曾经讲过的，我们要在确保任何一个维度都不突破底线的情况下，对范围、质量、进度和成本目标进行协调，使它们达成最佳的平衡。这种协调，当然是通过相互关联、相互影响的范围计划编制、质量计划编制、进度计划编制和成本计划编制来实现的。

项目范围、质量、进度和成本计划，必须紧密协调，不能脱节。例如：

- □ 里程碑进度计划必须与WBS第二层组件有基本的对应关系。主要可交付成果的完成，通常就是一个里程碑的实现。
- □ 汇总进度计划必须与WBS中的工作包有基本的对应关系。一个工作包改写成动词，就得到一个汇总活动。
- □ 详细进度计划中的进度活动必须是为完成WBS中的工作包所必需的。进度活动是从汇总活动中分解出来的，更小的活动。
- □ WBS中的每一个组件都必须有相应的质量要求和成本预算。
- □ 详细进度计划中的每一个进度活动都必须有相应的质量要求和成本估算。
- □ 项目资金需求必须与里程碑进度计划有基本的对应关系。项目发起人通常在进度里程碑即将实现或已经实现的适当时间投入项目资金。例如，项目开始前投入第一笔资金，项目第一个阶段结束后投入第二笔资金。
- □ 项目预算必须与WBS和汇总进度计划有对应关系，确保WBS的每一个组件都有资金，确保进度计划的每一个时间段都有资金。
- □ 活动成本估算必须与详细进度计划有对应关系。每一个进度活动都需要相应的资金去完成。

有了这些对应关系，项目的范围、质量、进度和成本计划就被协调成一个整体了。制订了项目目标计划，就是在项目范围大小、质量高低、进度快慢和成本多少之间进行了有效权衡，找出了一条最适合的项目目标基准线，作为努力的方向。

19

引言

项目目标的实现，必须要有资源的保证，也会面临或大或小的风险。项目资源计划和风险计划，都是用于支持目标计划的，所以可以合起来被称为"项目支持计划"。在项目计划三角形中，项目资源和风险计划属于第三条边。

全面地讲，资源包括人力资源、实物资源和信息资源。人力资源又包括直接从事项目工作的团队成员，以及对项目施加影响的团队外部相关方。实物资源又包括会构成项目实体的主要材料，不构成项目实体的辅助材料和用品，以及用于开展项目执行的各种设备和设施。信息资源则是对项目有用的各种信息、知识和智慧。信息资源可以是团队成员带来的，可以是项目相关方带来的，也可以是专门收集或购买的。越是知识型项目，像科研项目、创新项目，信息资源就越重要。有些项目，信息资源是最重要的资源，例如，你捡到了贵重物品，想要尽快归还失主。编制资源计划的目的，就要有效使用资源。

针对项目团队的人力资源计划

人力资源计划又包括针对项目团队的计划，以及针对团队外部的相关方的计划。针对团队的计划又有团队管理计划、团队章程和团队工作计划。团队管理计划是资源管理计划的一部分，已经包含在前文所述的项目管理计划中。在团队管理计划中，要写明将如何招聘团队成员、组建团队、建设团队和管理团队。

■ 团队章程

团队章程相当于项目团队的"宪法"，是用于指导项目团队的纲领性文件。它是由项目团队成员协商确定的，属于团队成员之间的心理契约，代表着成员之间对与工作相关的言行的合理预期。这种心理契约虽然没有法律上的约束力，但是对成员有团队内部的约束力，包括规则上和道义上的约束力。团队章程的主要内容有三大部分：一是团队的核心价值观，二是团队成员的行为规范，三是团队成员的工作指南。

团队的核心价值观，是用来指导团队成员判断事物好坏的思想标准。核心价值观，通常是很简单的几句话，甚至是几个短语，具有很大的高度、广度和深度。例如，项目团队可以借用PMI在《道德和职业行为准则》（*Code of Ethics and Professional Conduct*）中规定的这四大价值观[①]——责任、尊重、公正、诚实，并结合具体项目的特定需要适当加以补充，使团队的核心价值观既有通用性，又有针对性。团队成员的言行，如果符合核心价值观，那就是好的；如果不符合，那就是坏的。

团队成员的行为规范，是对团队核心价值观的展开和应用，是团队成员协商达成的关于必须做什么、应该做什么和禁止做什么的基本共识。它们是每一个团队成员都必须遵守的基本规则。如果违反了必须做的或禁止做的，那就要受到处罚。例如，PMI在"尊重"价值观之下，规定了：我们以诚信的方式进行谈判，我们不为损人利己而使用专业或职位权力去影响他人的决策或行动，我们不虐待他人，我们尊重他人的财产权利。

团队成员的工作指南，则是把团队核心价值观和团队成员的行为规范应用到一些重要的工作上面，规定这些工作该怎么开展。例如，可以制定决策过程指南、沟通指南、会议指南、冲突处理指南。每一份指南都可以规定工作原则、工作流程、工作权责等。例如，在会议指南中规定：将召开什么类型的会议，会议应该在什么时间开，应该按什么程序开，应该由谁主持，邀请什么人参加，应该如何追踪会议决定的落实情况。例如，会议类型，可以分成信息交流会、方案评审会、决策制定会等不同类型，每一种会议所需取得的成果会有很大的不同。

---

① 准则全文，可在 PMI 官网下载：https://www.pmi.org/about/ethics/code。

■ 团队工作计划

在团队工作计划中，又有人力资源需求、人力资源日历、人力资源分解结构、责任分配矩阵。

要根据项目范围计划、质量计划、进度计划和成本计划，来估算所需的人力资源，编制出人力资源需求文件，列出为按时保质且在规定成本内完成每个活动、每个WBS组件和整个项目所需的人力资源的种类和数量。估算所需的人力资源时，必须认真考虑团队成员的工作效率和有效工作时间。例如，熟练工和新手的工作效率，肯定有很大差别；全日制成员和兼职成员的有效工作时间肯定有很大差别。即便是同样熟练程度的全日制成员，例如，抽烟者和不抽烟者，他们的有效工作时间也会不一样。对全日制成员，千万不要假设他在8小时工作时间内，能把所有时间都用于工作。必须扣除他喝水、上洗手间等的时间。扣除了这些时间之后，也许他只有5~7小时是真正用于工作的。对兼职成员，则更是必须确认他能用于本项目的工作时间。对工作效率和有效工作时间的估计太乐观，这是导致估算所需人力资源不准确的常见原因。

人力资源日历是与人力资源需求相配套的文件，按每个成员或每类成员列出他们应该在项目上工作的日期，例如，张三每周一、三、五在项目上工作，李四每周二、四、六在项目上工作。然后，可以按资源种类和时间段来归类，编制出资源柱状图，其中每一根柱子的高度都代表特定时期所需的特定资源的数量（见图3-13）。

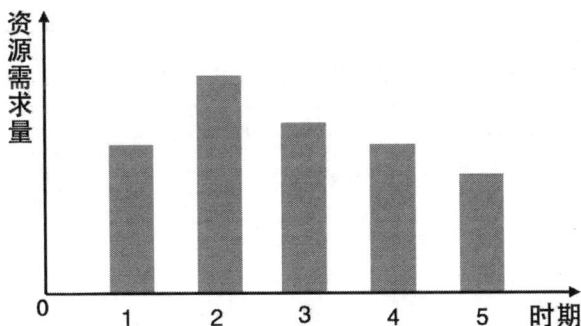

图3-13 资源柱状图示例

还可以按所需的人力资源种类进行汇总，编制出人力资源分解结构（见图3-14），清楚地展示出所需的每种人力资源的总的数量，便于集中招聘所需的人力资源。例如，这个活动需要三个木工，那个活动需要两个木工，还有一个活动需要一个木工。如果这三个活动必须同时开始，那么就需要招聘六个木工。

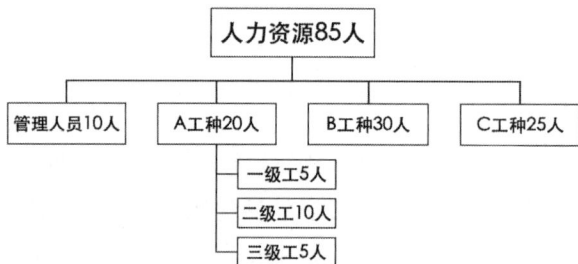

图3-14   人力资源分解结构示例

在团队工作计划中，还需要用责任分配矩阵来向每一位成员或每个小组分配对不同工作任务的不同的责任。这里所说的"工作任务"，来自工作分解结构或项目进度计划。把每一位成员或每一个小组列在表格的第一行，把每一项工作任务列在表格的第一列，然后在中间的区域用符号来表示相应的责任（见表3-3）。在一个项目上，可以有不同层级的责任分配矩阵。高层级的责任分配矩阵，用于向各小组分配对WBS组件的责任；低层级的责任分配矩阵，用于向各成员分配对项目进度计划所列的具体活动的责任。

表3-3   RACI责任分配矩阵示例

	张三	李四	王五	陈六	赵七	刘八
定义	A	I	R	I	C	R
设计	R	A	C	C	R	I
测试	C	R	A	C	R	C
验收	I	R	I	N/A	R	A

从责任分配矩阵中，可以一目了然地看出，项目工作任务分配的全部情况。从行，可以看到与每一件工作有关的所有的人。从列，可以看到与每一个人有关的所有的工作。如果某人与某件工作没有任何关系，那么相应的区域就留白，空着不填，或者写上"N/A"（不适用）。

RACI矩阵，是一种最常用的责任分配矩阵。它把对工作的责任分成四种：R代表执行的责任，A代表最终的责任，C代表提意见的责任，I代表知情的责任。当然，它不是唯一的一种责任分配矩阵。根据需要，你也可以对责任做其他分类，并用相应的符号来表示。

在RACI矩阵中，A是英文Accountability的缩写，我把它翻译成"终责"。终责，有以下四个特点。

- □ 终责必须是唯一的，而且是不可或缺的。也就是说，对任何一项工作，必须要有一个人，而且只能有一个人，对其成败承担最终责任。绝对不能出现两个或更多人对同一件工作都承担终责。
- □ 终责是无法转移给别人的。你无论用什么办法，都无法把自己必须承担的终责转移给别人。我们经常说要做一个负责任的人。这里的"负责任"，就是指承担终责。每一个人都必须了解自己必须承担的终责，以便做一个真正负责任的人。勇敢地去承担终责，才是真正负责任了。
- □ 终责是无法由两个或更多人来分担的，而是必须由一个人独自承担的。正是由于这种无法分担的性质，才使得每一个人都必须特别了解和特别重视自己必须承担的终责。事情可以由许多人一起做，但必须由一个人独自承担对它的终责。这就是：大家做事，一人担责。
- □ 终责是对事情成败的最终责任，而不是中间责任。前面三个特点，必须唯一，无法转移，无法分担，联合决定了它是一种最终责任。如果这件事失败了，终责人必须接受处罚，必须挨板子。之所以要强调终责，是为了防止"大家都负责，却又没人真正负责"的情况出现。

RACI矩阵中的R，是英文Responsibility的缩写，我把它翻译成"职责"。职责是不一定唯一的，而是可以转移或分担的对工作的执行的责任。例如，同一件工作，可以由两个或更多人来执行；领导可以授权下级去执行某件工作，从而把相应的职责转移给下级。必须注意，领导把工作授权给下级去做，并不能减轻或消除领导对这件工作的终责。领导必须要对这件工作承担如同是他自己亲自做一样的终责。

RACI矩阵中的C，是英文Consulting的缩写，意思是提意见。有些人必须提意见。I是英文Informing的缩写，意思是了解情况。有些人必须了解项目情况。C的责任，通常由两人或更多人来承担；I的责任，也通常由两人或更多人来承担。

针对外部相关方的人力资源计划

我之所以把针对外部相关方的内容也放入人力资源计划，是因为为了取得项目成功，我们必须争取尽可能多的外部相关方对项目的支持。如果说前面所讨论的项目团队是狭义的团队，那么包括了外部相关方在内的项目团队就是广义的团队。

我们应该把外部相关方也看成是可以为项目所用的人力资源。针对外部相关方的人力资源计划，其主要内容是：相关方管理计划和相关方参与计划。相关方管理计划是程序性计划，会规定如何识别相关方，如何分析相关方，如何制定相关方管理策略和措施，如何管理相关方变化。这个计划是项目管理计划的组成部分。相关方参与计划，则是实体性计划，由四个主要部分组成，即：相关方登记册，相关方参与度评估矩阵，相关方沟通计划，以及相关方引导计划。

■ 相关方登记册

前文曾讨论过相关方登记册，其中包括相关方的基本信息，对相关方的分析结果，以及对相关方的排序结果。相关方登记册需要收进相关方参与计划。

■ 相关方参与度评估矩阵

在相关方参与度评估矩阵中，列出相关方现有的参与程度与所需的参与程度，显示两者之间的可能存在的差距。相关方的参与程度，可以分成从低到高的五种：不知晓、抵制、中立、支持和领导。

不知晓型相关方还不知道项目会对他造成什么影响，从而他对项目的态度是不确定的。

抵制型相关方，是了解项目情况，了解项目对他的影响，并且反对项目的人。

中立型相关方，是了解项目情况，了解项目对他的影响，既不反对也不支持项目的人。中立型相关方，很容易蜕变成抵制型或支持型相关方。

支持型相关方是了解项目情况，了解项目对他的影响，而且支持项目的人。不过，他的支持程度并不高。他只是自己支持项目，至于他周围的人是不是支持项目，他一概不管。支持型相关方不属于项目的忠实支持者，只是边缘支持者，容易蜕变成中立型相关方。

领导型相关方是了解项目情况，了解项目对他的影响，而且特别支持项目的人。他不仅自己支持项目，而且会鼓动和领导周围的人一起支持项目。他会自觉充当项目的代言人，一有机会就为项目说话。他是项目的忠实支持者，是许多相关方的意见领袖，往往能起到一呼百应的效果。

对董路老师创办的"中国足球小将"，我在2019年8月之前，仅仅是支持型相关方。在2019年8月跟随中国足球小将U9队5天之后，我就变成了领导型相关方。我会鼓动周围的人一起支持中国足球小将，我一有机会就会为中国足球小将说话。我虽然还不能一呼百应，但一呼十应还是可以的。2019年，我专程两次去现场观看了中国足球小将的比赛，一次在江苏宜兴，一次在北京①。中国足球小将不仅是一支球队，而且是一种值得宣传、研究和推广的社会正能量和社会现象。

表3-4是一个相关方参与度评估矩阵的样本。其中，C是英文Current的缩写，意思是"现行的"；D是英文Desired的缩写，意思是"所需的"。A相关方现在是抵制项目的，我们需要他保持中立；B相关方现在是不知晓型相关方，我们需要他支持项目；C相关方，现在是支持型相关方，我们想要他成为领导型相关方。

表3-4 相关方参与度评估矩阵

	不知晓型	抵制型	中立型	支持型	领导型
A相关方		C	D		
B相关方	C			D	
C相关方				C	D

■ 相关方沟通计划

发现了相关方现有参与程度与所需参与程度的差距之后，就应该为消除差距，把相关方的现有参与程度提升到所需参与程度，而编制相关方沟通计划。对于现有参与程度已经与所需参与程度一致的相关方，也需要通过沟通来保持他们对项目的

① 这两次的看球体会，可在微信公众号"drwangpm"查看，一篇是《管理学视角下的足球小将》，另一篇是《这分明是首届国际少年足球节》。

参与程度。我这里所讲的沟通计划是专门针对团队外部的相关方的。团队内部的沟通计划，已经包含在前文所述的团队章程中。在团队章程中，有一份专门的团队沟通指南。

相关方沟通计划的主要内容是沟通工件和沟通活动。沟通工件是信息的载体，由项目团队或其他相关方编制或建立，例如，项目绩效报告、项目演示资料、电子邮件，都是沟通工件。沟通活动则是用于传递沟通工件的各种活动，由项目团队或其他相关方开展，例如，发送项目绩效报告、召开项目状态评审会。

对于较重要的相关方，需要分别编制沟通计划。也就是说，对每一个或每一类相关方编制一份专门的沟通计划，类似于如表3-5所示的这种表格。在第一行列出各种沟通工件，在第一列列出各种沟通活动，在行列交叉的位置用符号表示沟通频率、负责人、协助人等相关信息。

表3-5   A相关方沟通计划

沟通工件 / 沟通活动	项目计划	绩效报告	风险报告	异常情况报告	变更管理报告	……
书面发送						
电子发送						
正式口头	在行列交叉处用符号表示沟通频率、负责人、协助人等信息					
非正式口头						
……						

■ 相关方引导计划

沟通是用来与相关方打交道、引导相关方以所需程度参与项目的很重要的方法，但并不是唯一的方法。鉴于沟通并不能解决所有问题，所以，还需要编制相关方引导计划，以便采取除沟通以外的其他方法来引导相关方合理参与项目。有些相关方之所以反对项目，可能与沟通完全无关，甚至可能出现越沟通越坏的情况。你越跟他沟通，他越是了解项目情况，他就越会反对项目。导致越沟通越坏的主要原因，有三个。一是基本价值观不同。他的基本价值观与你的基本价值观是不同的，甚至是相反的。二是对方所处的大环境或大背景迫使他必须反对项目。三是对方为了保护自己的利益而必须反对项目。

如果是基本价值观不同，这是很难解决的。因为基本价值观是经过了很长时间才形成的，甚至是儿童时代就形成的，很难改变。对于基本价值观不同的人，也许只能选择回避。如果是大环境的压力，那就要看能否为对方减轻这方面的压力。如果是利益问题，那就要设法找出他与你可能存在的共同利益；如果找不出共同利益，再去寻找他与你的利益联系；如果还找不出，那就设法减轻他与你的利益冲突。共同利益，是指同一个利益，既能让他受益，又能让你受益。利益联系是指你实现了一个利益，有利于他实现另一个相应的利益。利益冲突则是两个此消彼长的利益。对于利益问题，不能首先关注利益冲突，而要首先关注共同利益或利益联系。

对于无法通过沟通来解决的相关方参与问题，那就只能在相关方引导计划中规定用其他方法与相关方打交道。相关方引导计划的主要内容（见表3-6）包括：相关方现有参与程度达不到所需参与程度的主要原因，原因是否可以消除或缓解（如果可以，计划采用什么方法去消除或缓解；如果不可以，该相关方可否规避。如果可规避，又该如何规避；如果不可规避，又该如何处理）。

表3-6　　　　　　　　　　　　　　　相关方引导计划

相关方名称	参与程度不足的原因	原因可消除或缓解		原因不可消除或缓解		备注
		消除措施	缓解措施	规避措施	其他措施	
A相关方						
B相关方						
C相关方						

实物资源计划

为了成功完成项目，还需要编制实物资源计划。实物资源可以分成四大类。第一类是主要材料。主要材料是会构成项目可交付成果的实体的材料，例如，为形成混凝土结构所用的水泥。第二类是辅助材料。辅助材料是会消耗掉的，不会形成项目可交付成果的实体的材料，例如，土建工程放炮用的炸药。第三类是低值用品。这是单个价值很低但消耗量可能很大的用品，例如，办公文具。这类用品也可以不列入资源计划，而是与所需的水电等一起列入项目的管理费。项目的管理费通常按项目成本的某一个百分比计算，如5%。第四类是设备设施。设备设施是用于开展项目任务的技术手段，如大型吊车、运输车辆。如果不是本项目专用的设备设施，就需要像编制人力资源日历、人力资源柱状图那样，编制设备设施资源日历、设备设施资源柱状图，列出需要设备设施的日历，列出每个时间段需要的设备设施总数。

正如编制人力资源计划必须依据由项目范围计划、质量计划、进度计划和成本计划构成的项目目标计划，编制实物资源计划也必须依据项目目标计划。例如，需要为每一个WBS组件列出所需的实物资源，为每一个项目阶段列出所需的实物资源，根据质量计划和成本计划确定最合适的实物资源。

无论对哪种实物资源，都要防止过早或过量储备，所以都需要设法采用准时制的资源供应方式。准时制（Just in Time）是指供应商在我们需要材料时准时把材料送到现场，从而使我们无须把材料放到仓库中保管，把库存成本降为零。要实现准时制，当然需要特别精准的资源计划，以及特别好的供应商合作关系。

无论对哪种实物资源，都要尽量减少浪费。发源于日本丰田公司的精益生产方式，其本质就是设法把生产过程中的不产生价值的资源消耗降为零。不产生价值的资源消耗，当然就是浪费。通过对整个生产过程的认真分析，一定可以找出一些减少浪费的切入点。

对于主要材料，必须追求品种符合要求，质量优质，数量充足，以确保项目可交付成果达到既定的要求，能够发挥应有的功能。对于辅助材料，则可以在确保生产过程安全有效的前提下，尽量采用价格较低的替代材料，尽量减少材料的使用数量。对于设备设施，则必须尽量减少设备设施的闲置时间。减少了闲置时间，就可以提高使用率，从而可以减少所需的设备设施的数量或占用时间。减少闲置时间，又可以用两种办法：一种是做好设备设施的维护保养，减少故障发生；另一种是为一台机器准备多种配件，以便一机多用。所有机器都有发动机，这是共同的。各种机器的差别，就在于终端的配件不同。同一种机器，配置了不同的终端配件，就可以有不同的用途。

信息资源计划

越是技术含量高、创新程度高的知识型项目，就越需要信息资源。例如，科学研究项目，在确定了基本选题之后，就必须立即进行文献检索，从文献中获取各种有用的信息。文献检索有三个主要目的：一是确保本项目的新颖性，防止"重复发明轮子"；二是参考已有文献建立自己的理论框架，用于指导后续的研究；三是参考已有文献设计最合适的研究方法，用于开展后续研究。

关于信息资源，不能不讲知识管理学科中的DIKW模型。D是Data，数据；I是Information，信息；K是Knowledge，知识；W是Wisdom，智慧。数据只是原始资料，本身没有用。只看数据，你不知道它们的背景是什么，不知道它们之间的关系，那它们当然就是没有任何用途的。信息则是从数据中提炼出来的。信息是相互关联的数据，是有相应的产生背景的数据。由于你知道了数据之间的某种或某些联系，知道了数据产生的背景，你就可以去利用这种或这些联系，特别是结合数据产生的背景去利用。所以，信息就变成有用的了。知识是从信息中提炼出来的，智慧又是从知识中提炼出来的。数据用于回答"是什么（what）"，信息用于回答"为什么（why）"，知识用于回答"怎么办（how）"，智慧用于回答"未来怎么办（how will）"。

对于数据，量一定要足够大，所以必须是"海量的数据"；对于信息，量要比数据少许多，所以应该是"大量的信息"；对于知识，量就更少了，所以应该是"适量的知识"；对于智慧，量就必须很少，所以只能是"少量的智慧"。

数据必须全面客观，能够全面客观地呈现真实的情况；信息必须有系统性，能够解释真实的情况为什么如此；知识必须有效实用，能够解决当前面临的问题；智慧则必须具有抽象性和前瞻性，能够解决未来的问题。

从时效性上讲，数据立即就会过时；信息较快就会过时；知识过时的速度较慢，但也会过时；只有智慧永不过时。例如，我给你量血压，只要量血压这个动作完成了，那测量出来的血压"数据"就立即过时了。我把你的许多血压数据联系起来，得到关于你的身体状况的"信息"，这个信息在一段时间有效。把很多人的血压信息联系起来，就可以提炼出关于如何控制血压的"知识"，这个知识的有效期更长。如果再提炼出关于如何健身的"智慧"，那就永不过时。

信息资源主要是指DIKW模型中的"信息"和"知识"。信息和知识联合起来，有助于解决项目所面临的问题。没有背景配合的、毫无联系的数据，当然不可能成为信息资源。智慧，因为是高度抽象的，无须保密的，脱离了相关的应用场景，所以也不能成为真正的信息资源。当然，智慧是有指导意义的。

例如，专利技术是一种典型的信息资源。现在，IT行业的许多新产品研发项目都需要在一定程度上购买其他公司的专利技术。没有哪家公司能够做到所有需用到的专利技术都是自己发明的。除了向外界购买，公司也可以自己开发一些信息资源，例如，总结经验教训，研发专有技术。通常，越是大型、长期、创新程度高的重要项目，就越需要研发自己的专有技术。专有技术的英文是Know-how，属于尚未公开的技术诀窍。在项目的这个阶段需要研发出供下个阶段使用的专有技术。总结经验教训，也是自己开发信息资源的一种有效方法。现在总结出的经验教训，就成为以后可以使用的信息资源。

通常，项目团队成员和其他相关方也会为项目带来一些信息资源。这些信息资源，是他们所掌握的、有助于项目取得成功的知识。在编制人力资源计划时，应该认真考察需要具有什么知识的团队成员，一些主要相关方分别拥有什么知识，他们的知识对项目能够发挥什么作用。

项目执行组织，作为项目的重要相关方之一，当然要为项目提供信息资源。项目执行组织，就是项目所在的单位。项目执行组织中的组织过程资产，就是项目可以利用的信息资源。

编制信息资源计划，当然也需要依据项目目标计划。例如，需要根据WBS中的特定可交付成果，考虑需要购买什么专利技术；需要根据成本计划，考虑能够花多少钱去购买相应的专利技术；需要根据进度计划，考虑应该在什么时候购买专利技术。

资源采购计划

无论是人力资源、实物资源，还是信息资源，首先要看项目执行组织内部有无所需资源，如果有，就要优先利用；如果没有，那就要编制相应的资源采购计划。在资源采购计划中，要规定需要采购的资源种类、规格、数量，计划的采购时间，拟采用的采购方法等。大多数项目都需要采购一些资源，特别是实物资源。

采购人力资源，有三种常用的方法：一是招聘合同制员工加入项目团队；二是与相关专家签订咨询服务合同，请他们提供咨询服务；三是采购承包商的承包服务。第三种方法，其实是把WBS中的某个可交付成果承包给外部的团队去完成，因为我们自己没有相应的人力去完成这个成果。

采购实物资源，也有三种常用的方法。一是直接采购。这是直接向某个供应商购买，没有任何竞争性。二是货比三家。这是邀请几家供应商分别报价，通过比较来确定向哪一家购买。三是竞争性招标。这是公开发布招标广告，邀请符合条件者都来投标，通过比较来确定向哪一家购买。

采购信息资源，也有三种常用的方法。一是单件一次采购，例如，我从某个网站一次付费下载某篇文章，或一次付费取得某个专利技术的使用权。二是批量一次采购，例如，我一次付费从某个网站获取下载一批文章的权利。三是批量长期采购，例如，按年度付费获取某个数据库的长期使用权。通常第一种最贵。

编制资源计划的注意点

一方面，要根据项目目标计划来编制项目资源计划，另一方面又要根据项目资源计划去调整项目目标计划。也就是说，目标计划的编制与资源计划的编制，两者需要反复循环。正如目标计划中的范围、质量、进度和成本计划需要协调起来，资源计划中的人力资源、实物资源和信息资源计划也需要协调起来。然后，目标计划和资源计划也需要协调起来。

为了便于大家更好地编制项目资源计划，我总结了编制资源计划的六大注意点：人员激励，资源搭配，技术进步，资源替代，收益递减，以及场所资源。

所谓人员激励，是指在为工作任务安排资源时，不要让人感到资源很充足，而要让人感到略有紧张甚至非常紧张。这种紧张感对激励团队成员很有用。例如，让人们知道他们正在从事的工作，一点点多余的材料都没有，那他们一定会设法不浪费任何材料。这就像是把你逼到华山一条路，你往往是能够登上华山的。

注意资源搭配，不仅是指注意资源种类的搭配，而且也包括资源数量的搭配、资源到位时间的搭配。只有各种资源都有效搭配起来，每种资源才能发挥更大的作用。如果资源搭配不好，就会导致资源使用效率差，或者资源使用效果差，或者资源完全闲置，从而造成大量浪费。

注意技术进步，是指在项目进行过程中，经常留意可能出现的新技术，包括用来开展工作的新技术、新型的实物资源、新出现的信息资源。技术进步可能对项目所需的资源的种类或数量有重大影响，也就可能需要根据技术进步来调整项目资源计划。例如，也许可以用机器人来做本来由人做的某种工作。

注意资源替代，是指在资源计划中，对一些很重要的资源，安排相应的替代资源，以便在首选资源无法就位时用来替代首选资源。例如，对团队中的重要岗位安排一位首选成员和一位替代成员。项目团队中应该有某些成员是一专多能的，能够胜任多个工作岗位。

注意收益递减，是指注意收益递减规律，防止在配置资源数量时越过那个转折点。收益递减规律是指随着资源投入的连续增加，每单位资源投入所带来的收益会到达一个转折点，在这个点之后，每单位资源投入所带来的收益会不断递减，即越来越低。越过这个转折点之后，就得不偿失了。

注意场所资源，是指要把工作场所当作资源来看待，以便利用工作场所来提高工作效率，改进工作效果。前面在讲资源计划时虽然没有讲到这一点，但这一点也是需要注意的。如果工作场所安排得井井有条，比较舒适，团队成员的工作效率和工作效果都会有所改进。现场资源化管理，是很重要的。

20

项目风险计划编制

引言

编制项目实体计划，通常是这样做的：先不考虑风险，按最可能的情况编制出项目目标计划和资源计划，再考虑风险，根据风险的情况，回头调整项目目标计划和资源计划。这种循环可能要做多次，才能形成项目实体计划。高层级实体计划，经过领导审批，就成了项目基准。低层级实体计划，作为各种具体的文件，由项目团队自己编自己用，无须报领导审批。考虑风险情况，就需要编制风险管理计划、风险报告和风险登记册。风险管理计划，是项目管理计划的组成部分，是程序性计划。风险报告和风险登记册，则是实体性计划。

风险管理计划

风险管理计划用于规定特定项目的风险管理应该怎么做、应该达到多么严格的程度。要确定风险管理应该怎么做、应该做到什么程度，就必须认真分析项目失败的风险敞口，认真分析主要相关方的风险态度。风险敞口是项目失败的可能性和万一失败的后果的综合。主要相关方的风险态度是指他们是保守、中立还是愿意冒险者。风险敞口越大，风险管理就要越严格。主要相关方愿意冒险的程度越高，对风险管理的要求就越高。

可以用项目风险级别矩阵，根据项目失败的风险敞口，把项目分成高风险项目、中风险项目和低风险项目，以便据此确定相应的风险管理做法和严格程度。对于高风险项目，风险管理当然就要做得更加规范、更加严格，当然就需要投入更多的资源去做风险管理。

风险报告

最初的风险报告是与风险管理计划同步编制的。先编制风险报告，把项目确定为高风险、中风险或低风险。再编制风险管理计划，确定该如何管理风险。然后，根据风险管理计划，修订风险报告，说明经过如此这般的风险管理之后，项目的风险级别会下降到什么程度，例如，从高风险项目下降到中风险项目。

风险报告主要是报给单位领导和主要外部相关方的，便于他们了解项目风险的总体情况，做出风险管理决策。风险报告的主要内容包括以下几项内容。

- ☐ 整体风险的来源。
- ☐ 项目的风险敞口。
- ☐ 整体风险的发展趋势。
- ☐ 已识别单个风险概述。
- ☐ 最严重的单个风险。
- ☐ 项目进度和成本概率分布。
- ☐ 实现进度和成本目标的概率及所需的应急储备。

风险报告中的这些内容，并不是一开始全都必须包括的，有些内容是随后在更新风险报告时再补充进去的。例如，已识别单个风险概述、最严重的单个风险，这两部分内容，就只有在开展了单个风险识别和分析之后，才能补充进去。在最初的风险报告中，对这两部分可以只列出标题，并注明将在以后补充内容。

如果根据最初的风险报告，发现项目失败的整体风险太大，那项目发起人就会决定提前终止项目，也就是说，把项目扼杀在摇篮中。即便项目进入了执行阶段，也仍然可以因风险报告所显示的整体风险太大，而提前终止项目。为了持续关注整体风险的变化情况，风险报告需要定期更新，例如，每个月或每个季度编制一份新的风险报告。

项目的整体风险，有四大主要来源（见图3-15）。一是项目的复杂性。越复杂的项目，失败的风险也会越大。二是项目所处的环境，包括社会环境、自然环境、文化环境等。三是相关方的复杂性，包括相关方的数量，他们之间的利益协调或利益矛盾等。四是项目团队的能力，如果项目团队的能力强，失败的风险就会降低。

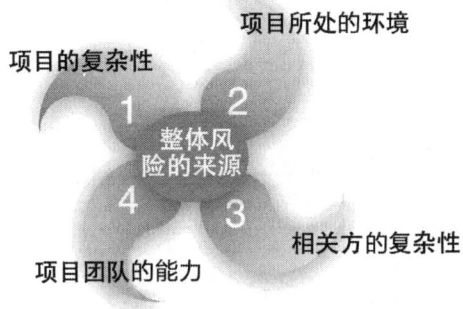

图3-15　项目整体风险的四大来源

这个模型，只要稍加修改，就可适用于每个人的身体状况。一个人的整体身体状况取决于这四个因素：先天的遗传，所处的环境，人际关系，以及自己的工作和生活习惯。每个人都应该从后面三个因素入手，去改善自己的整体身体状况。对于打算生小孩的年轻夫妻来说，你们还要对孩子的先天遗传负起一定的责任。

随着项目的进展，应该定期或不定期地评估整体风险情况，发现整体风险的发展趋势，例如，整体风险是越来越大还是越来越小。在对单个风险进行识别和分析之后，应该把"已识别单个风险概述"和"最严重的单个风险"这两部分内容补充进风险报告。

整体风险管理要求我们考虑项目的全部风险，以及它们之间的联系，而不只是孤立地管理已识别出的单个风险。对整体风险的管理，可以凭经验做，也可以进行数学模拟并基于模拟的结果来做。当然，也可以两者结合。

如果进行数学模拟，就可以得出项目进度和成本的概率分布图。图3-16是项目进度概率分布图示例。我们模拟某项目做了600次，全都在21周内完工，只有6次在9周完工。把模拟的结果画成一张图，就可清楚地看出，在某一个具体的工期之内完成项目的概率是多少，例如，在16周内完工的概率是55%。

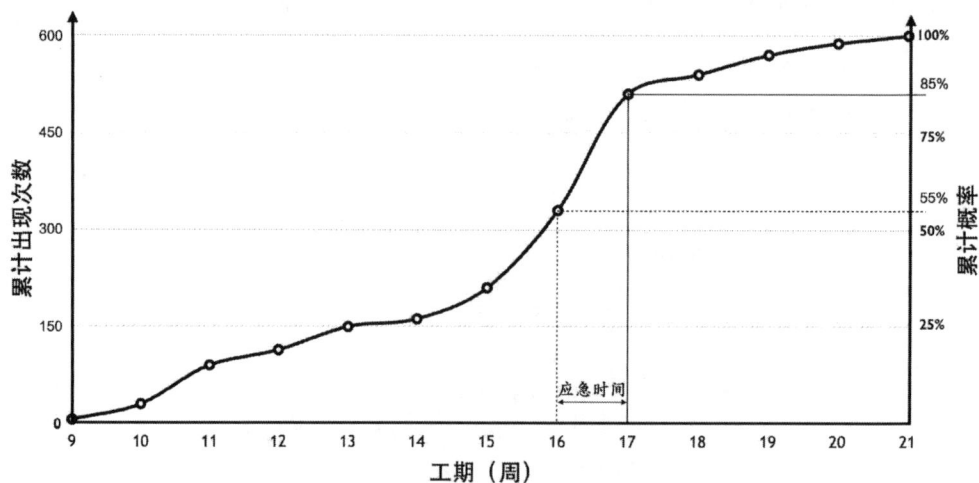

图3-16　项目进度概率分布图示例

　　根据数学模拟的结果，我们知道了在特定的进度或成本目标之内完成项目的概率究竟有多高。如果这个概率太低，也就是说不能按期或按预算完工的风险太大，那就需要增加应急储备，即增加应急时间或应急资金，以便把风险降低到可承受的水平。例如，把工期目标定为16周，就有45%的可能性不能按期完工。这个风险太大，超出了我们能够承受的区间。我们想要把不能按期完工的风险降低到15%。那么，根据数学模拟的结果，就应该增加1周的应急时间，把项目工期目标从16周延长到17周（见图3-16）。

　　无论是凭经验主观估计的应急储备，还是通过数学模拟计算出的应急储备，都需要添加到项目计划中。应急时间，要添加到项目进度计划中；应急资金，要添加到项目成本计划中。应该随着项目的进展，项目信息的不断丰富，定期调整应急储备。对于项目进度计划，先按最可能情况计算出一个正常工期，然后进行整体风险分析，估计出或计算出相应的应急时间，把应急时间加进去，得出项目的总工期。对于成本计划，也需要把估算或计算出的应急资金添加到成本预算中。如果不方便计算，你自己也没有相关经验，那么可以按项目管理业界的一个经验式规则——按项目成本的10%来估计应急资金。项目管理界积累了一些经验式规则，专门提供给完全没有经验的人使用。如果你是富有经验的人，那就没有必要理会这些所谓的"经验式规则"，因为它们不一定适合你的具体情况。

如果增加了合理的应急时间和应急资金后，项目的整体风险仍然太大，那就只有回头缩减项目范围，降低项目的复杂程度了。通常，项目的复杂程度降低了，项目的整体风险程度就可以相应降低。

风险登记册

在管理整体风险的同时，当然还必须管理单个风险。单个风险是万一发生会对项目目标有正面或负面影响的不确定性事件。有正面影响的，是机会；有负面影响的，是威胁。这里，暂且只讲对单个威胁的管理。

每一个已识别出的单个风险及其管理策略、管理措施，都要写入风险登记册。风险报告主要关注整体风险，主要供领导和项目团队外部的主要相关方使用；而风险登记册主要关注单个风险，主要供项目团队内部使用。

单个风险管理的最高原则是墨菲定律：如果事情可能出错，那就会出错。墨菲定律要求我们，树立强烈的风险意识。风险意识再怎么强都不过分。但是，风险应对不能过分。我们要有强烈的风险意识和适当的风险应对。

单个风险管理的最终目的是要用结构化方法，把绝对的不可控变成相对的可控。某单个风险，如果你对它是一个什么事件，万一发生的后果，导致它发生的原因，以及它发生的概率，都一无所知，那它对你来说，就是绝对不可控的。你应该采用结构化方法，也就是按照一定的流程去分析它是一个什么事件，万一发生会导致什么后果，什么原因会导致它发生，以及发生的可能性有多高，把它变成相对可控的。风险发生的可能性和后果联合决定了风险敞口。风险敞口越大，该风险的严重性也就越大，也就越需要加强对该风险的管理。

风险的事件、原因、可能性和后果，这四个要素，联合起来构成了"风险四要素模型"。这个模型，特别有利于我们找到管理某个风险的最佳切入点。例如，对于经营风险，最好从原因入手去管理；对于可预报的纯风险，最好从可能性入手去管理；对于不可预报的纯风险，最好从后果入手去管理。例如，考试可能不及格，这是一个经营风险，就应该从原因入手去管理；明天可能下雨，这对户外活动是一个可预报的纯风险，就应该从可能性入手去管理（注意看天气预报）；可能发生地震，这是一个不可预报的纯风险，就应该从后果入手去管理（设法减轻地震发生所造成的损失）。经营风险的发生与人的努力程度有密切关系，而纯风险的发生与人的努力程度没有任何关系。

要编制比较完整的风险登记册，就要经过识别风险、分析风险和制订应对计划这三个步骤。这三个步骤的开展，都需要遵循风险管理计划中的规定。例如，按其中规定的风险识别程序来识别风险，采用其中的风险登记册模板来记录风险及其情况。

识别风险，要特别注意：尽早识别、全周期识别。识别风险不仅要尽早做，而且要贯穿项目生命周期始终。尽早识别风险，是为了尽早应对风险。在整个项目生命周期中都要做，是因为风险随时可能发生变化。例如，有些风险会过时，再也不会发生，同时也会出现某些新风险。新风险可能是原本已存在的，只是未识别出来而已；也可能是原本不存在的，只是新近才出现。

识别风险，不只是项目团队的事情，更不只是项目经理的事情，还应该引导众多项目相关方参与。当然，参与的方式可以是多种多样的。有的人，你只需简单地询问他们一下；有的人，你可能要认真与他们讨论。他们都参与了，不仅能使风险识别更全面，而且更能使他们对风险管理工作产生主人翁感。

识别风险，应该全方位各层次识别，以便尽可能全面，防止遗漏严重风险。识别出来的风险多了，没有关系，随后经过分析，对那些轻风险就不必主动管理，只要稍加观察即可。特别要防止只是在自己的舒适区、熟悉的领域识别风险，特别要防止只是识别出一些大的风险类别而不是具体的风险。风险类别是很难有效管理的，只有很具体的风险才能有效管理。

对每一个识别出来的风险，都要进行编号、命名和描述。编号、命名和描述的方式，要遵循风险管理计划中的规定。每个风险的编号必须独一无二，命名必须简明扼要，描述必须规范。可以用"原因""事件"和"后果"这个三重结构来描述每一个已识别出来的风险。例如，由于这是第一次与客户合作，可能误解客户的需求，导致项目成果不能通过客户验收。

对识别出来的每一个风险，都要进行主观定性分析，对风险发生的可能性和后果，以及风险的其他方面进行评估。例如，可以把可能性分成大、中、小，把后果也分成大、中、小。其他方面可以包括风险的紧迫性、连通性、密切度等。紧迫性是指需要采取应对行动的紧急程度，连通性是指某个风险与其他风险的关联程度，密切度是指有多少人关心某个风险。连通性高的风险是牵一发而动全身的风险，密切度高的风险是很多人都关心的风险，当然必须被重点关注。

一些在定性分析中被确认为严重且可量化的风险，就需要做进一步的定量分析。定量分析需要借助具体的分析技术，例如，预期货币价值分析技术、敏感性分析技术，来把风险发生的可能性和后果加以量化。

风险分析，应该定期或不定期地经常开展，以便逐渐显示出各个风险的发展趋势，特别是一些严重的风险。例如，风险发生的可能性是变得越来越高了，还是变得越来越低了；风险发生的后果是变得越来越严重了，还是变得越来越轻了。

分析风险之后，就可以制订风险应对计划了。在风险应对计划中，应该包括应对策略、应对行动、所需的时间和成本、预期的应对效果。应对策略比较笼统，应对行动更加具体。应对策略可以是风险接受、风险减轻、风险转移、风险规避。风险接受用来针对不严重的风险或无法采取其他策略的风险，风险减轻和风险转移都是为了把风险的严重程度降低到可承受的程度，风险规避则是使项目完全不受某个风险的影响。

除了风险规避策略以外，其他三种策略可以针对同一个风险联合使用。例如，对于火灾的风险，可以买保险，这是风险转移；可以进行防火教育、在现场设立防火提示牌，这些都是风险减轻；还可以准备一些应急资金，用于万一发生火灾的损失处置，这是风险接受。只有同时采取这三种策略，才能把火灾的风险降低到可承受的水平。

经过识别风险、分析风险和制订风险应对计划，就可以编制出比较完整的风险登记册了（见表3-7）。

表3–7   风险登记册

编号	名称与描述	发生概率	风险影响					风险级别					应对要求				
			范围	进度	成本	质量	总体	范围	进度	成本	质量	总体	应对策略	预防措施	应急措施	责任人	追踪要求
1																	
2																	
3																	

根据风险调整相关计划

所制定的风险应对行动，以及采取这些行动所需的时间和成本，都要写入项目进度计划和成本计划。对于采用这些行动所引发的次生风险，以及采取这些行动之后仍然存在的残余风险，则只需采取风险接受策略，在项目工期中统一安排应急时间，在项目预算中统一安排应急资金，来应对万一发生的后果。这都是属于根据风险情况去调整项目计划。

对已识别的单个风险的应对，很可能会导致项目整体风险程度的实质性降低。所以，在编制出风险登记册之后，还需要据此修订风险报告，把已识别单个风险的概述情况以及对一些严重单个风险的应对行动概述，写入风险报告，同时据此调整项目整体风险的级别。

我们来总结一下项目风险计划的编制。

第一，初步评价项目的整体风险程度。

第二，根据评价情况，编制风险管理计划。

第三，根据风险管理计划，修订风险报告，确定项目的整体风险程度，估算项目所需的应急时间和应急资金。

第四，根据风险管理计划，识别和分析单个风险，并制订应对计划，编制出完整的风险登记册。

第五，根据风险登记册，调整项目进度计划和成本计划，也就是把风险应对行动、时间和成本写入项目进度计划和成本计划。

第六，根据风险登记册，修订风险报告，也就是把单个风险的概况写进去，并修订项目的整体风险程度。

第七，根据新的整体风险程度，调整项目的应急时间和应急资金。

第八，确定项目计划。

我们来总结一下项目计划的编制。先编制出初步的项目范围计划、质量计划、进度计划和成本计划；再根据这些初步的项目目标计划去编制资源计划，包括人力资源计划、实物资源计划和信息资源计划；然后，根据资源计划去调整目标计划，使目标的实现有资源的保证。在协调了目标计划和资源计划之后，再考虑风险，编制风险计划。然后，根据风险计划去调整目标计划和资源计划。经过多次调整之后，才能编出现实可行的项目计划。

是不是每一个项目都要严格按这些步骤来编制计划？当然不是的！对比较简单的项目，就没有必要搞得这么复杂。但是，这些关于编制项目计划的道理，你必须掌握。在掌握了编制项目计划的这些道理之后，你才能够根据项目的具体情况灵活地、或简或繁地应用。

21

严格且敏捷的项目执行

严格和敏捷的关系

项目执行既要严格，又要敏捷；也就是，既要严格按计划执行，又不能死板，要有一定的灵活性。"严格"和"敏捷"其实是密不可分的，这就如同"监督"和"控制"密不可分。

严格，就是遵守原则，规范行事。敏捷，就是灵活发挥，应变领变。既严格又敏捷，也就是要守经达权。这里的"经"就是原则，必须遵守；这里的"权"就是权变（变通）。如果只有严格而没有敏捷，就会陷于死板；如果没有严格作为前提，敏捷就会陷于混乱。所以，必须在严格的基础上敏捷，必须以敏捷为目的而严格。就像父母亲管孩子，对于原则问题要严格，对于具体言行要宽松。只要孩子不违反大原则，对孩子的具体言行，父母就没必要计较太多。

就像《易经》这本关于变化的书，其中的"易"字就有三重含义：一是变易，这是指一切都在变化之中；二是简易，这是变化的时间维度和空间维度，是指一切变化都离不开特定的时间和空间；三是不易，这是指一些基本规则是始终不变的。

项目执行必须严格。严格主要体现在三个方面。

- □ 严格遵守项目治理的要求。项目治理委员会，相当于项目上的董事会，会对项目该如何开展做出一些原则性的规定。这些规定，相当于唐僧给孙悟空头上戴的那个金箍。

- □ 严格遵守项目管理计划的规定。项目管理计划中规定了项目生命周期的阶段划分，规定了项目开发方法，规定了管理项目的方法。这些都是必须遵守的，没有任何讨价还价的余地。

□ 严格遵守项目的高层级控制性计划。这种控制性计划，是经过领导审批的，当然不能违反。例如，范围计划中的项目范围说明书和工作分解结构，进度计划中的里程碑进度计划和汇总进度计划，成本计划中的成本基准，质量计划中的高层级质量标准。

项目执行必须敏捷。敏捷主要体现在以下三个方面。

□ 渐进明细。在规划阶段，不可能把全部细节都考虑到位，没必要、也不应该全都考虑到位。所以，在项目执行、监控和收尾工作中，必须随着时间的推移和情况的明朗而对相关工作进行渐进明细。

□ 调剂补位。无论多么完善的项目计划，都不可能十全十美，更何况现实情况千变万化。所以，在按项目计划行事的过程中，团队成员必须随时准备进行资源调剂（例如，把非关键活动的资源调剂给关键活动使用），也必须随时准备为其他成员提供补位。

□ 合理变更。这是指按项目变更管理程序的规定，对经过审批的项目计划进行正式修改。这一条与前面的两条是不同的。渐进明细和调剂补位，都无须办理正式的审批手续，而是由项目团队成员自由掌握，只要不影响经过审批的项目计划即可。而合理变更，必须办理正式的审批手续。就像足球比赛中，你要给暂时缺位的队友补位，当然无须报请教练审批。如果渐进明细或调剂补位影响到了经过审批的项目计划，那就变成了需要办理审批手续的"变更"。

严格和敏捷，其实无法截然分开，就像一个人的自律和自由无法截然分开。严格是为了敏捷，敏捷是为了严格；自律是为了自由，自由是为了自律。就像一个人，越自律锻炼身体，吃东西就会越自由，什么都可以吃；出门也就越自由，哪里都可以去。

下面就兼顾严格和敏捷，讨论项目执行的六大关键点：严格按计划执行，全面执行风险应对，实时记录执行情况，及时总结经验教训，全程开展团队建设，以及引导相关方合理参与项目。抓好了这些关键点，就基本能够严格且敏捷地做好项目执行。

严格按计划执行

　　严格按计划执行，这是最基本的。如果没有这一条，那后面的那些都无从谈起。在这个关键点中，首先是按计划获取内外部资源，包括人力资源、实物资源和信息资源。资源可以从项目执行组织内部调用。如果项目执行组织内部缺少某些资源，那就必须从项目执行组织外部采购。从内部调用资源，当然要取得拥有资源的职能部门的支持。项目经理能否顺利取得各职能部门的支持，不仅取决于项目本身的重要性和项目经理本身的影响力，更取决于项目执行组织的规则和文化。如果是非常传统的职能型组织，各职能部门都把自己当作某种权力中心，缺乏为项目提供服务的意识，那么项目经理就较难取得他们的支持，而只能乞求支持。华为公司这些年一直强调，在整个公司开展以项目为中心的变革，让听得见炮火的人呼唤炮火，就是力求把传统的职能部门从权力中心变成服务中心，把项目经理向职能部门乞求资源变成职能部门按项目经理的要求提供资源。这种变革代表着企业管理发展的新方向，值得许多企业效仿。从外部采购资源，就需要按照采购管理计划，开展采购工作，在合理的时间以合理的方法和合理的价格采购适当数量和质量的资源。从外部采购资源，与从内部调用资源，有很大的不同，面临的风险很不一样。内部调用的主要风险是职能部门不配合，外部采购的主要风险是价格偏高，以及与供应商之间的误解。

　　在这个关键点中，其次就是要按计划开展具体的项目工作，做出具体的可交付成果。具体的项目工作，就是项目进度计划所列的各种活动；具体的可交付成果，就是WBS中的每一个组件。所有活动和成果，都必须符合质量和预算要求。所有人都必须按统一的项目计划开展工作，以便协调行动，统一方向，实现目标。协调行动是指各人的行动没有矛盾，统一方向是指各人的工作都指向同样的项目目标，都有利于项目目标的实现。这就像足球比赛中，所有队员都必须严格执行统一的战术布置，不能自己想怎么踢就怎么踢。按计划开展工作，并不是每个人只需干好各自的工作，而是需要在干好各自的工作的同时，主动了解别人工作的进展情况，随时准备为别人提供协助，与别人开展配合。这就像足球比赛中，每个队员在踢好自己的位置的同时，必须注意观察其他位置的队员的动态。

全面执行风险应对

应对风险，主要是应对单个风险，既包括按照风险登记册去监督相关情况，预防单个风险的发生，也包括在单个风险实际发生后采取应急措施。预防的目的是降低风险发生的可能性，应急的目的是减轻风险发生的后果。

应对风险，也要兼顾整体风险，以便降低整个项目失败的可能性，以便在项目即将失败时采取挽救措施。前者属于整体风险预防，后者属于整体风险应急。如果整个项目真的失败了，那么还需要进行善后工作，这也属于应急。应对整体风险主要是项目经理和高层领导的事情，而不是团队成员的事情。团队成员主要是应对单个风险。当然，如果团队成员把单个风险应对好了，那么项目的整体风险就会自然而然地降低。

应对整体风险，应该从前面讲过的整体风险的四大来源入手，即项目的复杂性、项目所处的环境、项目相关方的复杂性和项目团队的能力。可以设法降低项目的复杂性，可以设法改善项目所处的环境，可以设法改善相关方之间的关系，还可以设法提高项目团队的工作能力。从这四个方面入手，就可以降低整个项目失败的可能性。

应对单个风险，特别需要注意以下三点。

□ 应对风险是每一个成员的事情，而不只是指定的风险责任人的事情。虽然对每一个已识别出来的单个风险都要指定风险责任人，但这并不是说其他人就无须关心这些风险了。一个风险，如果只是靠风险责任人来应对，那通常无法取得良好效果。每个人都必须在自己的日常工作中关注风险，融合开展一些风险应对工作，从而既有助于预防一些已识别风险的发生，又有助于防止节外生枝。许多风险应对工作，是必须与日常工作融合在一起开展的，而无法单独拿出来开展。风险责任人要做的主要是那些应该单独开展的风险应对工作。

□ 严格区分问题与风险，防止错误地把问题当风险来管理，或者错误地把风险当问题来管理。问题与风险是很不同的。问题是客观存在的，而风险是可能发生或不发生的；问题不一定对项目目标有直接影响，而风险万一发生肯定会对项目目标有直接影响。当然，问题与风险也可能存在联系，那就是问题可能引发风险。也就是说，客观存在的某个问题或某些问题也许就是导致某个风险或某些风险发生的原因。有些情况下，某个问题单独存在，不会引发风险；但几个问题同时存在就会引发风险。管理问题，重在解决问题。一个问题发生了，要立即记录在问题日志中，并策划该如何解决，然后加以解决。当然，并非所有的问题都要解决。有些问题，也可以放在一边，暂时不管，只是加以观察。问题的解决情况，需要记录在问题日志中。管理风险，则重在预防风险的发生。已识别出来的每一个风险都要记录在风险登记册中，所策划的预防措施和万一发生的应急措施，也要写进风险登记册。然后，要按风险登记册中的要求去预防，并在风险万一发生时去应急。风险预防和应急的情况，随后也要写进风险登记册。如果把问题和风险混淆起来，就会导致人们挪用本该用于应对风险的精力和资源去解决问题，因为问题是当前客观存在的，很容易引起大家的注意，而风险是未来可能发生或不发生的，容易被人有意无意忽视。为了确保有足够的精力和资源去应对风险，就必须把风险和问题分开来管理。

□ 风险责任人严格履行职责。对每一个已识别出来的风险，都必须指定责任人。哪怕是不严重的风险，也要指定责任人加以观察。风险责任人必须协调风险应对工作，确保按风险登记册中的要求去监督和应对风险，从而防止发生风险瘫痪症[①]。风险瘫痪症是指只识别和分析风险，从不实际应对风险。就像有些人只体检不健身，就犯了体检瘫痪症。还需要强调，风险责任人的责任，主要是对风险应对过程负责，而不是对风险应对结果负责。他只要严格按风险登记册中的风险应对计划去监督和应对风险了，那么即便风险发生，给项目造成了损失，他的责任也会很轻甚至完全没有。这主要是考虑到风险的发生本来就有较大的不可控性。如果要求风险责任人必须对结果负责任，那就没有人愿意去做风险责任人。

---

① 风险瘫痪症是大卫·希尔森博士在中国电力出版社出版的《项目风险常见病诊治宝典》中所列的十种风险常见病之一。

实时记录执行情况

必须一边执行，一边记录项目执行的情况。例如，哪些人在现场工作，现场的自然条件是怎样的，用了什么材料、用品和设备，遇到了什么问题，问题是怎么解决的，对后续工作有什么建议或要求。

记录项目执行情况，就是收集工作绩效数据。工作绩效数据就是前面讲到过的DIKW模型中的"数据"（Data），也就是原始资料。原始资料本身虽然是没有用的，但它是基础资料，所有的信息、知识和智慧，都必须从数据中逐渐提炼出来。即便再聪明的人，如果不通过观察来获取原始资料，那也无法凭空想出所谓知识和智慧。就连孔子这样的圣人都曾经感叹："吾尝终日不食，终夜不寝，以思，无益，不如学也。"（《论语·卫灵公》）孔子曾经整天不吃东西，整夜不睡觉，而苦思冥想，却想不出任何东西，那还不如去学习。学习当然是用于获取作为思考的基础的原始数据的一种有效途径。如果没有原始数据，你怎么能够做无米之炊？

工作绩效数据是最能够反映项目执行的真实情况的，所以是后续一切项目监控的依据，是后续总结经验教训的依据，是后续进行项目收尾的依据。监控就是要把执行的情况与计划的要求进行比较，发现偏差，解决偏差。执行的情况，就要看工作绩效数据。

收集工作绩效数据，必须遵守六大原则：实时性原则、便利性原则、客观性原则、全面性原则、系统性原则、实用性原则。前三大原则都是关于收集数据的方法的；后三大原则都是关于数据应该具有的特性的。方法要实时、便利和客观；所收集的数据要全面、系统和实用。

实时性原则是指工作绩效数据必须是随同项目执行而记录下来的，不允许事后通过回忆来补记。例如，医生给患者看病，必须一边看病一边写病历，不能看完病后再根据回忆来写病历。如果根据回忆来写病历，那所写的内容肯定会存在或大或小的偏差。对于项目执行中所发生的问题，也必须实时记录在问题日志中。表3-8是一个问题日志的样本。要实时记录问题的编号、名称、描述和紧急程度等内容。如果问题不是当时就能解决的，有些内容可以随后补充。

表3-8   问题日志

编号	问题名称	描述	类别	对目标的影响	紧急程度	责任人	解决方案	解决时间	当前状态

便利性原则是指用尽量便捷的方法收集工作绩效数据，尽量减轻项目执行人员收集工作绩效数据的工作负担。可以用三种方法来贯彻便利性原则。一是使用自动数据收集装置。像现在的运动手表，能够自动收集运动数据，无须花费精力去计算到底跑了多少步，消耗了多少卡路里。二是只收集人们随同项目执行就能自然而然获知的情况。这些情况是他们无须整理、无须思考就可以立即随口说出来或顺手写下来的。也就是说，必须让收集工作绩效数据成为人们的一种举手之劳，而不是一种费力之举。三是安排专人实时记录工作绩效数据。在有些情况下，必须安排专人做记录。例如，会议记录员，工作观察员，业主派到现场的、针对承包商的工作的检查员，都是负责记录工作绩效数据的专门人员。

客观性原则是指要以尽量客观的方式去收集工作绩效数据。因为只有客观的数据才能真实地反映项目的执行情况。即便你要收集人们的主观意见，也必须以客观的方法去收集。例如，我站在公正的立场向你提问，我请你做选择题。前两条实时性原则和便利性原则，对落实客观性原则，当然也是非常重要的。

全面性原则是指收集的工作绩效数据要尽量全面，能够覆盖项目执行的各个方面，像所用的人员、材料、用品、设备，工作执行的过程，工作执行的结果等方面。全面性不一定就是数据的数量越多越好。全面性与后面的系统性是密不可分的。

系统性原则是指所收集的工作绩效数据之间要有潜在的联系，便于在项目监控过程中对它们进行分析，提炼出相关的信息、知识和智慧。我为什么要收集这些数据，那是因为我假设他们之间存在一定的关联。如果数据的系统性很好，那么数量较少的数据也可以是比较全面的。反之，如果系统性不好，那么数量很多的数据也是不全面的。

实用性原则是指所收集的工作绩效数据要能够在后续的监控和收尾工作中发挥作用。收集工作绩效数据，本身是要花钱的，所以不要收集那些毫无用途的数据。当然，数据是否有用，并不是很容易判断。有些在今天看来是没有用的数据，以后说不定有用。可以对历史数据进行分析，区分出各种历史数据被使用的次数。那些长期从未被使用的数据，以后也许就没必要再收集。

及时总结经验教训

PMI在《PMBOK®指南》（第6版）中，故意把总结经验教训主要作为项目执行过程组的"管理项目知识过程"的事情，而不是主要作为项目监控过程组或收尾过程组的事情，这是很有道理的。虽然在监控过程组和收尾过程组也要总结经验教训，但更要在执行过程组总结经验教训。特别是，不能只是到了阶段结束时才来总结经验教训，更不能只是到了整个项目结束时才来总结经验教训。

必须经常总结经验教训，必须在阶段结束时总结经验教训，必须在整个项目结束时总结经验教训。也就是说，经验教训总结必须在这三个时间点都要开展，任何一个时间点都不能缺失。缺失任何一个时间点，经验教训总结的全面性、系统性和有效性都会受到损害。

阶段结束时的经验教训总结，那是阶段收尾的工作之一；项目结束时的经验教训总结，那是项目收尾的工作之一。经常总结，则是项目执行中的常规工作之一。千万别忘记一边执行一边总结。2019年8月下旬，我曾经跟随董路老师和他的中国足球小将U9队5天时间，发现董老师太善于及时总结经验教训了。每一场比赛之中会实时总结，发现问题，并通过大声呼喊来指导场上队员进行调整；比赛之后，会立即召集大家进行总结。他还会抓住一切可能的机会进行总结。有人问我，为什么那么喜欢董路老师，他跟你又不是同一个行当的？我回答：我喜欢的人都有这四个特点：一是非常真诚，不说假话；二是非常勤奋，甚至勤奋到了无以复加的程度；三是非常开放，心态很开放；四是非常孝顺，特别孝敬父母亲。我在讲课中经常提到的董路老师和傅佩荣教授都是这样的人，我自己也是这样的人。不是说"物以类聚，人以群分"吗？其实，从你喜欢什么样的人，就可以看出你自己是什么样的人。

为什么要及时总结呢？有三个主要原因。

□ 为了在记忆最清楚的时候总结经验教训。像我听傅佩荣教授面授讲国学，几乎每天听完课都要写心得，对我在听课过程中的许多实时总结（思考）进行系统化。

□ 为了在兴趣最大的时候总结经验教训。人的兴趣点是会变的，如果不及时总结，那么随着兴趣点的转移，你很可能就不总结了。

□ 为了使总结出来的经验教训尽快付诸应用。大家一定要牢记：总结出的经验教训，首先是给现在用的，然后才是给以后用的。如果不及时总结，那总结出来的东西就无法给现在用了，它的应用价值就会大大降低。大家也一定要记住：总结出的经验教训首先是给我们自己用的，然后才是给别人用的。如果我们自己都不用，那怎么能指望别人去用呢？总结出来的每一条经验教训都要记录在经验教训登记册（见表3-9）中。对每一条经验教训都要写清楚，准备采取什么行动把它付诸实施。

表3-9　　　　　　　　　　　　　经验教训登记册

编号	发生的事情	总结出的经验教训	经验教训分类	应用建议

还要特别注意的一点是：不要把总结经验教训与绩效考核或绩效奖惩混淆在一起。绩效考核或绩效奖惩的情况，可以是总结经验教训所需的基础资料之一。也可以对总结经验教训的情况进行绩效考核或奖惩。但是，总结经验教训和进行绩效考核或奖惩，必须被当作两件不同的事情来开展。你不能因为总结出了一条经验，就根据这条经验去颁发奖励；你也不能因为总结出了一条教训，就根据这条教训去实施惩戒。否则，别人就只会跟你说经验，不会跟你说任何教训。绩效考核或奖惩，只能按照正常的绩效考核或奖惩制度来进行。

全程开展团队建设

项目团队建设必须善始善终，必须贯穿项目执行的全过程。关于项目团队建设，暂时不做讨论。大讲堂的最后一场，主题是"源于个人，成于团队"。那时，再来讨论项目团队建设。

引导相关方合理参与项目

前面曾经讲过，要编制相关方沟通计划，以便通过沟通来争取相关方对项目的合理参与；要编制相关方引导计划，以便使用除沟通以外的其他方法来引导相关方合理参与项目。在项目执行中，当然就要根据沟通计划和引导计划，实实在在地与相关方打交道，引导相关方合理参与项目。

在项目管理中，项目团队既可以是狭义的，也可以是广义的。狭义的项目团队，是直接从事项目工作的那些人的集合。而广义的项目团队，则是包含了全部主要的项目相关方在内的一个很大的团队。也就是说，我们要把主要的相关方都看作是项目大团队的成员，设法调动他们参与项目的积极性。这部分内容，大讲堂的最后一场，也会再讨论。

22

严格且敏捷的项目监控和收尾

项目监控的目的

执行必须监控，监控是为了更好地执行。项目监控有三大目的：保持和提高信心，发现和解决问题，以及预测和创造未来。

我故意把"保持和提高信心"这个目的放在第一位，就是要告诉大家必须以积极、主动的心态去做监控。通过监控，发现项目进展比较顺利，就能保持和提高信心；通过监控，及时发现和解决问题，这也有利于保持和提高信心。

发现和解决问题，是项目监控的第二大目的。动态地开展监控，就能够及时发现问题，特别是能够在还有时间解决问题时就发现问题。及时发现了问题，才谈得上及时地以更经济、更有效的方法去解决问题。如果不能及时发现问题，就会错过解决问题的最佳时机。

预测和创造未来，是项目监控的第三大目的。这可以从两个方面来说。一是在进行项目监控时，也需要对未来的项目绩效进行预测。如果预测的结果不理想，就应该采取预防措施。二是通过前面的那两条，当然就能够更好地创造未来。

可以做这个类比：项目计划就是钢丝，项目执行就是走钢丝，项目监控就是下面的安全保护网。没有人敢保证在走钢丝的过程中不掉下来。如果下面有健全的安全保护网，那么掉下来了，也没有关系，很快就可以重新回到钢丝上去。

监督就是把实际的情况与计划的要求做比较，发现偏差；控制就是分析偏差，如果偏差太严重了，超出了可接受的区间，那么就要提出和审批变更请求。如果变更请求被批准了，那么还要把经批准的变更请求付诸实施。

项目监控的十大关键点

■ 建立和维护有效的监控系统

这个监控系统应该写入项目管理计划。应该明确监控所需的输入，包括实际的情况和计划的要求；应该明确如何把实际的情况和计划的要求进行比较，应该明确如何预警项目可能出现的问题，应该明确该如何提出和审批变更申请。

随着电脑技术、人工智能技术和数据自动收集技术的发展，监控越来越能够自动进行了。但是，绝对不能因此就减轻人对监控的责任。自动化监控装置，无论是多么先进的，都只能起辅助作用。它可以减轻人的工作负担，但不能减轻人的工作责任。所以，在借助自动化的监控系统的同时，必须注意充分重视人的作用。其实，越是采用自动化的监控装置，人的责任就越大。如果机器出错了，责任也必须由人来承担。

■ 使用结构化的监控方法

所谓结构化的监控方法，是指事先规定好了监控的流程、监控的内容、监控的负责人员等的方法。用结构化的监控方法，可以防止监控太随意，防止监控本身就失去应有的监控。

使用结构化的监控方法，也有利于监控负责人员规范自己的监控行为。所谓"规范自己的监控行为"，是指监控者必须让自己的行为不仅合规，而且可预期，也就是被监控工作的执行者能够预测到监控者会采取什么行动。这特别有利于被监控工作的执行者为监控工作提供相应的配合。如果你的行为不合规，我当然不应该配合。如果你的行为不可预测，我预测不到你下一步会怎么做，那我即便想要配合，也很难配合。例如，足球比赛中，队友之间的配合就非常依赖于相互能够预测到对方下一步的行动。我预测到了你会把球向前传，我就立即向前跑；你预测到了我会向前跑，自然就会把球向前传。这才是真正的默契配合。

■ 开展持续不断的监控

监控必须持续不断进行，不能断断续续。当然，持续不断，并不一定就是没有时间间隔。监控可以有一定的时间间隔，例如，每周监控一次或每个月监控一次。监控的间隔时间，必须事先就规定好，并且得到严格遵守。

作为一种用来综合考察项目的范围绩效、进度绩效和成本绩效的方法，挣值管理要求人们定期计算一些绩效监控指标，像关于进度绩效的指标、关于成本绩效的指标；也要定期计算一些关于未来绩效的预测指标，像完工尚需估算、完工估算、完工尚需绩效指数。挣值管理是一种用于持续不断地监控项目范围、进度和成本绩效的方法。

■ 开展详简得当的监控

监控既不能太简单，也不能太详细。如果太简单，风险发生所导致的成本（损失）就很高；如果太详细，监控工作本身的成本又会大大增加。我们必须在风险发生的损失和监控本身的成本之间找到一个平衡点。在这个点上，两者之和是最低的（见图3-17）。

像各种安检越来越严了。那么，究竟应该严格到什么程度呢？这是需要认真研究和分析的。当然，要确定安检最合适的严格程度，并不是那么容易的。

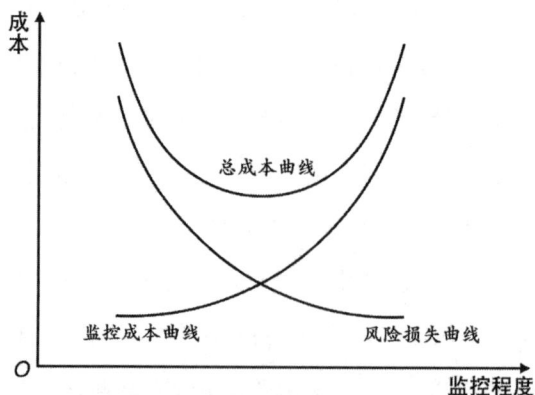

图3-17　监控成本和风险损失的平衡

■ 采用多种多样的监控方法

如果只采用某一种方法来监控，就会有三大坏处：一是很可能会得出片面的结论，甚至得出错误的结论；二是无法对所得出的结论进行交叉验证，从而降低结论的可信度；三是发现不了那些必须依靠多种方法才能发现的问题。有些问题，仅用一种方法去检查，是发现不了的。

我以前在鲁布革工程管理局工作，经常与世界银行官员打交道。我发现他们对鲁布革项目进行监控就是采用多种多样的方法的，而不是局限于某一种方法。

■ 开展多层级的监控

既要有基层监控，又要有高层监控。基层监控，可能是每天都要做的；高层监控，可以每周做一次，每月做一次，甚至每季度做一次。由领导来做的当然是高层监控。那么，领导应该管什么？领导应该管方向、管全局、管动态。只要项目的方向是没问题的，全局是没有问题的，而且动态发展也是向好的，领导就应该放心。领导不应该过分卷入细节里面去。这个道理，对于父母亲管孩子也是适用的。父母亲应该管孩子成长的方向、全局和动态，只要孩子不在原则上出问题，那就不要去干涉他的具体言行。

项目经理给领导交报告，尽量不要交那种长篇报告。我建议每个月给领导交一份A3纸的项目绩效报告。对折起来，它就是两页A4纸。正反面彩色印刷，基本上都是很精美且通俗易懂的图表。每个月的A3纸绩效报告是有联系的。到年终的时候，把12份报告装订成册，就是很好的年度绩效报告。当然，要编制这样简明扼要的报告，是很难的，很可能要请相关专业人员提供帮助。越是简单的报告，越难编制。

必须用基层的局部监控为高层的全局监控奠定坚实基础，防止高层的全局监控成为高高在上的泛泛而谈；必须用高层的全局监控来协调基层的局部监控之间的关系，防止基层的局部监控成为各自为政的个利追求。

除了基层监控与高层监控，我还总结了以下这些不同的监控。所有这些监控并不相互排斥，只是分类标准不同而已。它们可以相互补充。

　　□　实时监控与事后监控。有些问题只有在当时才能看出，有些问题只有在事后才能看出。

- □ 时段监控与趋势监控。前者是监控这一段时间的情况，后者是监控自开工以来的发展趋势，并预测未来的发展趋势。时段监控，有利于发现特殊问题，有利于及时解决问题，有利于治标。趋势监控，有利于发现系统问题，有利于采取预防措施，有利于治本。

- □ 自我监控与他人监控。前者是我对自己的工作进行监控，后者是别人对我的工作进行监控。自我监控，必须先认识到自己的不足，再发现自己的优点，而且应该随时随地进行。他人监控，则必须先肯定别人的优点，再适当提醒别人的不足，通常只能定期或不定期开展。优秀的人往往是这样的：他对自己并不满意，但别人对他很满意。就像一些优秀的喜剧演员，尽管他们的表演是很好的，但是他们仍然觉得自己这里演得不好、那里演得不好。这是因为他们对自己的要求极高。

■ 开展团队内外的充分沟通

一方面，要进行监控，就必须通过充分沟通来收集各种信息；另一方面，在监控中发现的情况，也必须通过充分沟通反馈给团队内外的人们。

在这个关键点中，还要特别留意那些没法自动收集的信息，并通过适合的手段去收集。例如，人们的表情信息、感情信息、心理活动信息等，都是无法靠机器自动收集的。如果不注意这些信息，仅凭机器自动收集的信息，就很可能得出片面甚至错误的监控结论。

■ 采取对事不对人的监控心态

我们处理人际关系，可以是收敛式的，也可以是发散式的。收敛式是指我们的关系只是局限于某个特定的区域。例如，我们两个人是单位上的同事，那么我们的关系就局限于工作上的关系，至于工作之外你喜欢什么和做什么，我就不管了。发散式就不一样了，我会把我们两人的关系延伸到这个特定的区域以外。例如，我不仅关注我们两人的工作关系，还会关注你在业余时间做什么，甚至关注你有没有女朋友，你晚上去不去酒吧。在收敛式人际关系之下，人们更容易对事不对人；在发散式人际关系之下，人们更容易对人不对事。

还有，千万不要单纯地为了挑毛病而去监控。必须记住，监控是为了以后的改进。你能够为了以后的改进而去监控，那就比较容易做到对事不对人。即便工作已经做得非常好了，那也要被监控，以便持续改进。其实，任何工作都是可以不断持续改进的。

■ 监控因服务而成功

在鲁布革工程管理局工作期间，我就对世界银行把"监督"和"服务"结合起来的做法，印象非常深刻。当年，世界银行在监督鲁布革工程进展的同时，给我们提供了很多服务，特别是一些花钱都买不到的服务。因此，我们就很欢迎和配合世界银行对鲁布革工程的监督，也就使世界银行的监督能够取得成功。当你要去监督别人工作的时候，一定要牢牢地记住给别人提供服务，而且往往要服务在前、监督在后。可以说，任何没有服务的监督，都注定是要失败的。像城管和小摊贩的关系为什么那么紧张？这就是因为城管长期以来都是只监控不服务。

前两年，北京一位PMP®学员在线跟我说，他做了很多年乙方项目经理，受气受够了，现在终于有机会去做甲方项目经理了，他要扬眉吐气，加强对乙方的管控。他问我，这样做对不对？我告诉他，肯定不对！你自己受过的气，就不要让你的乙方再去受了。你应该重点考虑如何为乙方提供服务。这才是一种积极、阳光和发展的态度。

我这两年在学院当一个小小的教学督导，需要去听老师讲课。我是怎么听课的呢？首先，我把每次听课都当作一次学习机会。我不会听十多分钟就离开，而是至少要完整地听一节课，有时甚至听整个半天。听不同的课，是可以学到很多知识的。其次，我会找一个好位置，帮老师拍讲课照片，并在课后发给老师。这是我给老师提供服务的一种方式。最后，对讲课讲得好的老师，我会以非正式方式在相关教师群中赞扬他们。这也是我给老师提供的一种服务。

■ 通过监控发现和解决问题

我们一定要在还有时间解决问题时去发现问题。如果已经没有时间去解决问题，那么发现问题就毫无意义。学过PMP®课程的人都知道，收尾阶段不能再变更。如果收尾阶段还要变更，那就说明监控做得很不到位，没有及时发现和解决问题。

在项目管理中，对可交付成果进行实质性验收，这是监控阶段的事情，而非收尾阶段的事情。在监控阶段，如果发现不符合验收标准，那还有时间去解决。一个可交付成果做出来了，要立即检查质量是否符合要求；如果符合要求，再依据其他的验收标准进行实质性验收；如果符合验收标准，再在收尾阶段办理移交手续。这种移交手续相当于形式性验收。

项目变更管理

项目监控，如果分成两个部分，那前面一个部分就是"建立信心和保持信心"，后面一个部分就是"解决问题和创造未来"。为了解决问题和创造未来，就应该进行必要的项目变更。项目变更，可以分成两大类。一类是为了实现既定的项目目标而变更。这类变更，项目经理有权审批。另一类是为了修改既定的项目目标而变更。这类变更，项目经理通常只能提建议，而没有权力审批，除非是紧急情况或获得了领导的特别授权。为什么要修改项目目标？因为情况变了，即便实现了原定目标，项目对公司也不会有实际意义。

对于变更，我们一定要做到以下几点。

☐ 做好变更的心理准备，从源头上管理变更。

☐ 坚持变更宜早不宜晚，宜小不宜大。除非是特殊情况，否则应该尽量以小幅度来开展变更，以免造成大动荡。

☐ 正确定义导致变更的问题，并与相关方充分沟通。一定要搞清楚究竟是什么问题造成了必须变更。如果对问题的定义是错误的，那后面的一切都会跟着错。无论是提出、审批还是执行变更请求，都必须与相关方充分沟通，而不能只是单方面或少数人说了算。

☐ 以价值为导向，进行综合评审。在进行变更请求评审时，必须从项目全局出发，认真考虑拟开展的变更究竟能够产出什么价值。只有从全局有利于项目的变更才能被批准，防止因局部利益而损害全局利益。

☐ 开展变更后评价，总结经验教训。在执行完经批准的变更之后，一定要总结经验教训，以便以后的变更管理做得更好。

项目收尾

我总结了项目收尾的六大关键点，具体如下。

第一，开展项目行政收尾。项目收尾阶段，不是用来解决技术问题的，而是用来做行政收尾工作的。所有技术问题都必须在项目进入收尾阶段之前解决掉。如果还有没有解决的技术问题，项目就不能进入收尾阶段。项目行政收尾工作主要包括以下几项。

☐ 编制尾工清单，完成全部尾工。尾工，不属于实质性的技术工作，只是一些零星的、没有技术难度的工作。这些工作类杂量多，又不太重要，很容易被人们有意无意地忽略，例如，开完会之后的现场打扫和复位。

☐ 完成合同收尾，把项目上的每一个合同都关闭。

☐ 开展财务结算和财务决算。结算，是两个单位之间的，是指把欠别人的钱付掉。决算，是一个单位内部的，是指测算一下究竟花了多少钱。

第二，收尾不仅要针对项目来做，也要针对项目阶段来做。也就是说，在项目阶段结束时，也必须开展收尾工作，正式关闭项目阶段。还有，对于尚未实现目标就提前终止的项目，也要按照收尾流程来正式关闭，而不能不了了之。任何项目，都不能不了了之。

第三，评价项目成功程度。可以用微观的标准，也可以用宏观的标准，来评价项目成功程度。微观的标准就是项目是不是在规定的范围、进度、成本和质量要求之下完工的。宏观的标准就是项目在多大程度上满足了项目相关方的利益追求，也就是项目相关方对项目有多满意。

第四，全面开展项目后评价，总结经验教训。需要从以下五个方面来做总结。

☐ 值得我们骄傲的地方，也就是本项目与同类型项目相比，处于领先水平的地方。

☐　令人高兴的地方，也就是本项目与同类型项目相比，处于先进水平的地方。

☐　令人遗憾的地方，也就是因自己控制不了的原因而导致的本项目的不足之处。

☐　令人伤心的地方，也就是因自己的过错而导致的本项目的不足之处。

☐　对以后项目的改进建议，必须提出至少一条实质性的改进建议。

第五，正式更新组织过程资产。把经验教训、工作流程、工作模板和工作数据都收集起来，正式归档，供以后项目借鉴利用。

第六，解散团队，宣布项目正式关闭。应该举行一个团队解散和项目关闭仪式。要把这个仪式当作最后一次团队建设活动。例如，可以吃一顿散伙饭。散伙饭要达到这样的目的：打开心结化矛盾，强化友谊留念想，依依不舍盼重逢。

23

敏捷的基本含义

敏捷是心态、行为模式和价值实现方式

在当今和未来的迅速变化的世界上，敏捷是每个人、每个团队和每个组织都必须具备的。敏捷是一种心态，一种行为模式，一种价值实现方式。

你的心态必须是敏捷的。如果心态是死板的、僵化的，那么无论你学习了什么样的敏捷技术，应用了什么样的敏捷工具，那都是没有用的。所谓敏捷，就是要快速地应对变化，甚至要超前地引领变化。如果你从心态上，对变化是不敏感的、麻木的，甚至是抵触的，那当然就根本谈不上敏捷了。我这里所说的"心态"，不仅仅是指显意识中的态度，更是指潜意识中默认的东西。有些人的显意识是开放的，并不封闭，但潜意识是很封闭的。他们总是说自己很开放，却意识不到自己在潜意识中的封闭。

有了敏捷的心态，就会有敏捷的行为模式。你会在坚持一些基本原则的前提之下，灵活地处理人际关系，灵活地做事。要说敏捷，孔子是最敏捷的。孔子不是非要这样或那样，而是很会灵活应对。孔子曾经把自己与几位圣人做比较，并说："我则异于是，无可无不可。"（《论语·微子》）孔子说，我跟他们不一样，不是非要这样或那样，而是可以这样也可以那样。后来，孟子也曾经说：伯夷是圣人中最清高的，伊尹是圣人中最负责的，柳下惠是圣人中最随和的，孔子则是最合时宜的，孔子是集圣人之大成者。孟子还说，孔子是："可以仕则仕，可以止则止，可以久则久，可以速则速。"（《孟子·公孙丑》）意思是说，孔子能够做到，应该做官就做官，应该辞职就辞职，应该久留就久留，应该速去就速去。其实，最难的并不是非要这样或非要那样，而是在坚持原则的前提下，根据具体情况，既可

以这样也可以那样。在坚持原则的前提之下，灵活地采取最合适的行动，这是最难的。那么，孔子的原则是什么？孔子不是说了吗，"吾道一以贯之。"（《论语·里仁》）孔子的道就是"行仁"。孔子在行仁的原则之下既可以这样也可以那样。

基于敏捷的心态和敏捷的行为模式，就能够以敏捷的方式去实现价值。敏捷，作为一种价值实现方式，是指快速、分批、灵活地实现价值。应该尽可能快速地让自己、让别人、让客户、让领导看到项目所产生的价值，以便激励自己、别人、客户和领导。为了尽可能快速地实现价值，就必须设法分批实现部分价值，而不是到最后才一次性地实现全部价值。分批实现价值，既可以更早地产生效益，又可以极大地降低项目失败的风险。敏捷，还意味着不能固守某种拟实现的价值，而是应该随着情况的变化而对拟实现的价值进行灵活调整，以便项目一直都符合最新的情况和最新的需求。

敏捷方法从IT行业延伸到各行各业

敏捷方法是20世纪90年代从IT开发项目发源的。之所以发源于IT开发项目，是因为敏捷方法的基础是项目开发的可分性。就像是一艘大船，如果它是一个不可分的整体，就很难灵活掉头；如果它是由许多艘小船链接而成的，那就可以随时把某一艘或几艘小船分开来，实现快速调头。因为IT开发项目的主要工作是编写一个一个的语句，所以其可分性很高。硬件开发项目就较难使用敏捷方法，因为其可分性较低。所以，如果要用敏捷方法做项目，就一定要设法使项目具有较高的可分性。

长期以来，敏捷方法只是在IT开发项目上应用，并且在IT开发行业形成了多种多样的敏捷方法，每一种方法都相当于一个流派，像Scrum、极限编程、看板方法等。PMI最近几年做了非常有益的努力，把敏捷方法从IT开发行业延伸到了各行各业。同时，PMI也在努力联合各方面的力量，力求给大家提供一套能在一定程度上统一各个流派的通用的敏捷方法。只需要在一定程度上统一，而不需要也不可能完全统一。各个流派还是有存在的必要性的，以体现事物的多样性。

为此，2017年，PMI与敏捷联盟合作，联合发布了一本《敏捷实践指南》（*Agile Practice Guide*），作为与《PMBOK®指南》（第6版）配套的敏捷标准。《敏捷实践指南》一开篇就指出，除了软件开发行业，许多其他行业的项目经理也在使用敏捷方法，本标准不局限于针对软件开发行业，也针对诸如制造、教育、卫生等许多其他行业。

除了发布《敏捷实践指南》，PMI还通过以下三个途径来把敏捷方法延伸到各行各业。

□ 把敏捷方法写入《PMBOK®指南》（第6版）。不仅《PMBOK®指南》（第6版）的每一个知识领域都包含了一部分与敏捷方法有关的内容，而且后面还专门有一个敏捷附录，对敏捷方法的基本理念和做法做了精简描述。大家都知道，《PMBOK®指南》是各行各业通用的项目管理标准。

□ 推出了PMI-ACP®敏捷管理专业人士资格认证[①]。与其他敏捷方面的职业资格认证不同，PMI的敏捷管理专业人士资格认证并不局限于软件开发行业，而是适用于各行各业。各行各业的项目管理工作者都在使用敏捷方法来管理项目。

□ 在2019年版《PMP®考试大纲》中，明确指出以后的PMP®认证考试不再主要考预测型方法，而是会兼顾预测型方法、敏捷型方法和混合型方法。混合型方法就是预测型与敏捷型的混合。从2020年7月以后，PMP®考试中将大约有一半题目是关于预测型方法的，另一半题目是关于敏捷型和混合型方法的。大家都知道，PMP®认证是不分行业的，适用于任何行业。

可以这样说，在当今和未来世界，没有人可以不敏捷，没有组织可以不敏捷，也没有项目可以不敏捷。任何人、任何组织、任何项目都必须敏捷，只是敏捷的程度会有所不同。例如，最传统的建筑施工项目，也需要在一定程度上敏捷，因为它总是要使用一些数字化技术或人工智能技术的。

在开发和推广敏捷方法方面，PMI又一次为我们做出了站得高、看得远的榜样。真正站得高的人，绝不会卷入不同流派之间的竞争，而是会从更高的层面来协调各流派，甚至树立一面大旗，把各流派都聚集到自己的大旗之下。不卷入流派之

---

① "PMI-ACP" 是 PMI 的注册商标。

争的人，才是真正的高人。真正看得远的人，绝对不会陷于今天的蝇头小利之争，而是会基于自己的远见、勇气和自信，通过引领发展来谋求未来的大利。

PMI在强调项目的敏捷性和组织的敏捷性的同时，也在不断加强自身的敏捷性。2019年，PMI在庆祝成立50周年之际，启用了新的视觉形象标志，采用了一个新图标（LOGO）。我看到这个新图标的第一反应，就是它太敏捷了。我知道敏捷的基础是可分性，而这个新LOGO的图案由四个部分组成，具有很好的可分性，也就可以根据需要进行灵活分解和灵活组合[①]。

敏捷方法是什么

首先，敏捷方法是要渐进明细。所谓渐进明细，是指随着时间的推移、情况的明朗、思路的清晰，来逐渐细化出项目可交付成果应该具备的细节功能和详细特性，以及为了完成这样的可交付成果而必须开展的具体工作。

之所以需要渐进明细，有两个主要原因。一是未来情况的模糊性和不明确性。未来的情况，只能随时间的推移，才能逐渐显现出来，才能逐渐明确。二是项目相关方的需求并不总是一开始就十分明确。项目相关方一开始并没有完全想清楚自己真正想要的东西是什么，这种情况并不罕见。

我们做很多事情，都是需要渐进明细的。只要是面对未来的尚不明确的情况，或者你自己还没想清楚究竟该怎么样，那就必须渐进明细。就像做职业生涯规划，就必须渐进明细。即便像孔子这样的圣人，也无法在年轻时就知道自己的人生终极使命究竟是什么，也只能逐渐明确。孔子说，他是"十有五而有志于学，三十而立，四十而不惑，五十而知天命，六十而顺，七十而从心所欲不逾矩"（《论语·为政》）。孔子到了50岁才知道自己的人生终极使命，然后60岁就顺从这个使命，努力去实现这个使命。大家注意，根据傅佩荣教授的解释，应该是"六十而顺"，而不是"六十而耳顺"，这个"耳"字是多余的。

渐进明细，必须用滚动式规划方法去实现。滚动式规划，英文是rolling wave，

①PMI 的新图标，请见 PMI 官网：www.pmi.org。

就是海上的滚动波，一波接一波的，也就是所谓"后浪推前浪"。

其次，敏捷方法是要灵活应变。灵活应变是指根据外部环境的变化，对项目可交付成果的功能和特性，或者项目所需开展的具体工作，进行相应调整。例如，外界出现了某种新技术，就应该为应用这种新技术而对项目进行调整；外界出现了某种新趋势，就应该为适应这种新趋势而对项目进行调整。再如，外界的一个竞争性产品已经上市，就必须对正在研发的新产品做相应调整，以确保新产品上市后仍有较好的市场竞争力。

无论是哪一种为了应对外界变化而做的调整，都有一个共同的前提，那就是：你必须能够及时且正确地感知到外界的变化。否则，所谓"对项目的调整"都是无从谈起的。要及时且正确地感知外界的变化，就需要养成随时留意外界变化的习惯，养成重点观察一些新出现的事物的习惯，还要以适当的方式定期对外界的变化开展比较全面、系统和有针对性的调查研究。随时留意、重点观察、系统调研，这三种方法是有层次递增的关系的，把它们配合起来使用，就能够及时且正确地感知外界变化。

例如，PMI每年年初都会发布一份《职业脉搏调查》报告。这是一份采用系统调研方法来编制的预测性报告，旨在为项目管理职业号脉，预测项目管理的发展趋势。在这份报告发布之后，PMI还会通过系统调研，编制和发布对这份报告起支持作用的分报告。通过这些系统调研工作，PMI就把编制项目管理标准的方法，从过去的单纯基于实践的方法转变成了既基于实践又基于研究的方法，使项目管理标准不仅能够反映当前的良好实践，而且能够引领未来的发展。

最后，敏捷方法是要超前领变。超前领变是指根据外界出现的新情况，通过研究和开发，去创造一个能够引领发展的更大的变化。华为公司就是超前引领的一个典型代表。就像任正非总裁说的，5G标准源于十多年前土耳其的阿里坎（Erdal Arikan）教授的一篇数学论文。阿里坎教授发表这篇论文两个月后，被华为公司发现了。华为公司就开始围绕这篇论文去做各种研究和开发。经过十多年时间，终于把这篇数学论文变成了5G技术和标准。华为公司就是根据一个新情况（数学论文），通过研究和开发，创造出了一个能够引领发展的更大的变化（5G技术和标准）。

敏捷方法不是什么

　　首先，敏捷方法不是不要规矩。这可以从两个方面来看。第一个方面是，无论是什么项目，都不能完全用敏捷方法去管理。如果完全用敏捷方法，那整个项目就必然陷于混乱，无法有效开展。对整个项目的管理，必须用预测型方法。例如，要开发一个大型网站。这个网站要有多少网页、具备多少功能，并非一开始就明确。所以，对这一部分应该用敏捷方法，通过短期迭代来逐渐明确。但是，对于其他相关工作以及整个项目，还是应该用基本的预测型方法进行管理。这是属于局部灵活，整体规范。在编制工作分解结构的时候，可以把需要用敏捷方法管理的内容单独列作一条分支。第二个方面是，在敏捷方法的每一个迭代期内，还是要经过基本的分析、设计、建造和测试这些有一定先后顺序的步骤。只不过是，迭代期很短，这些步骤的界限和顺序就不是很清晰，它们在很大程度上是并行开展的。

　　其次，敏捷方法不是不编计划。敏捷方法，不是不做认真策划、不做周到考虑、不编完善计划的借口。敏捷方法，只是要求你接受未来的不确定性，并且允许因这种不确定性而不强求立即就把自己或别人的需求彻底搞清楚，而是可以渐进明细。该搞清楚的，一定要搞清楚；不该搞清楚的，就不必搞清楚，而是留到以后再搞清楚。如果该搞清楚的都不搞清楚，你就说你是在用敏捷方法，那肯定是不对的。你这不是在用敏捷方法，而是在偷懒，在偷工减料。

　　最后，敏捷方法也不是个人随意。其实，越是用敏捷方法，个人就越要自律自觉，就越要注意与别人的沟通、协调和合作，防止因个人的随意而使整个团队陷于混乱。可以想象，如果每个人都是随意的，那整个团队将是多么混乱。前几天，一位本科生问我，在零工经济时代，很多人都是自由职业者，那是不是只需对工作做好分工，然后交给每一个人去独立完成就可以了？我回答他，当然不是的。越是自由职业者，就越是要有相互之间的沟通、协调和合作，特别是与不同专业的人。如果你只顾完成自己的那一部分工作，那很可能你的这一部分与别人的相应部分是合不起来的。跨专业的沟通和合作，对自由职业者尤其重要。

什么可以或不可以敏捷

敏捷方法能够做什么？不能做什么？或者说，什么事情可以敏捷？什么事情不可以敏捷？如前所述，之所以需要用敏捷方法，那是因为未来的情况不确定，或者人们的需求不明确。因此，对于项目需求及由需求所决定的项目范围是应该要用敏捷方法去逐渐明确的。

随同需求和范围的逐渐明确，项目的成本预算也要逐渐明确，只要不突破项目发起人规定的项目预算上限即可。对于逐渐明确出来的每一个需求、每一项工作、每一个功能，当然都需要制定相应的成本预算来与之配合。成本预算的敏捷，是随同需求和范围的敏捷而来的。

质量是不能敏捷的。你只要做了，就必须把它做合格。质量一旦不合格，以后要补救就很难，甚至完全无法补救。因为质量是工作或产品的内在特性，不是外在特性。内在特性，一旦形成了，通常就无法更改。如果时间和成本允许，质量可以在合格的基础上精益求精。如果连合格都做不到，那就根本谈不上精益求精。

进度也不能敏捷。因为用敏捷方法做项目，通常都是先把工期目标定死的，并在这个固定的工期之内把整个项目划分成一个一个的时间盒。每个时间盒都是时间相等的很短的阶段，可以是两三天时间或两三周时间。无论需求和范围怎么逐渐明确，都必须挤到这些时间盒中去完成。绝对不能突破这些时间盒。如果实在无法在规定的时间盒内实现所有需求和完成全部范围，那就只能按照一定的顺序来减少需求和缩小范围，也就是说，只能少做事情。这种做法与预测型方法中的可以根据需求和范围去延长工期，是完全不一样的。

24

敏捷项目的管理

项目目标管理

所谓"敏捷项目"，是指主要采用敏捷型方法来管理的项目，例如，典型的IT开发项目。无论是用预测型方法，还是用敏捷型方法，从微观上讲，都是要在规定的范围、进度、成本和质量之下完成项目；从宏观上讲，都是要让项目相关方满意，要满足他们的利益追求。但是，用预测型方法和用敏捷型方法，在一些具体的做法上是有区别的。

■ 微观层面的目标管理

在预测型方法下，先确定项目范围；在敏捷型方法下，先确定项目进度。前者所用的项目目标三角形是：确定的范围，合格的质量，估算的进度，估算的成本；后者所用的项目目标三角形则是确定的进度，确定或估算的成本，估算的范围，合格的质量（见图3-18）。

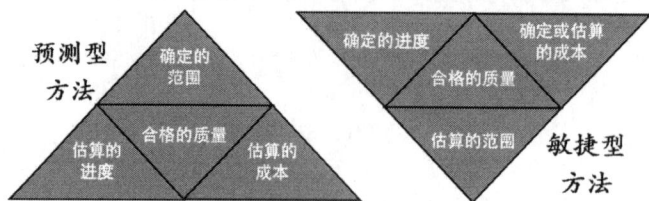

图3-18　预测型方法和敏捷型方法下的项目目标三角形

在预测型方法下，先编项目范围计划；在敏捷型方法下，先编项目进度计划，例如，先确定拟研发的新产品必须在哪一天上市。用预测型方法做事，相当于先确定"内容包"，也就是，把要做的事情和要做出的成果先定下来，然后来看，为了做这些事和完成这些成果，需要花多长时间。用敏捷型方法做事，则是先确定"时间盒"，也就是，把工期目标先定下来，然后来看，在这个固定的时间内能够做多少事情，能够完成什么成果。这就像是，我出差的行李箱，大小是固定的。我先往里面装最重要的行李，再装第二重要的、第三重要的……装满之后，剩余的行李就只能不带了。

在项目进度管理中，预测型方法要求编制里程碑进度计划、汇总进度计划和详细进度计划；敏捷型方法则要求编制版本进度计划、发布进度计划和迭代进度计划。版本进度计划与里程碑进度计划基本对应，主要的区别是，版本是完善程度不同的可用产品，而里程碑完成时不一定会形成可用产品。发布进度计划会规定为了完成一个版本应该做多少次迭代，以及在什么时间做，与汇总进度计划基本对应，主要的区别是：发布进度计划只针对当前要发布的版本，而汇总进度计划会覆盖整个项目生命周期。迭代进度计划会规定在每一个迭代期要完成的用户故事（功能），以及在什么时间完成，与详细进度计划基本对应，主要区别是：迭代进度计划只针对当前的迭代期，而详细进度计划的覆盖时间可长可短。

在项目成本管理中，预测型方法要求在规划阶段，用自下而上的方法编制出详细且准确的项目预算；敏捷型方法则只要求用轻量级方法编制出粗略且可变动的预算。因为项目需求和范围是不确定的，所以在敏捷项目中，不可能一开始就编制出详细且准确的预算。所谓轻量级方法，就是不太复杂的方法，比较简单的方法。还有，在预测型方法下，编制预算往往采用零基预算方法，即不考虑以往的实际成本情况，而是完全根据当前的实际情况来编制全新的预算；而在敏捷型方法下，通常用增量预算方法，即根据上一个迭代期的实际成本情况，再考虑一些情况的变化，来编制下一个迭代期的预算。

再来看项目范围管理。在敏捷型方法下，必须随着需求的渐进明细来逐步明确项目范围，并且必须根据固定的工期来确定项目范围。在敏捷项目中，WBS的第二层往往是迭代期或版本号，相当于预测型方法中的项目阶段或高层级可交付成果。在敏捷项目中，我们会在一个迭代期内开展控制范围过程，在一个迭代期结束时开展确认范围过程。控制范围是检查一下该做的工作是否都做了，确认范围是对所完成的成果（原型）进行实质性验收。

再来看项目质量管理。在敏捷型方法下，质量检查会更加频繁，甚至是实时开展的。例如，可以由两个人进行配对编程。你编程，我看着，对你的工作进行实时质量检查；过一会儿，我编程，你看着，对我的工作进行实时质量检查。也要在每一个迭代期结束时，通过及时的迭代回顾会议来总结经验教训，引导出下一个迭代期的质量改进。还有，在敏捷型方法下，可以通过早期的小批量试开发来发现和解决质量问题，确保以后的大批量正式开发不出现质量问题。

还要看一下与质量管理密切相关的三个词：控制（control）、核实（verify）和确认（validate）。控制是指在做项目的过程中，项目团队成员自己要对质量进行自我检查并解决可能出现的问题。核实是指可交付成果做出来了，要及时检查其质量是否合格，如果不合格，那就要回到"控制"环节加以解决。核实，通常由项目团队中的专门质量检查人员来做。确认是指由项目团队外部的发起人或客户对质量合格的可交付成果进行实质性验收。如果不符合验收标准，那就要回到"控制"环节加以解决。

■ 宏观层面的目标管理

做项目的宏观目标是要为项目相关方实现应有的价值，让项目相关方满意。在预测型方法下，项目团队在整个项目完成时一次性向相关方交付项目成果，一次性为相关方创造价值。如果项目的工期很长，就需要相关方有相当大的耐心，愿意等相当长的时间才去使用项目成果。显然，不是每一个项目相关方都有这样的耐心，也不是每一个项目都只是到最后才能交付成果、实现价值。项目相关方可能等不及，项目也许能够尽早交付部分成果、实现部分价值。综合考虑这两种情况，我们甚至可以要求"今天就交付价值"。

那么，该如何尽早交付价值？有两种主要方法。一种是把整个项目分成不同的模块，每交付一个模块，就能够实现相应的价值。例如，可以把一个复杂网站的建设分成多个功能区，每一个功能区就是一个模块，完成了一个功能区就立即发布，从而实现部分价值。另一种是分阶段交付价值。在对项目生命周期划分阶段时，要严格地以价值为导向，认真考虑每一个阶段结束时应该实现的价值。例如，大学可以把硕士研究生读书的三年划分为三个阶段，每个阶段结束时都给学生发一个证书，用这个证书来代表阶段价值的实现。

无论是分模块交付价值，还是分阶段交付价值，都需要找出可以开发出来的"最小可用产品"。最小可用产品，能够很快开发出来并交付使用，从而能够快速实现价值。例如，我弟弟制造竹排，先造出一张没有任何附加装置的竹排，这个就是最小可用产品。以后，根据需要，再增加栏杆、顶棚，甚至可以加一个发动机。

强调尽早实现价值，有利于我们超越可交付成果，从更高的层面来看项目，也就是从价值层面来看项目。就像以前讲过的，可交付成果是拟实现的价值的载体，我们最终要追求的还是价值的实现。任何无助于价值的实现的可交付成果都是没有意义的。尽早交付价值，从价值层面看项目，这种做法，也可应用于传统的、本不用敏捷方法的项目，如建筑施工项目。只要我们特别关注价值的实现，就一定有办法把整个项目分成以价值为导向的多个模块或多个阶段，就一定有办法开展以价值为导向的项目变更管理。

这种方法，对于个人的成长和职业发展，也是很有用的。这也就是第一场大讲堂就曾经介绍过的以价值为导向的思维和行为模式。用这种思维和行为模式，跑步就不只是跑步，还能够实现更大的价值。我自己就是用这样的思维和行为模式去指导跑步的。例如，2019年9月10日，我冒大雨跑了一个半程马拉松。在跑步中我得到了这样的感悟——"在风雨中超越"[①]。刮风下雨时，大多数人都会停止前进，如果你继续前进，当然就能够超越他们。而且，在风雨中前进也有有利条件：一是没有人挤我的路，二是没有人抢我的路，三是更没有人挡我的路。这样，我就可以很自由地跑步。所以，不要把风雨看成是坏事，而要把它看作用来超越别人的机会。

项目资源管理

无论是用预测型方法，还是用敏捷型方法，都需要实物资源、人力资源和信息资源。但是在这两种方法下，需要不同资源的程度是有所不同的。虽然它们都需

---

① 参阅微信公众号"drwangpm"文章《在风雨中超越》。

要类似的人力资源，但是预测型方法更需要实物资源，而敏捷型方法更需要信息资源。如果没有实时更新且数量充足的信息资源，那就无法用敏捷型方法去做项目。

可以从三个方面来说明敏捷型方法下资源管理的特点。第一个方面是，每个项目阶段都需要全部的资源种类，特别是全部工种的人员。在敏捷型方法下，项目阶段就是项目迭代期。因为每一次迭代都是要开发出综合性的原型，每个原型都要经过分析、设计、建造和测试，所以每个迭代期都同时需要这四种人员。

第二个方面是，在敏捷型方法下，更加需要用准时制快速获取资源。因为敏捷型项目的需求和范围一开始并不明确，所以你即便想要预先库存实物资源，也不知道该库存哪些实物资源。还因为敏捷项目的需求和范围很容易发生变化，如果你预先库存了实物资源，就很容易因需求和范围的变化而导致巨大的浪费。所以，在敏捷项目上，就不能库存实物资源，而是要通过与供应商建立良好的伙伴合作关系，来做到实物资源的准时制供应，即：项目需要某种实物资源了，供应商就立即送来。与供应商建立伙伴合作关系，往往要在项目所在公司的层面来做，只在某个项目的层面，很难做到。

第三个方面是，在敏捷型方法下，特别需要实时、动态、充足的信息资源。越是频繁变更的项目，当然就越需要信息资源，而且信息资源必须是实时和动态的，必须有充足的数量。否则，你就不知道该不该变，不知道该如何变，不知道变的价值所在。

所需要的信息资源主要是以下三类。

☐ 最新的技术发展情况。随时了解最新的技术发展情况，既有利于据此引导项目需求和范围的逐渐明确，使项目始终朝正确的方向前进，也有利于及时采用适合的新技术来做项目，提高项目工作的效率和效果。

☐ 最新的环境变化情况。前面所说的技术发展，是与本项目直接相关的技术的发展。这里所说的环境变化，既包括其他技术的发展，也包括非技术环境的变化，像国际环境、政治环境、文化环境、自然环境等。各种环境变化都可能对本项目有实质性的影响。

☐ 最新的客户反馈。及时了解最新的客户反馈，有利于据此调整后续的项目工作，使项目成果更加符合客户的真实需求。例如，拍电视连续剧，可以先有一个基本的大框架，然后拍一集播放一集。这样，就可以根据观众的反馈来调整下一集的内容。这种方法，与全部拍好了再播放，完全不一样。全部拍好了再播放，这是属于预测型方法，无法根据观众的反馈去调整剧情的发展。用拍一集放一集的方法，就特别有利于调动观众参与剧情的设计。他们会积极提意见，而且会很关心自己的意见是否已被采纳，从而会很积极、认真地去观看下一集电视剧。

项目风险管理

之所以要采用敏捷型方法而不是预测型方法来做项目，就是因为项目的不确定性太高，失败的风险太大。为了减轻项目失败的风险，就需要用敏捷型方法来进行短周期的迭代和增量开发。在很短的时间内试验性地开发出一个原型，也就是初级产品，看看是否技术正确和符合需求。如果技术是正确的，并且也符合客户的需求，那么就继续照这个路子进行下一步迭代和增量开发；如果技术不正确或者不符合客户的需求，那就及时在下一个阶段进行相应调整。因为还只是开发出了小型的初级产品，所以进行调整就比较容易。用敏捷型方法，因为每一个原型都经过了确认，所以就可以极大地减轻最终成果不正确或不符合需求的风险。

短周期迭代和增量开发，是用于减轻项目失败的整体风险的有效办法。那么，对于管理单个风险，敏捷型方法下又有什么特点？无论是用预测型方法，还是用敏捷型方法，管理单个风险的基本流程都是一样的，即：识别风险，分析风险，制订应对计划，执行应对计划和监督风险情况。在敏捷型方法之下，识别风险、分析风险、制订应对计划、执行应对计划和监督风险这些流程，都是在一个很短的迭代期内完成的，例如，在一周内完成，所以这些流程之间的界线就比较模糊，以至于可以看成是同时开始同时完成的。这一点与预测型方法有较大区别。

单个风险，与项目变更、项目冲突和项目问题都存在密切关系。我们再从这三个方面来讨论敏捷型方法下的单个风险管理的特点。在预测型方法下，项目是要尽量不变更的，变更的数量要尽可能少。如果变更数量多，那就说明计划的编制或执行没有达到应有的严格程度。而在敏捷型方法下，项目要拥抱变更，要主动追求变更，以便通过主动变更来降低各种风险发生的可能性，或者减轻各种风险发生的影响。例如，开展变更，及时采用市场上新出现的技术，就可以极大地降低项目成果的某项功能一开发出来就过时的风险。再如，鼓励用户及时变更需求，就可以极大地降低项目成果不能满足用户真实需求的风险。

在《敏捷软件开发宣言》的四句话中，最后一句就是：响应变化优先于遵循计划①。在敏捷型方法下，我们欢迎用户对需求进行变更，哪怕是在项目开发的后期，因为我们可以通过开展变更，来提高项目成果的竞争优势。在敏捷环境下，因为变更频繁、数量多，所以甚至可以把变更管理当作一个敏捷子项目。可以使用"变更未完项"（Backlog for Changes）这个工具来管理变更。例如，在变更未完项中列出了五项已提出的变更，并注明其中三项已获批准但尚未执行。接着，把这三项已批准的变更，与产品未完项（Product Backlog）中的用户故事整合在一起，形成一份新的、变更后的产品未完项，其中会对全部变更和产品未完项进行混合排序（见图3-19）。如果"变更3"被排在第一位，那么在当前迭代期就要最先执行"变更3"，然后依次按排序来执行其他产品或变更未完项。

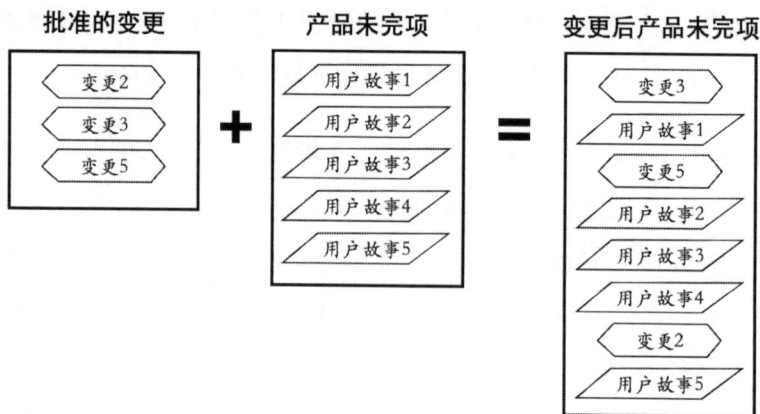

图3-19　变更后的产品未完项示例

在敏捷型方法下，项目团队与客户之间的冲突通常会更多。这是因为需要客

---

① 2001年2月，软件开发业的17位领导者在美国犹他州聚会，发布了《敏捷软件开发宣言》，包括这四句话：个人和互动优先于流程和工具，可用的软件优先于详尽的文档，客户合作优先于合同谈判，响应变化优先于遵循计划。

户在整个项目期间都频繁且深入地参与项目，而不像预测型方法下，客户只需在项目开始阶段和结束阶段参与项目。与客户打交道越多，当然就越容易发生冲突。例如，团队希望客户立即审查项目原型，但是客户把与本项目无关的其他工作排在了更优先的位置，并因此告诉团队要过几天才能审查。这种因工作优先级排序不同而引起的冲突，是很常见的。再如，客户要求在当前迭代期内完成六个故事点，即完成六个功能，但是项目团队认为只能完成四个故事点。因为迭代期的长度是固定的，是一个固定的时间盒，所以在这个固定的时间盒内究竟能够完成多少个故事点，项目团队与客户之间很可能有不同意见。

在敏捷型方法下，不仅项目团队与客户之间的冲突会更多，而且项目团队内部的冲突也会更多。因为敏捷项目是需要高度创新的，是需要大家密切合作的，是需要高度透明的工作氛围的。可以说，创新必然引发冲突，合作必然引发冲突，透明必然引发冲突。

在敏捷型方法下，我们应该拥抱冲突，包括欢迎冲突、创造冲突和利用冲突。可以说，无冲突就无创新，无冲突就无合作，无冲突就无敏捷。只要我们能够用积极的心态去对待冲突，把冲突看成建设性冲突，那冲突就是有益的。冲突如果变成有害的，那就会成为引发项目风险的重要原因。为了预防冲突变成风险源，就必须在团队中建立相互信任、相互合作和共享成功的氛围，就必须在项目团队与客户之间建立相互信任、相互合作和共享成功的氛围。在这样的氛围中，冲突通常能够得到快速且有效的解决，从而成为建设性冲突，有利于项目取得成功。

冲突肯定是一种问题，但问题未必是冲突。冲突是涉及至少两个人或两组人的，是在两个或两组以上的人之间发生的。问题则不一定如此。问题可以只涉及一个人或一组人，甚至不直接涉及任何人。例如，一份文件中，前后两个地方不一致，这就是一个问题，但未必是一个冲突。

问题也可能是一种客观存在的差距（gap）。例如，在质量管理中有一个概念"质量差距"（quality gap）。请注意，质量差距不一定是质量缺陷（quality defect）。质量差距，是很广义的质量问题。例如，我要给某个客户提供一种独特的服务。首先，我会设想客户需要的服务质量；其次，制定出服务的技术规范；再次，按技术规范去提供服务；最后，客户感知到服务质量。这里就有三个质量差距：设想的服务质量与制定的技术规范之间的差距，制定的技术规范与提供的服务质量之间的差距，提供的服务质量与感知的服务质量之间的差距。其中，只有第二个是质量缺陷，第一个和第三个都只是质量问题，而非质量缺陷。

客观存在的问题，虽然不一定引发风险，但是也可能引发风险。有些问题不会引发风险，有些问题则会引发风险。也会有这种情况：只是某一个问题，不会引发风险，但是几个问题同时出现，就会引发风险。风险是对项目目标的实现有影响的不确定性事件。

尽管不是每一个问题都值得去解决，但是问题管理仍然是项目管理中的一个重要议题。有些看似很小的问题，也有可能引发一个严重的风险。所以，一个问题，是不是值得解决，关键要看它可能引发什么样的风险，以及有多大的可能性引发这样的风险，而不是看该问题本身的情况。

在敏捷型方法下，需要更加快速和透明地呈现问题、分析问题和解决问题。例如，需要在每日站立会议上来呈现和分析问题，并安排解决方法，然后要尽快加以解决。项目经理应该为团队成员解决问题提供支持，特别是为他们解决问题创造良好环境，消除各种障碍。

前面所讲的处理项目变更、项目冲突和项目问题，都属于从源头上管理风险。这种风险管理是非常积极的、主动的，是敏捷型方法中特别要求的。从源头上做好了风险管理，那么被动的救火式风险应对就可以大大地减少。

项目采购管理

敏捷型方法下的采购管理具有较大的独特性。在《敏捷软件开发宣言》的四句话中，第三句就是"客户合作优先于合同谈判"。其意思是，合同谈判固然重要，与客户的合作却更加重要。我们不应该拘泥于生硬的合同条款，不应该因为斤斤计较合同条款而忘记签合同的本来目的，忘记与客户合作的重要性。我曾经做过五年的国际合同管理，对合同管理深有体会。初做合同管理的人，很容易过分计较合同中的文字，而忘记合同的总体精神。这样的抠文字，是没有意义的，甚至还会起到负面的作用，也就是会妨碍双方去实现签合同的本来目的。抠文字是必要的，但必须在掌握合同的总体精神之下。

在敏捷型方法下，你无论是作为向客户提供项目开发服务的卖方，还是作为向供应商采购货物或服务的买方，都必须以非常合作的态度来对待采购管理和合同管理。在敏捷环境中开展采购管理，更加需要买方和卖方之间的伙伴式合作，更加需要双方共担风险。

大家一定要记住：越是容易变的项目，就越是不能签总价合同。有些甲方总是喜欢强行签总价合同，似乎这样更省事，更有利于自己。其实，在不具备签总价合同的情况下强行签总价合同，这是对双方都不利的，是不利于项目顺利执行的。因为敏捷项目的需求很容易变，技术很容易变，所以就不适合签总价合同。鉴于敏捷项目易变的特点，业界形成了一些独特的合同类型，专用于敏捷项目[1]。这里介绍五种比较常用的。

第一种是多层次合同。这种合同的特点是把主体服务协议和扩展服务协议分开来。主体服务协议，就是一份粗略的框架性协议，其中包含一份轻量级工作说明书。轻量级工作说明书，就是粗略的、框架性的工作说明书，其中有很大的调整余地。在主体服务协议中，还包含一些将来无须变更的条款，如关于担保的条款、关于争议解决的条款、关于付款方式的条款、关于工作地点的条款。所有将来需要变更的内容，都要放入扩展服务协议，如用户需求、项目范围、技术要求、服务费用。双方起初只需要签主体服务协议，然后，随着情况的逐渐明朗再签扩展服务协议。扩展服务协议可以不止一份。

第二种是固定价格增量合同。这种合同是，按每个用户故事来确定固定价格，实行增量采购。以后，每增加一个用户故事，就按这个固定价格来增加合同价。当然，也可以规定一个允许的用户故事下限和上限，即最少不能少于多少，最多不能多于多少；同时规定如果超过这个限度，价格应该如何调整。

第三种是联合团队合同。这是甲乙双方联合组建团队，甲方按照团队的工作时

①PMI在《敏捷实践指南》（2017年出版）中列举了九种敏捷项目的合同类型。

间以及乙方在团队中的人员数量来向乙方支付款项，而不是按具体的工作内容来付款。这种合同，最有利于甲乙双方开展合作。

第四种是分阶段合同。双方并不是一次就把合同签死，而是一个阶段一个阶段签。先签第一个阶段的合同，如果双方合作得很好，在第一个阶段快结束时，再签第二个阶段的合同。这种合同，双方都有比较大的灵活性，可以在阶段结束时退出。

第五种是后续阶段可取消合同。如果做了前期的几个阶段，就实现了甲方的需求，实现了项目的目标，那就允许甲方在向乙方支付后续阶段的一定的费用之后，取消后续阶段。所支付的费用，应该相当于乙方假如做了后续阶段可以获得的利润。也就是说，甲方要确保乙方不因后续阶段的取消而遭受损失。例如，某人生病，找医生看病。原计划三个疗程，结果两个疗程就治好了，那就应该允许患者（甲方）在向医生（乙方）支付第三个疗程的一定费用之后取消第三个疗程。这种做法，当然对双方都很有利。

第四场

源于个人，成于团队

开场白

　　项目由人来做，为人而做。人，既是一个一个的独立个体，是作为个人的人；又隶属于或大或小、或紧或松的各种群体，是作为群体成员的人。

　　有些群体，成员有共同的目标，有紧密的合作关系，有共同的成就感。这样的群体就是所谓 "团队"（见图4-1）。个体之间要形成有效的团队，才能更有效地做事。

　　一个项目的成功，既取决于个人，更取决于团队。没有优秀的个人，就不可能有优秀的团队；有了优秀的个人，不一定就有优秀的团队。一些很优秀的人在一起，有可能是一个很差劲的团队。

　　2019年上半年，中国足球小将创办人董路老师在微博发了孩子们的四张非常美的训练照片。我给这些照片配了这样的文字：思考——静而不止，力量——强而不骄，团队——和而不同，领导——从而不盲。这些配文竟然与本场讲座的内容非常吻合。

图4-1　团队的三大基础

认识和提升自我

认识不同层次的自我

先有优秀的个人，再有优秀的团队。要成为优秀的个人，就要不断提升个人自我修养。为了提升个人自我修养，就必须对自我有清楚的认知。我们常讲，知己知彼，百战不殆。知彼，固然难；知己，其实更难。人们的知己，往往只是知道表面的自己，而并不知道深层的自己。我们对自己的认知往往是很有限的。从表面到里面，从可知到不可知，从可变到不可变，每个人都有四个不同层次自我（见图4-2）。

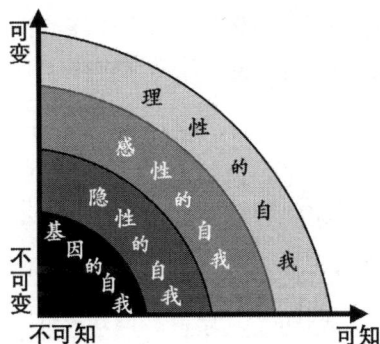

图4-2　四个不同层次的自我

最表面，最可知，也是最可改变的，是理性的自我。理性，是人的脑袋所想的，是自己最容易控制和改变的。理性的自我决定了我应该怎么做，我应该做什么。理性的自我，相当于你所穿的马甲，很容易换。例如，中国足球队归化了两个巴西人艾克森和高拉特。他们加入了中国国籍，可以代表中国国家队出战足球比赛了。他们换了国籍、换了护照，从理性上就变成了中国人。

比理性的自我更深层次的，不太可知，不太容易改变的，是感性的自我。感性，是人的内心所感知的，是自己能够在一定程度上控制和改变的。感性的自我会决定我喜欢怎么做，我喜欢做什么。例如，艾克森和高拉特加入中国国籍以后，可以让自己喜欢中国，对中国产生感情，也就是说，让自己从感性上也成为中国人。

比感性的自我更深层次的，很难知道，很难改变的，则是隐性的自我。隐性的自我，是长期潜移默化形成的，包括个体的潜意识和群体的潜意识。隐性的自我决定了我自然会怎么做，我自然会做什么。一般人，平时并不知道自己有什么样的潜意识。可能只有当别人触及你的潜意识的时候，你才会知道自己的潜意识是什么。例如，别人骂你，你特别愤怒，很可能就是因为别人触及了你的潜意识。潜意识其实是内心的底线。有些人平时不发怒，但是你如果触及他的底线，他就会发怒。

群体的潜意识，就是群体的文化，包括原生文化和后天文化。文化是一群人共同认为理所当然的一贯想法或做法。原生文化，在你出生之前，你还在妈妈肚子里时，就对你产生了影响；在你出生之后也一直对你产生影响。原生文化，是人的精神基因，是祖先传下来的，是父母赐予的，你无法改变。任何人都只隶属于一个原生文化。例如，艾克森和高拉特，虽然加入了中国国籍，但是从原生文化上讲，他们永远都是巴西人。只要是在中国出生和长大的中国人，无论你移民到哪个国家，从原生文化上讲，你永远都是中国人。

在隶属于某个原生文化的同时，你还会隶属于许多种后天文化，例如，所在工作单位的文化、所在职业的文化、所在兴趣小组的文化。后天文化，在一定程度上，是可知的，可以改变的。例如，艾克森和高拉特加入中国国籍以后，可以主动融入中国文化，那么中国文化就是他们的后天文化之一。你加入了一个新的工作单位，那么这个单位的文化就成了你的后天文化之一。

对于个人来讲，完全不可知，不可改变的，当然是人的遗传基因（生物基因）。基因的自我决定了你不得不怎么做，不得不做什么。例如，不少国家之所以把同性恋合法化，那是因为同性恋在很大程度上是取决于遗传基因的。基因的自我，对隐性、感性和理性的自我会产生影响。理性的自我、感性的自我和隐性的自我之间又会相互影响。个人的言行会同时受理性、感性、隐性和基因的自我的影响，不同的言行受各种自我的影响程度会有所不同。

静而不止地思考

提升个人的自我修养，通常都要从理性自我入手，通过改进理性自我，去改进感性的自我和隐性的自我。例如，个人可以通过学习、思考和实践，来改进理性的自我，继而改进感性的自我和隐性的自我。其中，思考是连接学习和实践的桥梁。如果只学不思，就会"学而不思则罔"（《论语·为政》）；如果不付诸实践，就会"纸上得来终觉浅"（陆游《冬夜读书示子聿》）。这就回到本场开场白提及的"思考——静而不止"上面来了。思考必须静而不止。静，是指安心和专注；不止，是指不要束缚自己的思维，而要让思维向横向扩展和向未来延伸。虽然人们经常用"静止"这个词，但是在思考方面，能够做到"静而不止"，才是真正的高境界。

"静"包含了安心和专注两个方面。安心是指心态平和，情绪不受外界干扰，达到忘我的境界。绝对的安心，很难做到。我们可以追求相对的安心，使自己的情绪少受外界的干扰。专注是指专心致志于当前正在思考的事情，以这件事情为核心，不偏离这件事情。即便想到了其他事情，也是为这件事情服务的，或者是这件事情的自然延伸。

"不止"包含了横向扩展和未来延伸两个方面。横向扩展是指从所专注的事情出发，做发散思考，联想思考。未来延伸是指从当前的情况出发，预判未来的发展。通常，越是安心和专注，就越是能够扩展和延伸。例如，你能够在安心和专注地学习某个知识的同时，联想到一些相关联的知识，甚至能够预判出相关的未来发展。

例如，我在学习和思考项目相关方管理的知识时，发现项目相关方管理是21世纪才得到重视的，而且发展得很快（见图4-3）。从这一发现出发，我就扩展出了这个相关的知识：在20世纪，项目经理之所以可以不理相关方，可以不做相关方管理，是因为那时他们只需闭门造车式地做项目；到了21世纪，项目经理就不能闭门造车了。在21世纪的前20年，项目相关方管理的发展路径是这样的：从被动地解决与相关方之间的问题，发展到主动与相关方沟通，主动与相关方打交道，再发展到积极引导相关方参与项目。项目的成功越来越需要相关方的参与和支持。从这一演变出发，就可以延伸出这个预判：未来会强调相关方自觉地参与项目。相关方为什么会自觉地参与项目？因为项目是大家共同的利益共创共享平台。项目只有成为大家共同的利益共创共享平台，才能很自然地取得大家的参与和支持。做项目，必须努力让它成为大家共同的利益共创共享平台。

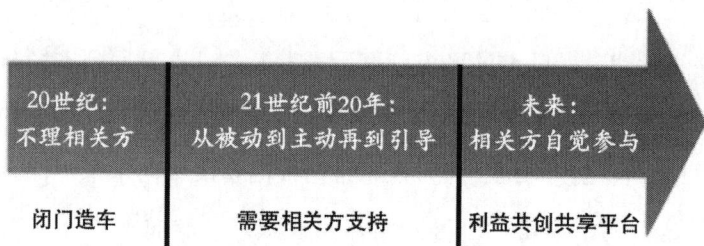

图4-3　项目相关方管理的发展

人的思考，越静，就越能不止。我年轻时在鲁布革水电工程上工作，就通过静静地思考鲁布革工程管理的实践做法，扩展出了对项目管理学科的初步认识，延伸出了对项目管理学科的未来发展的预判。如果没有这样的扩展思考和延伸思考，我就不可能下决心去国外留学攻读项目管理硕士和博士学位。

项目经理提升个人自我修养

因为这个大讲堂是"项目管理"的大讲堂，所以，我后面就主要讲项目经理的自我修养。因为每个人都经常有意无意地担任或大或小的项目的项目经理，所以后面这些内容也适用于每一个人。你只要以组织别人做事的方式，力求在规定时间内完成独特的任务，那你就是典型的项目经理。

项目经理是受项目执行组织委派，领导项目团队去做出项目成果、推动组织变革并为组织创造价值的个人。从本质上讲，项目经理是组织众多别人做事而非自己亲自做事的人。由于人本身的复杂性，组织别人做事会更加困难，也就需要组织者具备更高的自我修养，来造就一个优秀且强大的本真自我。否则，无论采用何种管理技术和技巧，都无法可持续地组织别人有效做事。

项目经理应该从以下三个方面来提升自我修养：第一个方面是项目经理的内在基本素质，第二个方面是项目经理的主要工作手段，第三个方面是努力实现项目目标。具有优秀的内在素质，能够有效运用各种手段，去实现项目目标的项目经理，才是优秀的项目经理。

项目经理的内在基本素质

内在基本素质是项目经理作为项目管理职业从业者所必须具备的基本修养，会决定项目经理的行为模式和目标实现能力。如果没有这些基本修养，所谓的"项目经理"也就名不副实。项目经理应该具备：高尚的职业道德，超强的自我激励，永远的学习改进，以及广博的知识阅历。

■ 高尚的职业道德

我之所以把高尚的职业道德放在第一位，这是因为恪守职业道德，是确保自己的长远职业发展所必需的。不遵守职业道德的人，也许短期能获得某种利益，但长期肯定会失去更多的利益。遵守职业道德，不仅有利于自己的职业发展，而且还能带动周围的人遵守职业道德，使大家结成一个优秀的职业工作者群体。

如同单位员工必须遵守单位的规章制度，项目管理从业者也必须遵守本职业的规章制度。项目管理的职业道德规范就是本职业的规章制度。例如，PMI发布的《道德和职业行为准则》，其中规定了项目管理从业者必须遵守的四大价值观及相应的行为规范。这四大价值观是责任、尊重、公正和诚实。例如，从责任和诚实价值观来讲，写个人简历，必须完全真实。简历中的每一句话都必须有客观证据的支持，不能随意夸大、误导别人或无中生有。从责任和尊重价值观来讲，从项目工作中得到的项目资料，只能用于其本来目的，而不能另作他用，除非事先征得客户的同意。从责任和公正价值观来讲，在面临利益冲突局面时，必须主动回避，而不参与决策，也不试图影响决策，除非你已经采取周全措施来保证自己的公正性。所谓利益冲突，是指你对某两方都有忠诚的义务，如果代表某一方对决策施加影响，就会损害另一方的利益。

遵守职业道德，应该是个人的内在需求，而不是强加的外在要求。也就是说，应该是我自己要遵守职业道德，而不是别人逼我遵守职业道德。明确的职业道德规范，有助于个人做出明智的决策，特别是在被诱惑或被逼迫从事涉嫌违反职业道德的行为时。你如果让我去做一个违反职业道德的事情，我就会根据职业道德规范明确地告诉你不行。这就是我所做出的明智的决策。我完全不必纠结。

某件事情是不是涉嫌违反职业道德，有时并不是那么容易判断。这既是因为在违反与不违反之间也许存在一个灰色地带，也是因为每个人都会有相应的认知局限。以下三个办法有助于我们做出正确的判断。一是问问自己：你害怕别人知道你打算做的事吗？如果你害怕别人知道，那很可能违反职业道德。二是有疑问时通过各种合适的方法去查证。现在的网络资讯很丰富，网络联系也很方便，查证也比过去更容易了。三是有疑问时尽量从严。

■ 超强的自我激励

超强的自我激励，这是内在基本素质的第二个重要内容。外在激励固然必不可少，但是内在自我激励更加重要。更何况，外在激励也必须通过内在自我激励才能真正发挥作用。外在激励，像金钱、职位、赞扬、荣誉等，如果你自己不在乎它们，那就起不到任何激励作用。外在激励只有给你带来了内在的自豪感和成就感，才能起到真正的激励作用。

真正激励人的并不是任何别的东西，而是你发自内心的自豪感和成就感。任何人都愿意去做能给自己带来自豪感和成就感的事情。理发师之所以要把客人的头发理得很漂亮，清洁工之所以要把地扫得很干净，厨师之所以要把饭菜做得美味可口，首先都是他自己想要获得自豪感和成就感。如果不把工作做好，他就会产生极强的自责和内疚。项目经理之所以要把项目做好，当然也是为了获得自豪感和成就感。

有超强自我激励的人，即便缺少外在激励，也能够对自己的所做所为产生足够的自豪感和成就感。过分依赖外在激励的人，是很难做好事情的，也肯定是做不好项目经理的。自我激励型的人，会把任何外在的东西都变成自我激励的源泉，哪怕是苦难、挫折、诽谤和谩骂。

做任何事，都必须是为自己而做，你才能尽最大努力去做。像我自己，自从20岁参加工作以来，就一直在写，包括写总结、写文章、写书。写作，首先是为自己而写，所以，作品的第一读者也是我自己。自己所学到的，所想到的，所实践的，如果不写出来，就无法系统化，无法供以后查阅。勤思考，勤总结，勤动笔，是我对自己的一贯要求。这样不断地写，自然而然地，就能积累下很多稿子，很多知识，而且是真正属于自己的知识。我从2019年7月以来，跟傅佩荣教授学习国学经典，包括儒家的《论语》《孟子》《大学》《中庸》，道家的《道德经》《庄子》，以及作为中国文化的总源头的《易经》。几乎每天在现场听完傅教授的课，晚上我都要写总结，把当天最重要的心得整理出来，加以系统化。我写了三篇学习《庄子》的总结：《〈庄子〉是寓言式哲学经典》《〈庄子〉的整体论、相对论和价值论》及《圆满：群体无可能，个人可追求》。那天，听完傅教授讲《庄子》之后，稍加思考，我就发现"整体论、相对论和价值论"是贯穿当天课程的一条主线。听傅教授的课的人很多，但是像我这样写总结的人应该不多[①]。

如果你也像我这样写总结，那不想快速进步，也不可能。有些人说，我不会写，我写得不好，并以此作为不写的借口。这种说法和做法是极端错误的。一方面，就是因为不会写、写不好，才更要动手写。就像一个婴儿，就是因为不会走路，才要练习走路。如果他因为不会走就不练，那就永远不会走了。另一方面，因为首先是为自己而写，所以只要是自己用心写出来的，就值得你自豪，就值得你欣赏。至于别人如何评价，那是附带的。更何况，你只要不停地写，就一定会越写越好，别人的评价也一定会越来越高。希望朋友们都能养成为自己而写作的习惯。

我的一个学生在微信朋友圈发了这么两句名言："Think before you speak. Read before you think."[②]这两句名言当然很好啊！不过，我还是立即就建议道：应该再补充一句，那就是："Write after you think."在准备这个讲座时，又想到还应该再

①　我听傅佩荣教授国学课的心得，请见微信公众号 drwangpm。
②　根据网络检索，这两句话是美国作家弗兰·勒博维茨（Fran Lebowitz）所说。

加一句，那就是："Write while you think."这四句话联合起来，才是更完整的说法：先想后说，先读后想，先想后写，边想边写。最后一句"边想边写"，是指要把写作当作一种思维方式。如果不写作，你的思维会受到很大的限制。通过写作来思考，思考的有效性、系统性和逻辑性都会更好。我自己早就把写作当成一种思维方式了。

■ 永远的学习改进

永远的学习改进，这是内在基本素质的第三个重要内容。学习知识和技术，改进方法和思维，这是每个人一辈子都要做的事情，项目经理当然更不能例外。首先，必须保持对新知识和新技术的高度敏感，特别是对项目管理新发展的高度敏感。现用现学，通常是来不及的。应该预测未来需要什么知识，提前做好知识储备。

其次，必须注意在学知识和技术的同时改进工作方法。应该找出各种知识和技术之间的联系，把它们有机地结合起来应用。例如，要编制进度计划，就需要把项目进度管理中的各种知识和技术联系成进度计划编制方法。只有把各种知识和技术有机地联系起来，才能形成有效的工作方法。千万不要把任何一种知识或技术孤立起来。任何孤立的知识或技术，都是没有用的，或者至少是没有大用的。就像以前介绍过的DIKW模型，其中的Data（数据）之所以没有用，就是因为数据是尚未被联系起来的原始资料。

最后，必须注意在改进工作方法的同时改进思维方式。思维方式是用来支持知识、技术和方法的一系列相互关联的理念。如果只学会了知识、技术和方法，而没有掌握相应的思维方式，那么就只能生搬硬套知识、技术和方法，而无法灵活应用，更无法创造出新的知识、技术和方法。如果你不理解知识、技术或方法背后的理念和思维方式，那么它们就只是死知识、死技术或死方法。这类死知识、死技术或死方法，不是越多越好，而是越多越坏，因为它们会成为你的负担和束缚，会把你压垮和困死。

给大家举两个例子。第一个例子是编制进度计划的关键链技术。这种技术，一方面，要求对每个活动都采用非保守的工期估算，也就是很紧张的、实现可能性不大的工期估算；而且每个活动都没有浮动时间。另一方面，会在进度计划的末尾留出一段缓冲时间，相当于保险，以便在活动不能按期完成时动用。如果各活动的负责人都认为，反正后面还有一个保险，自己所负责的活动即便不能按期完成也无所谓，并因此而拖拖拉拉，那么关键链技术就起不到任何作用。要用好关键链技术，各活动的负责人都必须尽最大努力在很紧张的工期内完成活动，以便尽量不去动用后面的保险。

第二个例子是精益生产方法。这是诞生在日本丰田公司的一种方法，其核心是把不产生价值的资源消耗降为零，也就是把浪费降为零。有些企业虽然很强调精益生产，但是员工的许多言行又不符合精益生产的理念。曾经一家公司想找我做咨询，找我开了一个见面会。会议开始之后，谈了很久，我才搞明白他们想要我做的是什么事。他们的需求表达不直接、不清楚，导致时间的浪费，这是不符合精益生产的理念的。还有，只有两位公司领导坐在我对面的会议桌边，其他参会人员都坐在离领导较远的后排，而且完全不发言。这也是不符合精益生产的理念的。相隔太远，沟通比较困难；闲坐着不发言，那就没必要来开会。还有，中午请我吃饭，菜点得太多，吃不完。我当时就直接告诉他们这不符合精益生产的理念。所以，精益生产或精益管理，绝不仅仅是方法，更是需要贯穿日常工作和生活的思维方式。任何一个知识、技术或方法，只有与相应的思维方式配合起来，才能真正有用。

大家学习和应用项目管理也是如此，必须掌握项目管理的理念和思维方式。以下是我2001年在关于项目管理文化的博士论文中所写的项目管理的十大核心理念。

- □ 项目管理天生就是要实现对各种努力和专业的整合。
- □ 项目管理是横向式管理。
- □ 项目管理以结果为导向。
- □ 临时性状况和关系是正常的。
- □ 视不确定性和变更为一种生活方式。
- □ 人的地位取决于其所做而非他是谁。
- □ 强调速度、灵活性和横向沟通。
- □ 高度重视团队合作。
- □ 人们以任务为导向而不是以老板为导向。
- □ 不明确和不足够的职权并非不正常。

■ 广博的知识阅历

广博的知识阅历，这是内在基本素质的第四个重要内容。因为项目是跨专业、跨部门的工作，所以项目经理必须是一个通才而非专才，必须是一种图钉式人才——拥有厚实的帽子和尖锐的锋芒。厚实的帽子，就是很宽广的知识面，很丰富的阅历；尖锐的锋芒，就是很强的协调和整合能力。每一个人都应该努力去做一个完整的图钉式人才，而不要做不完整的图钉。不完整的图钉，要么没有帽子，要么没有尖针。

要成长为图钉式人才，应该从以下五个方面入手。

第一，广泛地阅读。这是最方便、最容易做到的。应该采取少量精读加大量泛读的方式。还有，千万不要迷信著作和文章，哪怕是名人名作。著作和文章既是用来学习的，更是用来给自己启发的。应该如何阅读名著？首先，充分敬畏名著。其次，对名著进行分析和思考。再次，从中得到启发，对它的内容做出符合时代和自身需要的解读。必须防止被名著束缚住。

第二，善于向每一个人和每一件事学习。即便总体表现不够优秀的人，也可能有值得学习的地方；即便一件小事，也有助于悟出相应的道理。例如，我就曾经因为一篇稿子被杂志社拒绝而得出这个感悟：拒绝也许是另一种接受。他拒绝这个稿子，也许是想要接受一个更好的稿子，所以我就要修改出一篇更好的稿子。

第三，找机会从头到尾经历一个中等以上规模项目的全过程。只有这样，你才能知道一个项目从开始到结束是怎么一步一步开展的。我年轻时有机会完整地经历了鲁布革水电工程建设的全过程，知道了一个大项目是如何一步一步从头走到尾的。这个经历，对我后来学习、研究和推广项目管理是至关重要的。

第四，找机会做做各种不同的工作，哪怕在同一个公司、在同一个项目上。只有这样，你才能开阔自己的视野。我年轻时，虽然只是在鲁布革工程管理局一个单位工作，但是我还是做了多种不同的工作的，像出纳、会计、合同管理、财务、项目后评价等。这些工作机会，大多是我自己主动争取来的。

第五，不断尝试协调各种工作和各种人员，培养整合能力。必须有意识地寻找各种工作之间和各种人员之间的联系，并通过抓住联系来实现整合，打造出图钉尖锐的锋芒。还有，这种尝试本身就可以让你学到知识，积累经验和阅历。

26

工作手段、项目目标和国学启示

项目经理的工作手段

项目经理提升个人自我修养的第二个方面是不断改进工作手段，包括有效组织别人做事，携手各种类型人员，用非职权领导团队，以及承担项目最终责任。作为领导项目团队做事的人，项目经理必须基于自己的基本素质，采用合理的工作手段和行为模式，把所有团队成员都团结在自己的周围。

■ 有效组织别人做事

项目经理是组织别人做事的人，例如，他通常不应该亲自动手解决技术问题，而是组织技术专家去解决技术问题。项目经理一旦过分卷入技术细节之中，就无法合理履行项目管理的其他责任，就会顾此失彼。

从这一点讲，纯粹的技术专家并不适合当跨专业的项目的项目经理。如果由他当项目经理，他一定会特别关注自己所在的技术领域，从而有意无意地忽视其他方面。技术专家要当项目经理，必须首先接受项目管理的培训，以便实现一些重要的工作理念转变。例如，从喜欢亲自做技术工作转变为乐意派别人去做。转变工作理念，其实比学会项目管理技术更加困难。项目经理作为领导团队去实现目标的人，是必须把组织别人做事放在首位的，哪怕别人做某件事还不如自己。

■ 携手各种类型人员

项目是跨专业、跨部门的工作，需要许多不同类型的人一起合作。例如，来自不同组织、不同部门、不同专业的人员，性格和文化差异较大的人员，来自组织不同层级的人员，属于和不属于你直接下级的人员，你喜欢和不喜欢的人员。项目经理不能只善于与某一种或某几种人合作。

各种不同类型的人在同一个项目上工作，就使项目团队具有很高的多样性。项目经理一定要善于把这种多样性看成是好事，是有利于提高团队活力的。不同的人，拥有不同的优势。项目经理要设法让团队成员之间实现优势互补，要防止团队成员歧视与自己不同的人。

项目经理也许没有职权亲自挑选全部团队成员。有些成员是高级管理人员或职能经理硬塞给你的，其中可能有你不喜欢的人。为了项目工作，你也必须与不喜欢的人开展合作。对于不喜欢的人，你必须学会在某一点上喜欢他，并用这一点作为合作的基础。

■ 用非职权领导团队

项目经理应该不必依赖职权就能够领导好项目团队。许多项目都是在矩阵式组织结构下开展的，不少团队成员是从职能部门借来的，项目经理对他们并没有足够的职权。即便缺乏足够的职权，项目经理也必须领导团队实现目标。

由于没有足够的职权，项目经理就必须依靠专家权力和参照权力来领导团队成员。专家权力来自你的项目管理专业知识和技能，来自你对项目情况的充分了解。毫无疑问，对你的项目，你就是最权威的专家。你必须建立这种自信。参照权力则来自你的个人性格魅力、沟通能力和协调能力，以至于别人愿意向你看齐，愿意以你为参照物。

项目经理可以根据不同情况而使用的权力种类是很多的。什么是权力？权力是我让别人服从我的能力。无论什么原因，只要别人服从了我，我就有了相应的权力。像前文的专家权力是指别人因我的专业知识和技能而服从我，参照权力是指因别人愿意以我为榜样而服从我。

PMI在《PMBOK®指南》（第6版）中列出了项目经理可以使用的14种权力，即正式权力、奖励权力、处罚权力、加压权力、专家权力、魅力权力、参照权力、关系权力、迎合权力、说服权力、回避权力、愧疚权力、信息权力、情景权力。我又把这14种权力归为如下四大类。

第一类是职位权力。这是源自项目经理的职位的权力，是上级对下级的权力，包括正式权力、奖励权力、处罚权力、加压权力。这些权力都很好理解。

第二类是人身权力。这是依附于项目经理的人身的权力。只要你的身体是健康的，头脑是正常的，那这样的权力是没有人能够剥夺的。包括专家权力、魅力权力、参照权力。魅力权力是指别人因我的人格魅力而服从我。

第三类是人际权力。这是只有通过人际互动才会有的权力，包括关系权力、迎合权力、说服权力、回避权力和愧疚权力。关系权力是狐假虎威的权力。你别看我是一只狐狸，我背后可是有老虎的。迎合权力是寻找双方的共同背景。例如，我们都是某个大学的校友，都是某个地方的老乡，从而让你服从我。说服权力是直接说服别人做某事。回避权力是告诉别人如果某人去了我就不去。愧疚权力是亲自带头做某事，使别人如果不做就十分愧疚。

第四类是复合权力。这是兼具职位权力、人身权力和人际权力的成分的权力，包括信息权力和情景权力。信息权力是指别人因我掌握的特别信息而服从我。情景权力是指在某种特别的情景中先站出来的人的权力。不同职位的人能够掌握不同的信息，专家权力不同的人对同样的信息可以做出不同的解读，还有我必须通过人际互动让你知道我是掌握了特别信息的。如果你根本就不知道我掌握了特别信息，那么我就不可能对你有信息权力。

项目经理既要当管理者，又要当领导者。管理者和领导者的共同之处是，都要致力于实现项目目标。同时，它们也有很大的不同。管理者更加关注约束和控制别人，领导者更加关注启发和激励别人。如果只使用职位权力，那么你最多是一位好的管理者，而绝对成不了好的领导者。要做一位好的领导者，就必须多用人身权力和人际权力。2019年8月，我跟随董路老师和他的中国足球小将U9队五天时间，旁听了董老师为球队开的全部赛前准备会，观察了董老师及其教练团队与孩子们的关系，观看了球队的全部比赛，深受感动。我因此总结出了这样一句话：爱是一切领导力的最根本的基础。你想要启发和激励别人，就一定要爱他们。如果没有爱，你对别人的一切要求都只是强迫。那么，管理的基础又是什么呢？规矩是一切管理的最根本的基础。管理的目的就是让别人守规矩。

如果项目经理不能在职权不足的情况下领导好项目团队，那么很可能逐渐成为"光杆司令"。项目刚开始时，因为高级管理人员的支持和大家对项目的新鲜感，各职能部门都表示将大力支持项目。然后，随着项目的进展，各职能部门就可能以各种借口拒绝借人给项目。当然，我们也希望项目经理有更大的职权。最怕的是，项目经理表面上有较大的职权，而实质上却没有。

前段时间，一位优秀的年轻人写了一本书，请我给提提意见。书中写到了项目经理的权力问题。在与他沟通时，我问他，在你们企业，项目经理的权力大不大？他回答我，项目经理的权力是比较大的，公司规定了项目经理的职位是比较高的，权力是比较大的。接着，我就问了他以下三个问题，想要借此来判断他们企业的项目经理是不是真正的权力大。

- 项目经理手下有多少全职团队成员？他告诉我很少。
- 对于财务报账，项目经理是不是真的能够说了算？是不是还要去找这个部门的领导签个字、那个部门的领导签个字？他说，是要去找那些领导签字的。也就是说，项目经理并不能说了算。
- 项目经理在企业的高层领导中有没有真正的"靠山"？对于这一条，他没有给我特别明确的回答。

大家一定要知道，公司规定了项目经理有较大的权力，这个规定可能只是纸面上的。如果项目经理手下的全职成员很少，如果他对财务报账不能够说了算，如果他在高层领导中没有很明确的靠山，那他的权力是落实不下去的。你要让项目经理真正有较大的权力，就一定要让他手下有不少的全职团队成员，就一定要让他对财务报账说了算，而且高层领导一定要给他当靠山。

■ 承担项目最终责任

项目经理千万不要以为自己没有足够的职权，又不亲自动手解决技术问题，就可以对项目的成败不负责任。无论如何，项目经理都必须独自向项目发起人、高级管理人员和客户承担对项目成败的终责。终责，是英文accountability的中文翻译，与职责（responsibility）不一样。职责是中间、可转移且可分担的工作执行责任。终责则是最终、无法转移且无法分担的对工作万一失败的"挨板子"责任。

在正常情况下，一定的职权加一定的职责等于一定的终责，即具有相应职权和职责的人就要承担相应的终责。但对项目经理，往往是很小的职权加很大的职责等于很大的终责。这是项目经理必须面对的巨大挑战。无论具体的项目工作是由谁执行的，一旦出了问题，对外挨骂的一定是项目经理。项目经理必须以足够的厚脸皮做好挨骂的心理准备。对勇于承担项目终责的项目经理，团队成员自然就会更加忠诚。

努力实现项目目标

项目经理的使命是实现项目目标，包括微观目标和宏观目标。基于优秀的基本素质，采用有效的工作手段，项目经理就能够领导团队在规定的要求下做出预定的可交付成果（微观目标），推动组织变革（宏观目标），并进一步为组织创造价值（宏观目标）。

■ 做出综合最优的项目成果

从微观上讲，项目经理必须在规定的范围、进度、成本和质量要求之下完成项目可交付成果。由于这四个要求之间存在一定的矛盾，项目经理必须与项目发起人、高级管理人员和客户一起对它们进行协调。通常无法同时把四个方面都做得最好。要优化其中的任何一个，就必须在某种程度上损害至少一个其他方面。不能片面追求范围最大、进度最快、成本最低或质量最高，而要追求这四个方面的综合最优。必要时，必须损害一两个方面来保证做出综合最优的项目成果。

追求综合最优，其实也就是搞平衡。在这种平衡中，很可能任何一个方面都没有最优实现，任何一个相关方都没有得到最大限度的满足，但是从整体看，从全局看，已经达到了最优。从这一点讲，项目管理就是平衡的艺术。

■ 实现组织变革

既然做项目旨在创造出前所未有的独特成果，也就必然会引发或大或小的组织变革。在商业环境急剧变化的当今世界，组织已经不能仅靠自然演变就立于不败之地，而必须通过做项目来主动变革，才能保持和提升市场竞争力。

项目经理应该在项目启动之时就协助项目集经理、项目组合经理、其他高管人员和相关职能经理明确项目对组织变革的意义，并利用自己的项目管理专业知识和技能为实现所需的组织变革而对项目进行合理设计。

在项目规划、执行、监控和收尾阶段，项目经理应该牢记项目对组织变革的意义，确保项目的实施和完成都有利于实现组织变革。

■ 为组织创造价值

项目是主动实现组织变革的唯一途径，而价值创造又是组织变革的唯一目的。组织必须用一个又一个项目来持续开展组织变革，用一个又一个变革来不断创造价值。项目经理不仅要领导团队做出正确的可交付成果，更要做出能够为组织创造价值的可交付成果。

技术上正确的东西，不一定有用；有用的东西，也不一定完全正确。无用的正确或有用的错误，都不具有可持续性。无用的正确，很快就会被人们抛弃。有用的错误，一旦特定的时空条件消失，也就无法歪打正着了。

技术专家，如工程师，可以只从技术视角看问题，追求技术正确。但项目经理绝不能只从技术视角看问题，而更要从商业价值的视角看问题，追求有用的正确，并与项目集经理、项目组合经理、其他高管人员和相关职能经理一道促使项目为组织创造出理想的商业价值。

作为领导项目团队做事的人，项目经理必须从提升自我修养入手来培养自己的情商，打造有利于项目成功的全方位人际关系网络。具备优秀的基本素质，能够采用有效的工作手段去实现项目目标，这就是项目经理自我修养的关键所在，有利于取得利己利人利组织的多赢局面。

从国学得到的启发

因为我正在跟傅佩荣教授学国学，主要是学习儒家经典、道家经典和《易经》，所以就结合自己的学习心得，跟大家交流一下如何根据这些国学经典来提升个人自我修养。儒家经典包括《论语》《孟子》《大学》《中庸》，道家经典包括《道德经》《庄子》。对国学，我还只是初学者，未来会继续努力学习。

■ 来自儒家的启发

2019年，傅教授在中国哲学传承班的讲义中，对儒家概括了四句话：对自己要"约"，对别人要"恕"，对物质要"俭"，对神明要"敬"。

对自己要"约"，是指要自我约束。当前的社会是自由开放的，特别需要每个人对自己多加约束。只靠外在的规范是不够的。

对别人要"恕"，是指与别人相互尊重，将心比心，做换位思考。这里的"恕"不是通常意义上的"宽恕"。它相当于西方管理学中的"同理心"。同理心与同情心不一样。同情心是指我站在自己的位置去同情你，而同理心是指我站在你的位置替你考虑。

对物质要"俭"，是指要节俭使用各种物质。在如今环境保护已成为普世价值的情况下，对物质要俭就更加重要了。

对神明要"敬"，是指对我们的祖先要有敬畏之心，对天地万物的根源要有敬畏之心。

■ 来自道家的启发

2019年，傅教授在中国哲学传承班的讲义中，对道家也概括了四句话：与自己要"安"，与别人要"化"，与自然要"乐"，与大道要"游"。

与自己要"安"，是指自己要安心。像《庄子·人间世》中有这么一句话："知其不可奈何而安之若命。"意思是，对于自己无能为力的事，就安心接受它，不要过分纠结。

与别人要"化"，是指与别人保持同步，不做特别的异类。例如，别人喝咖啡，我也喝咖啡；别人喝茶，我也喝茶。《道德经》中有这么一句话："和其光，同其尘。"例如，你要到工地上与民工打交道，就要穿与民工差不多的衣服，甚至要故意让衣服上有一些灰尘。当然，傅教授也特别强调了，必须外化内不化。外在，我可以与别人打成一片；内在，我会坚守自己的信念。如果内也化了，那么就失去自我了。

与自然要"乐"，是指要欣赏万事万物。《庄子·知北游》中写道："天地有大美而不言。"从道的层面来看，万事万物都值得欣赏。《庄子·秋水》中写道："以道观之，物无贵贱；以物观之，自贵而相贱。"意思是，从道的层面来看，万事万物一律平等；从物自身的角度来看，其自身是最重要的。

与大道要"游"，是指道是自本自根的，无处不在，我们要始终与道在一起。

■ 来自《易经》的启发

2019年，在中国哲学传承班的讲义中，傅教授对《易经》也概括了四句话：存自己以"诚"，待别人以"谦"，观万物以"几"，合天道以"德"。因为《易经》的内容极其丰富，所以傅教授说，这四句话只是勉强概括。

存自己以"诚"，是指要保持自己的真诚。像《易经·文言传》中写道："闲邪存其诚""修辞立其诚"。意思是，在内，要防范邪恶，保持真诚；在外，要用言行来树立自己的诚信。

待别人以"谦"，是指要保持谦虚。《易经》的六十四个卦中，谦卦是最好的，因为它的六个爻都是非吉则利。谦卦是由这两个三爻卦构成的，上面是"地"，下面是"山"。山本来是在地上面的，现在跑到下面来了，就表示谦虚。

观万物以"几"，是指通过观察事物的细小变化去预测大的变化，也就是要见微知著、预测变化。

《易经》中的用来说明乾卦的"天行健，君子以自强不息"，以及用来说明坤卦的"地势坤，君子以厚德载物"，最能够代表"合天道以'德'"。君子要感悟并尽力效仿天体运行的刚健不已，来不断奋发向上；还要感悟并尽力效仿大地的顺应无比，来敦厚自己的品德以承载众人。

■ 小结

傅教授是一位很严谨的学者，用词很有讲究。因为儒家是人本主义，是以人为中心的，所以傅教授都用了"对"字作为概括儒家的那四句话的开头。而道家认为道是万物的来源和归宿，强调万物都隶属于同一个整体，所以傅教授都用了"与"字作为概括道家的那四句话的开头。而《易经》则强调从细小的几微去分辨和预测事物的变化，所以傅教授就用了四个不同的字来引出概括《易经》的那四句话。

傅教授对儒家、道家和《易经》的概括，其中的每一句话又可以用一个字来代表。我把这12个字放进这张图中，可以看出它们之间的联系（见图4-4）。因为《易经》是中国文化的总源头，所以我把概括《易经》的四个字放在最左边；因为道家看问题的层次更高，不局限于人类，所以我又把概括道家的四个字放在概括儒家的四个字前面。

	《易经》	道家	儒家
对待自己	诚	安	约
对待别人	谦	化	恕
对待自然	观	乐	俭
对待超越界	合	游	敬

图4-4 国学对自我修养的要求

注：为了使字义明确，图中使用了"观""合"而未使用"几""德"二字。

我尝试对它们之间的联系作如下解释。

□ 对待自己：保持真诚（《易经》），才能安心（道家），自我约束（儒家）才能更好地让自己安心。如果没有自我约束，例如，做了违法的事，你就无法安心。

□ 对待别人：保持谦虚（《易经》），才能与别人打成一片（道家），多替别人考虑（儒家）才能更好地与别人打成一片。如果不替别人考虑，例如，非常自私自利，你就无法与别人打成一片。

□ 对待自然：观察自然（《易经》），才能欣赏自然（道家），善待自然（儒家）才能更好地欣赏自然。如果不善待自然，例如，随意砍伐森林，自然之美就无法存续下来让你欣赏。

□ 对待超越界（超越自然界和人类的存在）：感悟和效仿天道（《易经》），与道同游（道家），敬畏神明（儒家）。《易经》的超越界是"天道"——宇宙的运行规律，道家的超越界是"道"——自本自根的永恒存在，儒家的超越界是"天"——赋予人类使命的主宰（"神明"是对"天"的一种表述）。

傅教授又进一步概括了三句话：内心感受要真诚，对方期许要沟通，社会规范要遵守。第一句是指听从自己内心的声音，不要骗自己；第二句是指了解别人的需求，不要骗别人；第三句是指遵守社会规范，不要骗社会。傅教授的这三句话，高度概括了《易经》、道家和儒家给我们的关于提升自我修养的启发。

傅教授告诉我们，用儒家处世，用道家自处。我在听了傅教授的课之后，觉得还可以再加一句，那就是，用《易经》处变。

27

我的项目管理职业历程

　　每个人都需要开拓光明的职业道路。无论是在组织还是在职业的环境中，要有较好的职业发展，你都必须牢牢地记住并切实践行：力量——强而不骄。如果没有力量，你在组织或职业中都不可能有自己相应的地位，不可能有很好的发展。有了力量之后一定要不骄傲，一定要谦虚。

从财务会计到国际合同管理

　　我这36年的职业经历及未来的职业发展，很符合《易经》乾卦六个爻的爻辞所述的情况。其实，乾卦六个爻一路向前发展，能够代表大多数有追求者的职业发展道路。

　　第一爻是"潜龙勿用"。龙还潜在水中，不能有所作为。对我来说，这是20岁之前；对大多数来讲，也是20岁之前。在20岁之前，只能默默地积蓄力量，不应该也不能够试图有所作为。我于1983年大学毕业，当时21岁，在那之前一直都是读书。

　　第二爻是"见龙在田，利见大人"。这个时候，龙已经从水中出来，到陆地上来了，应该要有所作为了；他也需要领导的提携、长辈的帮助和指导。这里的"大人"就是领导和长辈。对我来说，21~33岁，这十多年就是我的"见龙在田，利见大人"的阶段。

　　1983年9月，我大学毕业，被分配到鲁布革工程管理局工作。鲁布革水电工程在云南省罗平县和贵州省兴义市境内，我当时并不能安心在这里工作。后来，我发现在这里可以学到很多东西，特别是得到了很多领导和长辈的关心，也就安心待下来了。鲁布革水电站建设工程是我国第一个利用世界银行贷款、利用规范的项目管理方法来管理的大型土木工程。我非常荣幸能够在鲁布革工程管理局工作。鲁布革工程管理局是我国第一个真正符合现代项目管理的要求的项目管理机构。鲁布革水电站建设工程应用项目管理方法非常成功，在全国创造了"鲁布革冲击"和"鲁布革经验"。

1983年我刚到鲁布革的时候，鲁布革工程管理局还处于筹备阶段，我就跟着筹备处的领导们干一些杂事。鲁布革工程管理局正式挂牌成立后，由于我在大学学的是财务，领导就让我在财务处工作。财务会计工作的一大特点就是，要严格地守规矩，不需要做什么创新。干了一段时间的出纳和会计之后，我就不想干了，因为我觉得这个工作发挥不了我的创造性。

当时，鲁布革工程管理局的员工主要是两部分人：一部分是刚分配来的大学毕业生，另一部分人是从外面各个单位借调来的人。这些借调来的人，在这里的工作时间是很有限的，例如，一年或两年。虽然也有一些借调来的人愿意长期留在这里，但是很多人还是想要回原单位去的，因为鲁布革工程管理局毕竟是一个临时机构，谁都不知道它未来的命运是怎样的。随着借调的人陆陆续续地离开，鲁布革工程管理局就出现了严重的人员短缺，特别是当时重中之重的国际合同管理工作缺人了。这个国际合同管理，是与日本承包商的施工合同的管理，在当时是全新的工作，在国内无先例可循。我发现了这个问题，也意识到了它对我来说是一个机会。

看到这个机会之后，我就及时去找当时的杨克昌局长了。我告诉他，我不太想在财务处干了，我希望到计划合同处做国际合同的管理工作。杨局长很爽快地答应了我，因为他可能看到了我是一个很有上进心的年轻人，是很值得培养的。到计划合同处工作，这在我的职业生涯中是一个非常重要的里程碑。如果只是在财务处做会计，我后面的发展就不会很自然地转向项目管理。因为会计那个工作，涉及面太窄，又不需要创新。国际合同管理就不一样了，特别需要创新。每个人都应该注意观察，在单位上，什么人什么事已经出现了什么问题，或者可能出现什么问题。因为对你来说，问题往往就是一个机会。

当然，我并不是简单地凭借与杨局长说那么一句话——"我希望到计划合同处工作"，杨局长就很爽快地派我到计划合同处去了。其实，在找杨局长谈话之前，我是做了很多的所谓 "营" 的工作的。这次，与杨局长的谈话，只不过是我的 "销"。我们经常讲"营销"这个词。大家有没有想过，"营"和"销"是不一样的。你一定要先做"营"再做"销"。如果"营"做得好了，"销"只需适当做一下即可，甚至不做也可以。如果"营"没有做好，你只是去做"销"，那效果就很差。"营"的英文就是marketing，"销"的英文就是sell。虽然我以前是在财务处工作，做一些比较简单的工作，但我还是会自己做很多思考。做了思考以后，我会写相应的总结，并把总结交给杨局长看。我们单位虽然级别高，是地市级的单位，但是人员很少，当时就二三十个人。当时，我们单位在酒店租了一层楼作办公室兼宿舍，杨局长刚来的时候，一个人，就住在我隔壁，所以我要找他很容易。他从我的总结中一定能够看出我是一个很求上进的年轻人，要不然怎么会自觉写总结。

国际合同管理

到计划合同处以后，我就直接与日本承包商打交道了。在工程价款结算、索赔处理、合同管理等方面，我虽然不是最终的决策者，但是能够在其中起到很重要的作用。我在完成日常工作的基础之上，还主动地做了很多延伸思考，主动地做了很多延伸工作。也许我的本职工作就是这么一项，但是在做好本职工作的同时，我会延伸出其他的相关工作，并主动去完成。例如，我会主动研究合同中的缺陷，像前后矛盾的地方、含糊不清的地方；发现合同中的缺陷之后，我就给领导写合理化建议，提出自己对合同缺陷该怎么处理的意见。对于合同缺陷，我们比承包商更早发现了，更早去研究了，就会处于比较有利的位置。我的大多数合理化建议都被单位领导和日本承包商采纳了。

做工作，千万不要满足于"知道该怎么做"，还要进一步弄清楚"为什么要这样做"，进一步弄清楚"还有没有别的方法可以解决同样的问题"，进一步弄清楚"对可能出现的新问题又该怎么解决"。沿这条路径不断追求，这才是真正的个人工作能力的提升道路（见图4-5）。

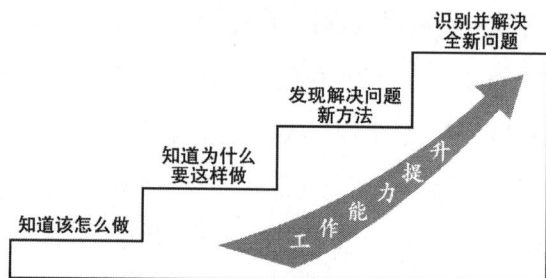

图4-5　个人工作能力提升之路

从国际合同管理到外资财务管理

我在计划合同处工作了一段时间以后，杨局长又发现财务处缺人，缺管外资财务的人。鲁布革水电站建设工程的外资特别多，包括世界银行的硬贷款（要收利息的）、世界银行的软贷款（不收利息的）、澳大利亚政府的赠款、挪威政府的赠款、加拿大政府的赠款。这些外资的管理方法不尽相同。杨局长又想把我调到财务处管外资财务。考虑到国际合同管理还没有完全结束，他就让我把国际合同管理也带到财务处去做。

所以，在后面相当长的一段时间，我是在财务处工作，但同时又兼做着国际合同管理。我做了两份工作，却没有多拿一分钱。我觉得一点都不亏，反而是赚了，因为另一份工作对我来说是学习和锻炼机会。年轻人千万不要追求做两份工作就一定要拿两份工钱，做三份工作就一定要拿三份工钱。你做两份或三份工作，只拿一份工钱，完全是可以的，因为另一份或两份工作也许对你来说是很好的学习机会。

我在鲁布革工程管理局没有任何职务，工资也没有比其他年轻人多一分钱，但是我得到了比其他年轻人更多的学习和锻炼机会。对我来说，这样的学习和锻炼机会，比起提升我的职位、给我涨一级工资，要重要得多！年轻人，一定要牢牢地记住，学习和锻炼机会远比升官和赚钱要重要得多。

实践、学习、思考和总结

在鲁布革工程管理局工作期间，我一边实践，一边学习，一边思考，一边总结。请注意，我这里的四个"一边"。我看了不少国内外的相关书籍，我还经常写总结。1989—1994年，我每年都会把自己写的总结文章装订成一本，并在扉页写上"勤思考，勤总结，勤动笔"这九个字来鼓励自己。我现在仍然不停地用这几个字来鼓励自己。

在鲁布革水电站建设工程完工以后，杨局长组织全局员工写总结，写了一本书——《鲁布革水电站建设项目管理的实践》[①]。它是对鲁布革水电工程项目管理全过程的总结。这本总结写了两年多时间，写得非常好。我有机会参与这份总结的编写，这对我来说是一个非常好的锻炼机会。在这本总结的主要撰稿人中，我是最年轻的一位。而且，最重要的前面三章，其中第二章"世界银行对贷款项目的管理"，就是由我写的。杨局长一开始就说前面三章是要给大领导看的，所以一定要特别重视，要写得特别好。第一章，由杨局长自己写。第二章，他本来没想交给我写，因为当时我太年轻。他一开始是交给另一个比我大十来岁的人写的。那位同事写了一部分初稿，交给杨局长看，杨局长很不满意，就决定交给我来写。杨局长把同事的稿子给我看了，我也觉得写得不好。例如，他用了这样的表述，"鲁布革的改革开放就像一匹脱缰的野马"，我觉得这个表述很不合适。一是因为"脱缰的野马"这个说法不太具有褒义，二是因为在这类文章中应该尽量不用富有感情色彩的词汇，而要用中性的词汇。

我当然很乐意接受这个写作任务。后来，我就根据自己与世界银行官员打交道的体会，自己的工作实践，以及相关资料，很好地完成了这个写作任务。即便现在去看，我也仍然认为这一章写得是很好的。例如，我当时就总结出来了这一点：监督是为了服务和提高，监督必须与服务相结合。后来，我基于当时的这一点总结，经常说这一句话：监督因服务而成功。我如果只在计划合同处工作，就只能接触到日本承包商的人员和澳大利亚的咨询专家，而接触不到世界银行官员。我回到财务处工作，就让我的视野扩大了许多，因为我可以接触到世界银行官员以及很多外国专家。鲁布革水电工程的国际合同，大大小小，180多个，每个合同的付款都要通过我，这当然就开阔了我的视野。

---

① 杨克昌. 鲁布革水电站建设项目管理的实践 [M]. 北京：鲁布革工程管理局，水力发电杂志社，1994.

产生出国学项目管理的想法

乾卦第二爻是"见龙在田，利见大人"。我的最重要的"大人"，当然就是杨局长。杨局长非常重视我，而且随着工程的进展，越到后期就越重视我，因为他想培养年轻人，他也发现我是一个值得培养的人。当然，在鲁布革工程管理局，我还有很多其他的"大人"。我特别善于向长辈们学习。鲁布革工程管理局的绝大多数长辈都是我的"大人"。我会努力发现他们的优点，努力向他们学习。例如，当年有一位工程师，每天早上都跑步，风雨无阻。虽然我在年轻时没能像他那样跑步，但他跑步的形象是深深地刻在我的心里了，是影响我现在也能够跑步的一个很重要的因素。我很欣赏他，所以他也是我的"大人"。

在鲁布革工程管理局工作期间，我就一边实践一边思考：项目管理到底是一个什么样的工作？到底是一个什么样的学科？通过思考，我就得出了这个判断：国外大学一定有项目管理研究生专业。所以，在鲁布革水电站建设工程快完工的时候，我就下决心在鲁布革水电站建设工程完工后出国学习项目管理。当时，并没有人告诉我国外大学有项目管理专业，因为国外大学的项目管理硕士专业也才刚刚开始出现。

有了出国读书的想法，我就去找杨局长了。那时，杨局长和我已经成了项目管理专业方面的知音。他经常找我去谈项目管理，在他的病房、卧室和办公室。他卧室里有一个氧气瓶，他要吸氧的时候，就让我到卧室谈。我告诉杨局长，你如果再派我出国，那就不要再派我到实际单位去了，你一定要派我去大学读书。他就问我，你为什么要去大学读书？我告诉他，我现在不缺实践经验了，但是很缺理论，我要去学理论，想办法找到一条理论主线来把我的实践经验串成一个有效的系统。杨局长当然觉得我这个年轻人太有想法和追求了，他就努力创造条件派我出去读书。

1996年我出去读书的时候，他就对我提出了这样的要求：我要求于你的是真正把项目管理从理论到实践完全弄明白。他在1997年去世之前的几个月给我写了一封信，就把这句话写下来了。其实，我当时对他的这句话并不是很理解。为什么？因为真正把项目管理从理论到实践完全弄明白，这是完全不可能的；更何况项目管理是在不断发展的。后来，随着自己阅历的增长，就慢慢地理解了。只有非常有远见、非常有高度的领导，才能够说出这种看似不合理但实际上非常有道理的话。

这其实是杨局长给我规定了一个人生终极目标。这种终极目标，不是用来实现的，而是用来不断接近的。我的乐趣就是不断地接近它。每一个人都要有一个永远实现不了的终极目标，你的乐趣就是不断地接近它。

我在鲁布革工程管理局的这十多年，职业发展很顺利。为什么能够很顺利？因为我自己的兴趣线、领导的兴趣线，还有事物的发展方向线，是三线合一的。如果我自己的兴趣线与领导的兴趣线是不符合的，那就很麻烦。你希望职业发展比较顺利吗？那就要想办法让你自己的兴趣线与领导的兴趣线、与事物的发展方向线是三线合一的。事物的发展方向线，当然要靠你自己去悟，要靠你自己去预测。领导的兴趣线，你可能影响不了。如果领导的兴趣线与事物的发展方向线、你的兴趣线是完全背离的，那么就要赶紧离开他。对于这样的领导，一定要坚决快速地离开他，一天都不要多跟他。

从读硕士到读博士

乾卦第三爻的"君子终日乾乾"，即君子整天都很勤勉。对我来说，就是34—39岁这个阶段，就是我在澳大利亚读硕士和读博士的阶段。这个阶段，我非常勤奋，非常辛苦。像我读硕士的时候，别人一个学期修三门课，我一个学期修五门课。我用了13个月就把硕士课程全部修完了。我做作业，每一个案例作业都尽最大努力去完成。所以，我对每一个案例作业都很自豪。后来，我把全部案例作业装订成了五本，永久保存。我读硕士的成绩很好，在我还没毕业时，教项目风险管理课的路易斯博士就正式给我写了一封信，邀请我跟他读博士。后来，虽然没能跟他读博士，但他的这封信，对提升我的自信心，对促使我下决心读博士，起到了非常大的作用，因为我知道了原来老师这样欣赏我，原来老师认为我是有读博士的潜力的！

我读完硕士以后就回国了。回国之后，找不到能与我谈各行各业都可以用的项目管理的知音。在出国留学之前，我也认为项目管理只是在建筑行业应用的，在其他行业用不了，但是读了项目管理硕士之后，我知道了项目管理是各行各业都可以用的，不局限于建筑行业。找不到项目管理方面的知音，我感到很孤独，再加上新工作单位的领导不重视我，这两个原因促使我下决心再出国读项目管理的博士研究生。

我读博士，就是想要做项目管理文化的研究。因为我本科学的是文科，特别喜欢研究一个技术或知识背后的道理和理念。1998年下半年，我开始在澳大利亚维多利亚大学读博士。我读博士的经历是非常曲折的，可以说是"青年汪的奇幻漂流"！最初满怀美好的愿望，很快就遇到暴风雨，例如，没拿到奖学金，而且找打工的机会也不顺利；然后面临如何在极其混乱的情况之下求得新的希望；接着出现转机；最后终于成功登陆。所以，我看电影《少年派的奇幻漂流》（李安执导，2012年在中国大陆地区上映），就特别有体会。这部电影，不同人看会有不同的体会、不同的解读。经历越曲折、越丰富的人，体会就会越深。我把自己读博士的经历概括成了这三句话：汪洋之中，小舟一叶，金诚奋进。

或跃在渊

乾卦第四爻是"或跃在渊"，即你要么冒出来，要么停留在原地（相当于沉在深渊）。对我来说，就是39—50岁这个阶段。39岁，就是我交博士论文的那一年。博士论文交出去之后，能不能通过，这是一个太大的风险。当然，因为我的博士论文做得比较好，特别是在我的博士论文交出去之前，我就已经在美国得奖了，所以我自己还是比较有信心的。读博士的这几年，我一边打工一边读书，非常辛苦。当然，这个辛苦也让我学到了非常多的东西。在博士毕业的时候，我很幸运地在PMI获得了研究生论文奖，而且也在维多利亚大学获得了表彰奖。那一年，我的导师推荐我参加最佳博士毕业生评选。我成为法律和管理学院的最佳博士毕业生。虽然最后没有当选整个学校唯一的最佳博士毕业生，但是能过学院这一关还是很不错的。学校也给我发了一个表彰证书。在PMI得奖、获得博士学位和获得学校的表彰，这些联合起来就是我通过读博士实现了一次"或跃"，避免了"在渊"。

读完博士，我就回国了。回国之后又面临一个新的"或跃在渊"问题，那就是我该怎么样确立自己在项目管理行业中的地位？当然，必须要靠一些有形的可交付成果。对于学者和老师，当然是要写书和出书。所以，我很快就开始基于博士论文来写《理想的实现：项目管理方法与理念》这本书了。我还特意找了国家级出版社——人民出版社来出版这本书。这本书是现在的《项目管理方法论》的前身①。我用这本书和其他成果（包括讲课、文章和著作）实现了自己的又一次"或跃"。

飞龙在天

乾卦第五爻是"飞龙在天，利见大人"。你在事业上有所作为了，还需要很多人的帮助。这些能够帮助你的人都是你的"大人"。你还需要培养年轻人，这些年轻人也是你的"大人"。对我来说，就是51岁到现在这个阶段。我在项目管理事业上有所作为了。例如，做这个大讲堂，就是我的有所作为的一个表现。我这个大讲堂，还是很有特色的。

事业上有所作为，还包括我正在做的一些跨界整合。例如，我试图把项目管理与国学结合起来，这是我现在和未来一个最重要的研究方向。以前也有许多人研究国学跟西方管理学的结合！不过，不少人的研究都只是简单地对两者进行嫁接。这种嫁接式的结合，不难做，我如果要做的话，今天就能够做了。我要做的不是这种嫁接式的结合，而是融合式的结合。我要把项目管理吃得很透，把国学也吃得很透，也就是要把这两者都揉碎了，然后把它们混合在一起，塑造出一个新的东西。这种是融合式创新，不是嫁接式创新，会更加困难，也更有意义。

事业上有所作为，也表现在我想把项目管理与足球的一些道理结合起来。例如，我特别支持董路老师和他创办的中国足球小将。我从管理学的视角去关注和支持中国足球小将，就发现中国足球小将可以教我很多东西。我总结了一下，2019年我从中国足球小将学到了这三条。第一条是前面已经跟大家讲过的，爱是一切领导力的最根本的基础。第二条是大人不应该只是关心孩子的努力和成长，大人更应该

---

① 汪小金. 理想的实现：项目管理方法与理念 [M]. 北京：人民出版社，2003. 为了更适合用作研究生教材，后改名为《项目管理方法论》（人民出版社2011年6月出版）。最新的《项目管理方法论》（第3版），由中国电力出版社2020年5月出版。

学习孩子的纯粹、努力和成长。大人们实在是太容易忘记自己也要纯粹、努力和成长了。第三条是中国足球小将已经不仅仅是一个球队，它更是一个透明、公正和开放的平台，更是一种特别值得宣传、研究和推广的社会正能量和社会现象。"透明"是"公正"和"开放"的前提，如果不透明，你想公正和开放是做不到的。在透明的基础上，才能公正和开放。再如，我看武磊踢球。武磊在国内中超联赛和西班牙甲级联赛踢球，射门进球很有特点。我曾经在微信公众号发过关于武磊式进球的职业启示的文章①。武磊的那种进球方式，对我们每个人的职业发展是很有启发的！

我要在项目管理事业上有所作为，当然就需要很多人的帮助。这些帮助我的人既包括了像傅佩荣教授这样的长辈，也包括像董路老师这样的同辈，还包括了我的学生。乾卦第五爻中的"大人"，也包括学生和助手。对于五六十岁的人，培养年轻人是他们非常重要的一个追求。像2019年10月份，我在昆明蓝血项目管理系统有限公司举办了一个项目管理师资班。参加师资班的都是优秀的年轻项目管理培训师。他们当然也是我的"大人"。

乾卦第六爻是"亢龙有悔"，就是想要回归田园了。对我来说，我还没到这个阶段。一般，人在70岁以后就会想要回归田园。

希望给年轻人的启发

我给大家分享自己这36年的职业经历，就是希望大家能够从中得到一些启发。总结一下，也许可以给年轻人以下四点启发。

第一，面对问题找机会。像当年鲁布革工程管理局不少借调来的员工陆续离开，这是一个问题，其中也隐藏着机会。我就看到了其中的机会。

第二，寻找真空补空缺。随着借调来的员工的陆续离开，国际合同管理出现了一定的真空地带，我就及时向领导请求去填补工作岗位的空缺。

① 参阅微信公众号"drwangpm"的两篇文章《'武式进球'的职场哲理》《职场成败也就是一个球》。

第三，面向未来找机会。我当时就预测到了项目管理会有很好的发展，所以我就要出国读书，学项目管理。

第四，迈向边缘求整合。你千万不要只是处在职业的中心地带。在中心地带，所面临的竞争会非常激烈。你在中心地带做得比较好了，对这个学科的核心、这个职业的核心有了较好的掌握以后，就要想办法向边缘迈进，寻求跟别的学科、别的职业的整合。我为什么要学国学，关注足球，关注中国足球小将？就是要迈向边缘求整合。我不希望处在项目管理学科和职业的中心地带与别人做短兵相接式的竞争。迈向边缘求整合，我就不会与别人形成那种短兵相接式的竞争。

28

组织和职业环境中的职业发展

组织和职业对职业发展的不同作用

　　因为每个人的职业发展都需要在组织的大环境之下，都需要在职业的大环境之下，所以我们来看一下，应该怎样在组织和职业这两个大环境之下来做自己的职业发展。我们要了解一下职业和组织是什么关系。组织是安排工作的行政方式和纵向方式，职业是安排工作的专业方式和横向方式（见图4-6）。通常一个组织会雇用许多不同职业的人，同一个职业的人会在许多不同组织中就业。人员所在的组织和所在的职业，都会对人的工作行为施加相应的影响。例如，我既是云南大学的老师，又是项目管理的工作者，我的职业行为既会受云南大学的影响，也会受项目管理职业的影响。

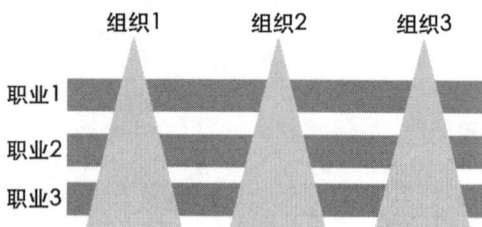

图4-6　安排工作的纵向和横向方式

　　一个人为组织工作和为职业工作，其意义是不一样的。你为组织工作，它的意义是为雇主而做；你为职业工作，那才是真正为自己而做。当然，这两者也并不矛盾。你为组织做工作的目的是要获得收入和职位提升，而你为职业工作的目的是要实现知识和技能的改进。还有，你在组织中工作，工作是你与组织中的其他人打交道的一小部分；而你在职业中工作，工作就是你与其他同行打交道的核心。通常，组织中的人际关系会比较复杂，工作关系只是你的广泛且复杂的人际关系的一小部分；而职业中的人际关系比较简单，工作关系是你的人际关系中最核心的内容。

更多地依附于职业

以企业为代表的工业组织是工业革命的产物。人类从农业社会发展到工业社会，又从工业社会发展到现在的项目社会。因为已经进入项目社会，所以在工业社会所产生的以企业为代表的传统组织，很多都正在面临巨大的挑战。有不少传统组织会逐渐消失。有些传统组织即便不会完全消失，其规模也会缩减，或者其性质也会有根本转变。

为什么说现在是项目社会？一是因为从技术特征来讲，社会正在信息化、数字化和智能化，而这三化的必然结果就是整个社会的项目化。随着人工智能的发展，越来越多的重复性工作，要交给机器去做，而人类就必须越来越多地做独特性工作，也就是项目。例如，把自动售货交给机器去做，那么人类就要做这三个项目：研发自动售货机，解决自动售货机的故障，对自动售货机进行升级换代。二是因为从时空特征来讲，社会正在日益去边界化。无论是从时间上讲，还是从空间上讲，工作和生活之间的界限都会越来越模糊。现在，网络这么发达，交通这么方便，人们可以随时随地生活，可以随时随地工作，也就可以随时随地做各种项目。

因为传统组织正在面临巨大挑战，包括可能完全消失、缩减规模或转变性质，所以对许多人来讲，组织就不是很重要了，而职业会变得日益重要。早在1995年，美国《财富》杂志就曾经做出过这类预言。当年，《财富》杂志发表了两篇与项目管理有密切关系的文章。其中一篇的标题就是"在没有经理的世界的职业生涯规划"[1]。该文作者认为，组织机构的重组、规模缩减和扁平化，会使组织越来越靠不住，人们也就要越来越依靠所在的职业。该文作者提醒人们，你的工作并不主要取决于所在的组织（例如，为IBM公司工作），而是主要取决于所从事的职业（例如，设计RISC芯片）。组织可能抛弃你，但是职业绝对不会抛弃你，除非这个职业本身消亡了。

---

[1]Stewart A．Planning a career in a world without managers [J]．Fortune, March 20, 1995．

对一个人来讲，你要换单位是很容易的，但是你要换职业是很难的，特别是随着年龄的增长。例如，一个医生，可以今天在这个医院工作，明天在那个医院工作，后天再到另一家医院工作，但他一辈子都是做医生。这样一来，就要求我们把自己更多地依附在所从事的职业上面，而不是所处的组织上面。其实，通过依附于职业来不断提高离开所在单位的能力，这是确保自己在单位上的工作岗位安全的最好办法。

如何融入项目管理职业

作为高度依附于项目管理职业的人，项目管理工作者当然要切实融入项目管理职业。你如果不融入进去，那怎么能说你是依附于项目管理职业的呢？项目管理的知识体系、专业教育体系、职业资格认证体系和从业者职业社区，共同构成了项目管理职业的坚实主体。项目管理工作者应该以下三个方面来融入项目管理职业：把项目管理当作终生职业，向项目管理同行看齐，力促项目管理职业发展。

■ 把项目管理当作终生职业

当然，没有任何一个人天生就会把项目管理当作自己的终生职业，也很少有人一出校门就立志终生从事项目管理工作。年轻人往往需要经过较长时间的摸索，才能确定是否以项目管理为终生职业。这个摸索阶段通常需要5~8年时间。对于年轻人来讲，最好在30岁之前，最晚在35岁之前完成这个摸索阶段。这个摸索阶段，其实是一个人的职业生涯规划的第一个阶段。这个阶段的主要任务是在多个或同一个组织中试水各种各样的不同工作，以便充分扩展自己的职业网格，也就是要充分地"爬格"。例如，分别从事一段时间的销售工作、技术工作、行政工作、管理工作等。这既是为了体验哪个工作最适合自己而且是自己最能做出成绩的，也是为了获取可相互补充的从事不同工作的经验。只有经过充分爬格之后，才能确定自己的终生职业是什么。

一旦确定了以项目管理为终生职业，那么就进入了职业生涯规划的第二个阶段，即登台阶段。经过充分爬格，我发现项目管理工作最适合我，就会在"项目管理"这个格子中竖立一把梯子，供以后攀登。在攀登这个梯子之前，一定要先登台，就是要以项目管理工作者的身份正式亮相，向大家宣布项目管理就是自己的终生职业。我再也不把项目管理工作当作是一个跳向别的职业的跳板。这个阶段的主要任务是完整地经历一个中等以上规模、中等以上复杂程度的项目的全过程，至少要获得一种项目管理职业资格认证（如PMP®认证），学习和内化项目管理的思维方式。

在以项目管理工作者的身份正式亮相并站稳脚跟以后，就应该进入职业生涯规划的第三个阶段，即攀梯阶段。我要不断地攀登我的职业阶梯。对很多人，这个阶段会持续到退休；对有些人，这个阶段会持续到生命终结。这个阶段的主要任务是去管理更大规模和更加复杂的项目，不断提升项目管理专业水平，不断提升职业声望，努力向项目管理职业贡献知识和经验，努力在项目管理的某一个方面达到先进甚至领先水平。有些人可以从单个项目的管理逐渐走向项目集的管理和项目组合的管理，有些人可以从项目经理的岗位逐渐走向与项目管理有密切关系的高级管理层岗位，有些人可以逐渐在项目管理行业协会扮演领导者角色，有些人可以逐渐成为著名项目管理学者或咨询师。项目管理的覆盖面很宽，给很多人留出了很大的发挥余地和发展空间。

■ 向项目管理同行看齐

既然高度依附于项目管理职业了，那么就应该更加向项目管理职业的同行看齐，而不是更加向所在组织的同事看齐。也就是说，宁愿与项目管理同行比工资高低，比业绩好坏，也不要与单位同事来比。要与项目管理同行比工资，方法很简单，你可以去查看PMI每两年发布的《项目管理工资调查报告》[1]。

为了向项目管理同行看齐，首先，就要加入并活跃于项目管理职业圈，包括与项目管理同行保持密切联系，了解项目管理同行是谁，他们在做什么，已经取得了什么业绩。

其次，一定要欣赏同行的业绩，而不要去嫉妒。其实，欣赏别人也就是欣赏我

---

[1] 可从 PMI 官网（www.pmi.org）查看最新的工资调查报告：Earning Power: Project Management Salary Survey—Eleventh Edition（2020）。

自己。每一次欣赏别人，也就是给我自己的潜意识施加一次正能量影响。不断地重复这种影响，我就能够在内心建立起对取得与同行类似甚至更好的业绩的一种强大的需求，从而驱动自己去取得这样的业绩。

再次，要用同行的业绩作标杆，但不要用同行的业绩来否定自己。前几年，在北京的一次年会上，几位年轻的项目管理工作者做了几个演讲，讲得很好。会议结束之后，一位年轻听众给我发了一条微信，说是听了这几位年轻人的演讲之后，自己太自卑了，觉得自己怎么都不如他们。我就回复他，千万不要用他们的业绩来否定你自己，你要知道你自己也可以在有些方面做得很好，你做得很好的这一方面他们不一定能做得很好。

最后，一定不能简单跟随别人，而要做出自己的特色。向同行学习，以同行的业绩为标杆，这并不意味着你可以简单地跟随别人。你如果简单地跟随别人，那即便你做得很好，也没有多大意义。项目管理是一个涉及面很大的职业，不仅具体的应用领域很多，像农业、工业、服务业都可以用项目管理，而且细分的专业知识领域也很多，像范围管理、进度管理、成本管理，这就为每一个项目管理工作者做出自己的特色，提供了必要性和可行性。

如果你不善于欣赏同行，不善于把同行作为标杆，不善于做出你的特色，那么就会陷于同行相轻甚至是损人利己的危险局面。你如果善于欣赏同行，善于用同行的业绩作为自己的标杆，善于做出自己的特色，你就绝对不会同行相轻，反而会"同行相重"。有些人之所以会同行相轻，那是因为他嫉妒别人，他不会做出自己的特色。

■ 力促项目管理职业发展

项目管理之所以有今天的大好局面，靠的是过去很多前辈们的努力。项目管理以后的发展，靠的是现在很多人的努力。我们在大树底下乘凉的同时，一定要给后人栽树。

首先，一定要忠诚于项目管理职业。不是会看病，就算是专业的医生；不是会使用一些专业技术和知识，就算是专业的项目管理工作者。专业的医生，一定是对医生职业很忠诚的！专业的项目管理工作者，当然也是对项目管理职业很忠诚的！什么才是真正的专业人士？真正的专业人士一定是具备以下三个特点的。

☐ 具有高深的知识和精湛的技艺。这是在长期的学习、研究和实践中积累起来的。

☐ 把工作本身当作乐趣，当作生活的目的。工作不只是谋生的手段，不只是赚钱的手段，工作更是我的乐趣所在，更是我的生活的目的。

☐ 有服务他人、服务社会的精神。我愿意用我的知识和技能来服务别人、服务社会。

其次，一定要尽力帮助项目管理同行。最简单、最直接的帮助同行的方式，就是赞扬同行。不要吝啬你对同行的赞扬。一句简单的赞扬，会激发同行向上的动力和努力的愿望。也要在同行遇到困难时，帮助他们解决。还要不断地向同行分享自己的经验。还有，尽量满足别人对自己的认同需求，这也是帮助别人的一种有效方法。一个人随着年龄的增长、职位的提升和声望的提高，就会有很多年轻人要来向他表达各种主动认同的需求。例如，年轻人找我合影、找我签名，这都是他们在表达对我的主动认同的需求，我要尽可能满足他们的需求。

最后，积极为项目管理职业做志愿者。做志愿者，虽然不能够直接获得收入，但是有利于扩大职业交往圈，有利于提高工作技能，有利于在某个领域逐渐处于先进甚至领先水平。就像《道德经》中这两句话："既以为人己愈有，既以与人己愈多。"意思是说，我越帮助别人，我自己所有的东西就越多；我给别人的东西越多，我自己也能够得到越多的东西。做志愿者就是这样的，你越帮助别人，你越帮助这个职业，你自己的发展就越好。最近，在学国学的过程中，我就总结了这么四句话：不知之知为大知，不争之争为大争，无用之用为大用，无利之利为大利。其中的最后一句，表面上看不能直接带来经济利益的事情，往往能给你带来更大的利益。你如果能够切实理解这四句话，那么人生的境界就很高了。

PDCA环和终生职业发展

我根据戴明环（PDCA环）做了一些关于每一个人应该怎样进行终生职业发展

的创新。PDCA环，是用来做生产的持续改进的。P就是做计划（Plan），D就是按计划实施（Do），C就是检查实施情况（Check），A就是采取行动（Act）去纠正实施偏差或进一步改进，以便进入下一轮更高水平的循环。

大家注意，戴明环或PDCA环，其实并不是戴明教授直接提出来的。我们来看一下戴明环的起源。PDCA环的理论基础是科学方法，源头是现代质量管理奠基人休哈特在1939年提出的"Specification（规范）–Production（生产）–Inspection（检查）"循环。1951年，全面质量管理之父戴明把休哈特的这个循环改进为"Design（设计）–Production（生产）–Sales（销售）–Research（研究）"循环；稍后，日本的企业管理人员又把戴明的这个循环简化为"PDCA环"，同时也把它称为"戴明环"。这之后，"PDCA环"或"戴明环"开始广为流传和应用。戴明提出的"Design（设计）–Production（生产）–Sales（销售）–Research（研究）"循环，之所以没有被直接简化成"DPSR环"，而是被改造成"PDCA环"来广为传播，可能是因为后者的通用性更好、逻辑性更强、读起来更顺口。即便戴明本人曾在1993年把"PDCA环"纠正为"PDSA环"（S为Study，研究或学习），也未能阻止"PDCA环"继续广为流传。戴明认为PDCA环中的"C"，含义过于狭窄。做一下网络搜索，应该是"PDCA环"的条目更多。PDCA环更广流传的可能原因是：PDCA环已先入为主，且其中的"C"的发音比"S"更简单。

PDCA环是用来做生产的持续改进的，不适合直接用于个人职业的持续改进。不过，PDCA环所含的持续改进思想，又可以用来做个人职业的持续改进。所以，我就设法根据持续改进思想来设计适合于个人终生职业发展的类似循环。过去，我们研究一个人的职业生涯规划，一般都是把这个人作为组织的员工，而且一般都是只研究到他退休为止，对他退休之后的职业发展就完全不管了。现在就不能这样了。

现在，研究人们的职业生涯规划就不能局限于"组织"之中，因为很多人不再主要依附于所在组织。零工经济是正在兴起的一个发展趋势。零工经济是指组织中的固定员工越来越少了，甚至会趋于零，大量员工都是外聘来做项目的临时工。

还有，研究人们的职业生涯规划也不能局限于退休之前，因为很多人将终生都是专业工作者。很多人虽然仍会从特定的工作岗位退休，但是他们会"退而不休"！也就是说，在退休之后，他们仍会终生从事相应的专业工作。例如，我还有两年多就可以从云南大学退休了。不过，这个退休将是我的职业生涯发展的一个新起点。我会退而不休，继续研究国学和项目管理的结合。

随着健康水平的提高和数字经济的发展，越来越多的人将终生都是劳动人口，他们不会在65岁就成为非劳动人口。不少专业人士虽然仍会从特定的工作岗位退休，但是他们在生命进入了终结阶段之前一直都是有劳动能力的，因为劳动将越来越不依靠体力，而是越来越依靠经验、知识和智慧。老年人的经验、知识和智慧，通常要比年轻人更胜一筹！所以，现在的年轻人要知道，以后与你们竞争的人不局限于你们的同辈人，还有像我这种到时步入耄耋之年的人。当然，我们老年人会很乐意帮助年轻人。年轻人在做职业发展规划时，一定要有前瞻性。

另类PDCA环

我们来看一个网络上的段子式的PDCA环，P是计划（Plan），D是延误（Delay），C是取消（Cancel），A是道歉（Apologize）。这个段子式PDCA环很好笑，但并不合理。哪里不合理？"道歉"没法自然地连到"计划"，从而没法自然地循环起来。

我自己创造了一个另类PDCA环，也挺有意思的。P是问题（Problem）出现，D是否认（Deny）问题的存在，C是逃避（Conceal）问题，A是恐惧（Afraid）问题的后果。这里，"恐惧"之后就会出现新的"问题"，所以能够循环起来。

对于职业发展，我又设计了一个另类PDCA环。P是力量（Power），D是奉献（Dedication），C是合作（Cooperation），A是成就（Achievement）。首先要积蓄力量，然后要通过奉献来聚焦使用力量，然后在使用力量的过程中要充分与别人合作，然后取得成就。取得了成就，当然就会更有力量，也就进入下一轮循环。

上述三个另类PDCA环（见图4-7）都有一定的价值。

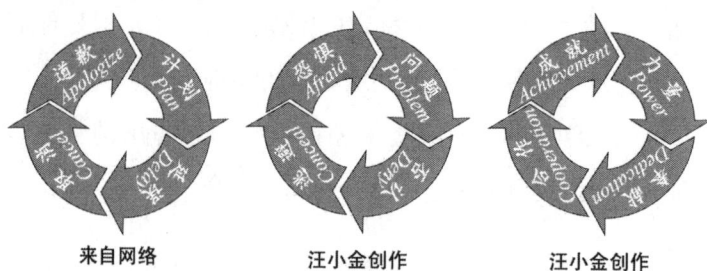

图4-7　另类PDCA环

个人终生职业发展EDCD环

上述适用于个人职业发展的另类PDCA环，虽然从意思上讲很有道理，但是从学术上讲并不规范，因为四个词都不是动词。为此，我就设法在保留这个另类PDCA环的意思的基础上，设计出了一个在学术上更规范的个人终生职业发展"EDCD环"（见图4-8）。EDCD，读起来也很顺口。E是赋能（Empowering），D是投身（Dedicating），C是合作（Cooperating），D是交付（Delivering）。这里的英文单词之所以都用"现在进行时"，是因为个人终生职业发展应该永不停止。相应地，"赋能""投身""合作"和"交付"这四个中文词汇都是动词，而非名词，代表永不停止、正在进行的相应行动。

图4-8　个人终生职业发展EDCD环

　　赋能、投身、合作和交付这四个要素可以按顺序循环。通过赋能，使自己更擅长做专业工作；对自己更擅长的事，就更容易投身其中；自己越是投身其中，就越容易取得别人的合作；越容易取得别人的合作，就越能够交付出期望的成果，这又能够强化下一轮的EDCD循环……也可以从否定的视角来反证这四者之间的联系，即：不赋能，就不擅长；不擅长，就不可能真正投身；不投身，就不可能有合作；不合作，就难以交付出成果……

　　其中的任意两个要素之间也存在循环关系。每两个要素之间的小循环，相当于六个小齿轮，带动由赋能、投身、合作和交付这四个要素构成的大齿轮，推动个人的持续改进式终生职业发展。

　　赋能，是指自我赋能，即：不断提高自己的专业能力，使自己越来越有力量。力量的积累，当然需要长期不断进行。为了积累较大的力量，甚至要默默无闻很长时间。赋能的主要途径包括：向书本学习，从实践中学习，以及在人际交往中向别人学习。这三者之间又构成一个促进赋能的小循环。

　　投身，是指对专业的忠诚，即：献身于自己的专业工作，而不要三心二意、左顾右盼或朝三暮四。很小的力量，一旦足够聚焦，也可以很强大；再大的力量，如果过于分散，也就不再那么强大。投身包括忠诚于活儿（job），忠诚于职业（career），忠诚于事业（calling）。这三者又构成一个促进投身的小循环。活儿是一件一件的具体任务，只要你去做了，就必须专心地做，展现出你的忠诚。职业是人们借以长期谋生的一系列相互关联且性质相似的活儿的组合。在确定了自己的职业之后，你就必须忠诚于这个职业。一个对职业充分忠诚的人，就会把职业当"事业"来做，全身心地投入其中。与职业相比，事业的主要特点包括：不只是工作时间的事情，更是业余时间的爱好；不只是收入的来源，更是快乐的来源；不只是谋生的手段，更是人生的目的。做职业的人，会在一定时间退休；做事业的人，永远不会退休。

　　合作，是指与别人共同行动，即：借助别人的支持，来促进自己的职业发展。任何人，仅靠自己个人的力量都无法快速进步。你必须以足够开放的心态，与别人合作，通过支持别人来获得别人的支持。合作应该是很广义的，不仅包括任务合作，还包括欣赏别人和帮助别人。这三者之间又构成一个促进合作的小循环。任务合作是指与别人共同完成一件或一系列工作任务。这是最简单、最直接、或短暂或长期、或临时或永久的合作方式。欣赏别人，这是一种较复杂和间接的合作方式。欣赏别人，并让别人知道你很欣赏他，这有利于你获得别人的支持。你可以欣赏别人的人格品质和专业素养，可以欣赏别人特定的所作所为，还可以欣赏别人对你所提的不同甚至反对意见。帮助别人，这是一种更高级的合作方式。每一次帮助别人（如解答别人的疑问），不仅是在用特殊的方式与别人合作，而且是在为获得别人的帮助铺路。在这种特殊的合作中，你会对自己的知识和经验进行再整理或再应用，你会与被帮助者进行有效互动，你会形成自己的新知识和新经验。所有这些对你的专业发展都是极其重要的。

交付，是指取得可测量的进步，交付出可视的成果，即：不断地把自己的职业发展固化为一个又一个"可交付成果"，以此激励和展示自我。无论是自我认可，还是别人对你的认可，在很大程度上都取决于你交付出来的成果。没有成果的职业发展，是没有说服力的。交付的内容包括：总结经验教训，取得工作成果，实现心灵成长。这三者之间又构成一个促进交付的小循环。既要经常甚至实时总结经验教训，又要在阶段结束时及时总结经验教训。总结经验教训，其中也包括策划后续对经验教训的应用行动。所总结出来（包括但不限于已写下来）的经验教训，是一种可验证且可测量的成果。从事职业工作，当然必须按时做出实际工作成果。还有，在总结经验教训和做出实际成果的基础之上，必须实现或大或小的心灵成长。只要有足够的心灵成长，你走过的每一步就都是有价值的。

29

项目团队的主要特性

基于团队的工作方式

项目团队建设，一定要做到：团队——和而不同。一群人要形成一个团队，就一定要和而不同。"和"，就是大家有共同的目标，共同的成就感，关系很和谐；"不同"，就是大家要有各自的特色，每一个人都有自己的独特优势，每一个人都能够用自己的优势为团队做贡献。

项目管理是基于团队的工作方式。任何一个人，无论你来自哪个层级或部门，只要加入了项目团队，那么你的第一身份就是团队成员，而再也不是某个层级的领导或某个部门的员工。这一点与传统管理完全不同。传统管理是基于层级和部门的工作方式。这种工作方式是在工业社会中形成的，强调一个人是某个层级的领导或某个部门的员工，强调按层级或部门来分工负责。

学过项目管理的人通常会有更强的团队意识。要看一个人学项目管理有没有学到家，就可以看他有没有较强的团队意识，是不是善于随时随地组建有利于自己更好地做事的团队。例如，你参加马拉松赛事，也要考虑怎么组建团队。2019年12月1日，我在老家浙江千岛湖完成了人生第一个官方主办的马拉松赛事，跑了半程马拉松[①]。与我同去参赛的张锋老师，速度比我快得多，所以他不可能做我跑程中的伙伴。没有伙伴，起初还担心在跑的过程中会很孤独。但起跑之后不久，我就发现周围的很多人都可以成为我的团队成员，我就有意识地去组建我自己的跑步团队了。

---

① 参阅微信公众号"drwangpm"的文章《我怎样完成首个正式半马跑》。

跑着跑着，看到前面一位女生的后背上写了这么几个字——"跑过风景跑过你"。这句话挺好，我就跟着她跑，并在心里默念"跑过风景跑过我自己"。是的，我把她的那句话修改了一下。我为什么这样改呢？因为我在出发之前确定自己的成绩目标，最悲观成绩是2小时50分钟，最可能成绩是2小时40分钟，最乐观成绩是2小时30分钟。所以，我的"跑过我自己"，就是要努力跑进2小时30分钟之内。这位女生就成了我的团队成员了。

跑着跑着，前面出现了一位年纪不算小的男士。他可能生过什么病，有点残疾，跑起来时腿和手的动作都不太正常。但是，我觉得他的姿势才是最美的。我就快快地跑了几步，跑到他的旁边，向他竖大拇指，向他喊"加油"。他也给了我同样的反馈。我们并排跑了一段不短的距离。这段时间，他就是我的团队成员。

后面，我也一直在找别的团队成员。例如，有几位看起来跑得比较专业的人，穿着那种马拉松协会的衣服，主动来关心我，问我有没有问题。他们就成了我的团队成员。再如，我也特别注意与路边的志愿者打招呼，感谢他们，接受他们的加油，从而把他们看成我的团队成员。还有，我虽然没有在路边看到我的中学同学，但我在看到一位与某位同学长得有点像的观众时，故意把他虚拟成我的同学，向他大喊同学的名字，他也大声为我加油。我为什么要喊同学的名字？我是在寻找我的伙伴，我是在寻找一种力量的来源！千岛湖镇毕竟是一个县城，看比赛的人不是很多。到了最后阶段，我特别需要很多人为我加油，但是没有。没有关系，我就自己为自己加油。最后100米，我是自己大喊着"加油"跑过去的。这也是我为自己找了一个团队成员，即另一个"我"。

这次跑半程马拉松，虽然看起来是一个人在跑，但我还是有一个无形的团队的。也就是在这种团队氛围中，我跑出了半程马拉松的个人最好成绩2小时25分钟7秒，超过了原定的最乐观成绩。这就可以看出，团队氛围对个人业绩的提升有多么重要！

项目团队的四大特点

项目团队是为实现项目目标而相互合作的一群人。这一群人一定要有一个共同目标，并为之密切合作。项目团队有四个最基本的特点：临时性、目标性、开放性和多样性。

■ 项目团队的临时性

因为项目是临时的，所以项目团队自然也要随着项目的完成而解散。例如，我以前工作过的鲁布革工程管理局，作为一个项目管理机构，就是临时的，要随鲁布革工程的完工而解散。临时性是指项目团队在成立的时候，我们就给它规定了明确的解散时间。

学了项目管理之后，一定要了解项目团队的临时性，一定要善于接受这种临时性给我们带来的挑战和心理考验。一个人加入一个临时性团队，他对这个团队不一定那么忠诚。他可能会想我在这个团队反正只是干这么短的一段时间，以后与这些成员也没有任何关系，并因此对团队就不那么忠诚。学了项目管理之后，你一定要知道，即便只在这个团队干一天，也必须对团队非常忠诚。这是一种职业要求和职业精神。

在项目团队要解散的时候，团队成员可能会有心理上的焦虑，因为要与很好的合作伙伴分开，因为要面对未来工作的不确定性。学了项目管理之后，一定要善于接受这种临时性给我们带来的心理考验。我们一定要知道，追求永久固然没有错，但是立足临时才是最重要的。我们一定要知道，临时性也是一种生活方式。其实，所有的永久都是临时的，只有临时才是永久的。

■ 项目团队的目标性

因为项目的目标是很明确的，所以项目团队的目标也是很明确的。项目团队的目标就是要实现项目的目标。项目的目标往往是很紧张的，这就会给项目团队带来很大的压力。有压力不一定是坏事。因为有压力才有动力，有压力才有挑战性，有了挑战性，做成功了才会有成就感。例如，跑半程马拉松，我下一次的目标就是要跑进2小时20分钟之内。这个目标对我来说是很有压力的，如果我真的实现了，就会有很大的成就感。

项目团队的明确的目标，就是项目团队的共同利益。项目团队必须是一个利益共同体！一群人要成为一个真正的团队，那这一群人就必须是有共同利益的。否则，大家肯定是一盘散沙，我做我的，你做你的，他做他的。我们经常讲"集体利益高于个人利益"。千万不要让这句话仅仅成为一句口号、一种要求、一种高调。我们一定要让"集体利益高于个人利益"成为一种制度安排。在这种制度安排之下，每一个人都会自觉追求集体利益。

■ 项目团队的开放性

可以从两个方面来讲项目团队的开放性。第一个方面是，项目团队可以是大团队，这个大团队的边界是很模糊的。也就是说，哪些人是我的大团队的成员，并不完全明确。从大团队这个概念来讲，项目团队建设就可以包括核心团队建设和外围团队建设。核心团队是显性的，很明显的团队，界限很清楚。哪些人是我的核心团队成员，是很明确的。外围团队是隐性的团队，不明显的团队，界限不清楚。到底哪些人是我的外围团队成员，就不一定明确。

例如，对一个足球队来讲，核心团队就是队员加上教练员、工作人员，外围团队就包括所有的球迷。到底哪些人是这个足球队的球迷，当然就不一定，更何况有些球迷是摇摆不定的，今天支持这个队，明天支持那个队。再如，在跑半程马拉松的过程中，我的核心团队成员只有我一个人，我的外围团队成员就包括了周围的那些跑友。他们也许并没有意识到自己是我的外围团队成员，但是我把他们看成了我的外围团队成员。

任何有利于我实现目标的人，我都要把他看作我的团队成员，至于他自己是否把他看成我的团队成员，对我来说并不重要。可以说，我怎么看别人，其实比别人怎么看我更加重要。我怎么看别人，是我能够控制的，而别人怎么看我，是我控制不了的。所以，我们更应该关注我怎么看别人，而不要太关注别人怎么看我。

也可以说，你的心有多大，团队就会有多大。一个心胸很开阔的人，会把所有有利于实现目标的人都看成他的团队成员。这样，他就能够获得很多有意无意的帮助。一个心胸很狭窄的人，其实最吃亏的是他自己，因为他把自己封闭起来，排斥了很多本可得到的有意无意的帮助。一个人的事业发展空间有多大，取决于你的心胸有多开阔；一个企业的发展空间有多大，取决于企业的最高领导的心胸有多开阔。

第二个方面是，项目团队的成员并不是一成不变的，而是会频繁变化的。在项目生命周期的不同阶段，项目团队的成员会变。特别是如果项目的工期比较长，那么在项目执行阶段，项目团队的成员就经常变。例如，我在鲁布革工程管理局工作的10年期间，就见到了太多的新成员进来和老成员离开。再如，我在千岛湖跑半程马拉松的过程中，两个多小时，我的团队成员也是不断变化的。

■ 项目团队的多样性

项目团队的"多样性"，英文是diversity。这个英文单词，也可以翻译成"差异性"。我们一定要了解差异，尊重差异，想办法利用差异。别人与我不一样，我一定要尊重这种不一样，并设法加以利用，来提高我们作为一个团队的活力。现在，随着社会的发展，我们越来越喜欢多样性了。我们一定要把人与人之间的差别看成是好事。就是由于他与我是不同的，我们才能形成互补，才能相互学习。

在讲团队的多样性时，必须要给大家介绍一个很好的贝尔宾（Belbin）团队角色理论[①]。贝尔宾花了很多精力研究团队，通过研究总结出了这个理论。他认为，一个好的团队，其中应该有九种角色。当然，如果团队成员少于九个人，那么其中就会有一个或两个人同时扮演两种角色。这九种角色并不相互排斥。每一个人都会在这九种角色上有相应的得分。只是你可能在这个角色上得分最高，他可能在那个角色上得分最高。这九种角色如下。

- 创造者（Plant）：充满想象力，充满创造力，能够以新颖的方式去解决难题。
- 资源调查者（Resource Investigator）：很外向，很热情，善于从外界发现机会。
- 团队工人（Teamworker）：善于在工作中与别人合作。
- 执行者（Implementer）：只顾自己埋头苦干。
- 技术专家（Specialist）：只精通某一种专业技术，对别的东西一概不懂。
- 完成者（Completer）：特别致力于按要求完成任务，例如，按时间和特定

① 关于贝尔宾团队角色理论，请见：www.belbin.com。

质量要求。

□ 协调者（Coordinator）：善于协调团队成员之间的工作和关系，以便大家共同去实现目标。

□ 监督者（Monitor）：动态评价团队成员的表现和整个团队的表现，以便及时发现和解决问题。

□ 塑造者（Shaper）：确保团队朝正确的方向前进。监督者发现了问题，会把问题报告给塑造者，塑造者就要做出合理的调整，确保团队不偏离正确的轨道。

我仔细分析之后，发现这九种角色又可以被归于三个大类。创造者、资源调查者和塑造者属于"领导层"，协调者、团队工人和监督者属于"管理层"，执行者、技术专家和完成者属于"执行层"。领导层是把方向的，确保方向正确；管理层是管秩序的，确保规矩得到遵守；执行层是干实事的。我这是在充分敬畏贝尔宾团队角色理论的基础上，进行分析和思考，得到了相应的启发，再进行一定程度的创造。大家以后在组建团队时，一定要注意团队中同时有领导层、管理层和执行层。即便是小规模的团队，成员也应该各有侧重。优秀的团队，一定是这样的，既有领导者把方向，又有管理者管秩序，还有执行者干实事。

贝尔宾曾经组织一些团队来比赛，要求这些团队完成同样的任务。其中，有一个团队是专门组建的。他专门挑智商很高、很聪明的人来形成这个团队。其他团队，都没有刻意挑选成员，而只是随机抽人。比赛的结果，出乎很多人的意料，这个由最聪明的人组成的团队是最差的，是最后才完成任务的。贝尔宾就把这种现象总结为"阿波罗团队综合征"。这个团队为什么这么差？因为每一个人都很聪明，都想说服别人按自己的主意来做，自然就花了大量时间去争论，耽误了做事的时间。

大家一定要注意，团队中的每一个人都是很聪明的，这样的团队，如果管理得不好的话，绩效会是很差的。例如，乔布斯很聪明。如果让五个乔布斯组成一个团队来做事，那也许什么事也干不成。他们每一个人都想让别人按自己的主意来做。所以，一个团队中最多只能有一个乔布斯。在团队中，能力较弱却愿意听话的人，其实是很有用的。团队中总有一些难度不大的事情需要交给他们去做。

　　知道了团队的多样性之后，你要找合作的人，就一定要找能与自己互补的人。我的合作者，必须与我有共同的理想、互补的技术和互补的性格。共同的理想，是我们合作的基础。有了这个基础，我们的技术要互补，性格要互补。例如，胆子小的人，一定要找胆子大的人来合作。

　　项目团队要有比较好的创造性，就至少要有一位新手成员。新手不受过去的条条框框的束缚，不用担心说错话，也不用担心失去什么。我们一定要鼓励新手发言，一定要充分尊重新手，以便充分发挥他的智慧。

　　我经常给PMI做志愿者。PMI在组建志愿者团队时，特别重视团队的多样性。这一点非常值得我们学习。例如，我曾经参加的《PMBOK®指南》（第6版）翻译审校团队，就有很好的多样性。团队总共八位成员。从性别来看，三位女士，五位男士；从地域来看，北京三位，长春、昆明、深圳、澳大利亚和美国各一位；从经验来看，四位参加过《PMBOK®指南》（第5版）翻译审校，两位参加过PMP®试题翻译审校，两位新手。PMI经常招募志愿者。你看见PMI的招聘广告后，千万不要简单地因自己没有经验就不申请。说不定你没有任何经验，这恰好是PMI选你的一个最好的理由，因为PMI可能希望有新手加入。

敏捷团队建设

　　敏捷项目中的团队建设，有一些关键点。我们逐条加以说明。

　　在敏捷项目上，项目经理必须主要是领导者，而不是主要是管理者。为此，他就要尽量少用职位权力，多用专家权力、参照权力、魅力权力，以及各种人际互动权力。

　　在敏捷项目上，项目经理关注的是整个团队的氛围，整个团队的能力，而不是每一件具体工作该怎么做。每一件具体工作该怎么做，这不是项目经理该关注的重点，而是项目团队成员该关注的。项目经理一定要为团队创建和维护透明、尊重、互补和创新的团队氛围。

　　在敏捷项目上，项目经理往往并不是"经理"，而是团队协调人（team

facilitator）。他要给团队成员提供方便和帮助，以便成员能够更好地合作，团队能够做出更好的业绩。项目经理要更多地采用仆人式领导风格，通过为团队成员提供服务来领导大家。敏捷项目是需要高度创新的。越是需要创新的项目，就越需要团队成员有自觉性，也就越需要项目经理给团队成员提供服务。

在敏捷团队中，团队成员必须有高度的自觉性和很强的工作能力。敏捷团队必须是自组织团队（self-organizing team）。团队能够自我管理，不太需要项目经理操心。每一个成员都必须是"通用的专才"，而不能是"主题专家"。通用的专才是多个方面都懂，而且都比较精通。主题专家是只懂某一种技术，其他方面都不懂。例如，十项全能运动员就是典型的通用的专才，而短跑运动员就是典型的主题专家。

越是敏捷项目，就越需要团队成员有更高的情商，因为团队成员之间要更加相互包容。只有情商高的人，才能真正包容别人。还有，在敏捷项目中会有更多的冲突，成员要以积极的心态去面对和解决冲突，这也需要他们有更高的情商。

在敏捷项目上，每个项目阶段都需要全部类型的人员。例如，在任一阶段，同时需要这四种人：设计人员，分析人员，建造人员，测试人员。这样一来，团队的多样性就会更大。多样性更大了，团队中的冲突自然就会更多。这就要求团队成员用积极的态度去对待冲突，把冲突变成建设性冲突。可以说，创新必然导致冲突，合作必然导致冲突，透明必然导致冲突。在敏捷项目上，团队一定要善于创造和利用冲突，善于快速解决冲突。

敏捷团队必须是小规模全功能的。小规模就是人数很少，全功能就是能够做所有事情。只有人数很少的团队才能足够灵活。小规模全功能，这也是每一位成员都必须是通用的专才的一个重要理由。

在敏捷项目上，要通过快速交付成果和快速实现价值来激励团队成员。只需做很短的一段时间，就可以拿出一个成果，实现一个价值，团队成员当然就会受到激励，去做出下一个成果，实现下一个价值。

在敏捷团队中，项目经理一定要通过与团队成员谈判来分配工作任务，而不能用命令的方法。为了使团队成员乐意承担相应的工作任务，项目经理要设法用工作自主性、挑战性和认可度来与团队成员做交换，以便团队成员乐意承担相应的工作任务。

在敏捷项目上，需要更频繁、更快速、更透明的沟通。团队成员要直接与相关方（如客户）进行沟通，而不是把问题报告给领导去解决。

敏捷项目不适合用虚拟团队来做，而应该用面对面团队来做。在虚拟团队中，成员之间没有面对面的交流，团队合作和创造力都会受到很大影响。所以，虚拟团队比较适合用于对创新要求不太高的传统项目。越是创新要求高的项目，就越不适合用虚拟团队。当然，也会有这种情况：一个对创新要求很高的项目，只能用虚拟团队来做。在这种情况下，就要特别注意把虚拟团队建设好，使团队中的沟通和合作尽量接近面对面团队。

总的来说，在敏捷项目上，对团队成员有更高的要求！

30

项目团队建设屋

概述

这里给大家介绍我总结出来的"项目团队建设屋",包括屋顶、柱子、基础,当然也还有空间、大门①。空间就是所谓的"无",起到"无用之用为大用"的作用。屋顶就是项目目标,柱子就是工作规则,基础就是认可和奖励,空间就是成员力,大门就是善始善终(见图4-9)。项目团队一定要以目标为导向,以成员力为核心,以工作规则做保证,以认可和奖励做支持,以善始善终为过程,来做好团队建设。

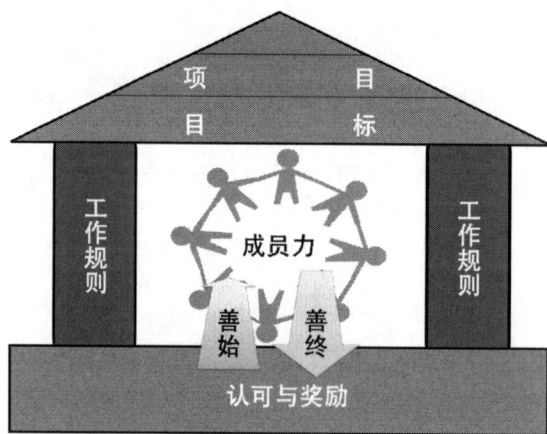

图4-9 项目团队建设屋

---

① 与项目团队建设屋有关的内容,首发于我的文章:汪小金. 高情商的项目经理:项目团队建设[J]. 项目管理评论,2016(5):36-39.

屋顶：以目标为导向

项目团队必须以项目目标为导向。项目管理非常强调以目标为导向，要求必须做出所需的成果。项目团队存在的价值就是实现项目目标。如果没有共同目标，那么任何一群人都不可能成为一个真正的团队。项目目标又可分成从高到低的三个不同层次。最高层次是项目愿景，中间层次是项目要求，最低层次是一些具体的绩效测量指标。

■ 项目愿景

任何一个项目都必须有清晰可行的项目愿景，用来指导项目团队。项目愿景旨在回答"为什么"这个问题，即：为什么要做这个项目？做这个项目有什么意义？项目愿景一定要高大上，要能够对团队成员起激励作用。

通常，项目发起人会在项目启动时发布项目愿景。项目发起人所发的项目愿景，通常只写项目要形成什么最终成果，以及它对项目发起人有什么意义；而不写项目对项目团队有什么意义，更不写对团队成员有什么意义。因此，项目经理必须组织团队成员讨论项目发起人所发的项目愿景，补充项目对项目团队的意义。项目发起人所发的项目愿景，一般都只承上不启下，对激励团队成员没有什么用。所以，项目经理要组织团队成员对其进行补充，使它也能够启下。

《微权力下的成功项目管控》的作者肯德里克先生建议，对项目愿景，一定要从每一个团队成员的角度来做"我能从中得到什么"测试[①]。也就是要从每一个团队成员的角度来考虑这个项目对"我"的意义。如果项目愿景通不过这个测试，就必须修改。如果每一个团队成员都能从中看到项目对自己的意义，那么项目愿景就能对团队成员有很好的激励作用。

从内容上讲，项目愿景一定要描述做项目的意义，一定要能够承上启下。从形式上讲，项目愿景必须简洁有力，易记好用。一般只需三至五句简短的话。例如，第一句话写项目最终要取得的成果，第二句话写项目对所在公司的意义，第三句话

---

① 肯德里克. 微权力下的成功项目管控 [M]. 2 版. 汪小金，王磊，译. 北京：中国电力出版社，2014.

写项目对团队的意义。鲁布革工程管理局刚成立时，杨局长召开了第一次全局职工大会。他在会上说了我们的三个目标：建成一个优质的电站，引进先进技术和管理，以及培养一批优秀人才。这其实就是鲁布革水电项目的愿景。第一个目标是项目要取得的最终成果，第二个目标是项目对发起人（原水利电力部）的意义，第三个目标是项目对团队（特别是对年轻成员）的意义。像我本人就受到了第三个目标的很大激励，当时就立志成为单位所培养的优秀人才之一。

■ 项目要求

项目要求就是以前曾经详细地讲过的项目范围、进度、成本和质量要求。项目发起人通常已经在项目章程中规定了高层的框架性项目要求。项目经理应该组织团队成员，把这个框架性要求具体化为很明确的范围、进度、成本和质量要求。

■ 绩效测量指标

很具体、很明确的绩效测量指标，是对项目要求的进一步具体化和可测量化。比较笼统的范围、进度、成本和质量要求，都要被具体化为一个一个绩效测量指标。实现了所有这些指标，也就实现了范围、进度、成本和质量要求。

如果要实现的目标是很简单的，那么为实现目标该采取什么行为，也就是很明确的，从而就无须设定具体的绩效测量指标。如果要实现的目标是很复杂的，那么为实现目标该采取什么行为，就不是很明确，从而就必须把复杂的目标具体化为测量指标，再用测量指标去引导人们的行为[1]。人们采取了相应的行为，实现了测量指标，就能够实现相应的复杂目标。对于复杂的目标，如果不用具体的绩效测量指标去引导人们的行为，人们就不知道究竟该怎么做。

《微权力下的成功项目管控》的作者肯德里克先生建议，在设定一个绩效测量指标时，一定要做"唯一焦点"测试。所谓唯一焦点测试，是指假设只用这一个指标来考察业绩，它会产生什么副作用，以便制定其他指标来制衡，预防副作用的产生。各种绩效测量指标必须形成一个有效的体系。对每一个绩效测量指标，都要列

---

① 肯德里克. 微权力下的成功项目管控 [M]. 2 版. 汪小金，王磊，译. 北京：中国电力出版社，2014.

一个指标定义表（见表4-1）。

表4-1

指标定义表

	活动完成指数		
目的	提供项目进度信息		
正常区间	0.95～1.1（越大越好）		
矛盾	成果质量，交付成本		
计算	（已完活动的数量/全部活动的数量）/ 时间消耗百分比		
数据	已完活动，当前日期		
报告人	活动责任人		
频率	每周		
所用工具	项目进度数据库		
可能的问题	先执行容易且耗时短的活动，工作尚未完成时就宣称已经完成活动，在成果不能令人满意时就宣称已经完成活动		

资料来源：肯德里克. 微权力下的成功项目管控[M]. 2版. 汪小金，王磊，译. 北京：中国电力出版社，2014.

空间：以成员力为核心

成员力，是团队建设屋的空间部分，是"无用之用为大用"的部分。如果没有空间，屋子就没有任何用途。有很多写领导力的书，却鲜有写成员力的书。没有成员力，领导力就是一个巴掌拍不响。我在2003年出版的《理想的实现：项目管理方法与理念》这本书中就提出了"成员力"这个概念。领导力是领导的品质和能力。以此类推，成员力当然就是成员的品质和能力。我再加上一条：成员意识。所以，成员力由这三个方面构成：成员意识、成员品质和成员能力。

■ 成员意识

成员意识是决定一群人成为一个团队的最重要的因素。成员意识是指每一个人都对团队有强烈的归属感，都以团队成员的身份为荣，都乐意跟别人说自己是在这个团队工作，都愿意尽最大努力去促进团队利益的最大化。与领导意识相比，成员意识更需要培养。人的领导意识其实是不需要培养的，而是天生具有的，因为每一个人都喜欢别人服从自己。每一个人都会利用各种机会来创造权力。什么叫权力？别人愿意服从我，我就有权力了。只要相应的条件具备，一个人的领导意识就会自然而然地显现出来。但是，人的成员意识是必须后天培养的，除了一个人在出生之前就开始形成的家庭成员意识。一个人在加入项目团队时，不一定立即就会有强烈的成员意识，甚至还有可能身在曹营心在汉。所以，必须借助各种手段来培养人的团队成员意识，例如，团队标志、团队口号、团队建设活动。

很多年之前，在某个大型国企，一位年轻员工向领导抱怨自己对单位没有归属感，想要辞职。结果，那个领导回答他：你的归宿是很清楚的，那就是好好待在这里干。人家说的是没有"归属感"，他却回答"归宿"很清楚，这不是答非所问吗？我的归宿也许在这里，但是我的归属感也许不在这里。每个人都有家乡情结。你也许离开家乡50年了，但你对家乡还有一种归属感。这个归属感与归宿当然不是一回事。再如，一位家政工人，一年大部分时间都在你家工作，都住在你家，只是每个月回她自己家那么几天，但是她的归属感仍然在她自己那个家。归属感是心的依附，而归宿只是身的处所。

■ 成员品质和成员能力

只有具备了优秀品质和优秀能力的人才有资格加入我们的项目团队，成为团队成员。由这样的人组成的项目团队才有真正的活力，才能创造优秀的业绩，才能确保每一位成员的自我实现。在整个团队存续期间，项目经理一定要不断强化大家对这种成员品质和成员能力的意识。要让每一个人都知道，我是有这样的品质和能力的，而且为了自己在团队中表现更好，还要不断加强这样的品质和能力。例如，项目经理可以通过在团队会议上表扬成员的优秀业绩，来强化大家对成员品质和成员能力的意识。项目经理还可以借助一些来自团队外部的表扬，来强化团队成员对优秀品质和能力的认识。这种外部表扬对团队是很重要的，如同球迷的赞扬对足球队那么重要。

柱子：工作规则

一群人要形成真正的团队，就必须有共同的工作规则。工作规则，又有显规则和潜规则。显规则是很明确的，甚至是书面写下来的。潜规则是团队文化，是无形的。主要有四个方面的工作规则：工作流程、行为规范、团队合作、冲突解决。

■ 工作流程

项目团队必须有统一的工作流程。有些工作流程是所在公司规定的，有些工作流程是项目团队自选的。《微权力下的成功项目管控》的作者把统一的工作流程比喻成保龄球道两边的保险杆。这种带保险杆的保龄球道是供初学者使用的。如果没有两边的保险杆，初学者打出的球很可能滚入两侧的球槽，导致一个球瓶也打不倒。有了保险杆，那些本会滚入球槽的球就会弹回到球道，从而确保至少能打倒一两个球瓶。

有了统一的工作流程，成员的业绩就有了基本的保证。即便成员的工作能力稍差一点，也能够把业绩做得基本符合要求。如果大家都用统一的工作流程开展工作，就很容易合作，很容易形成有效的团队。所以，一定要用流程来保证业绩，不要让业绩主要是取决于成员的个人能力。

■ 行为规范

项目团队必须有共同的行为规范，使每一个成员对什么行为是合理或不合理的，有基本一致的认识。只有这样，成员之间才能有效合作。例如，大家必须对"唯一责任人原则"有共同的认识，赞同对任何一件工作都要指定唯一责任人来承担终责。以前曾经讲过，终责是不能分担和不能转移的对工作成败的最终责任。团队成员的共同认识要写入团队章程。关于团队章程的内容，以前曾经讲过，这里不再重复。

■ 团队合作

一群人要成为一个团队，大家之间就必须有非常密切的合作。在项目团队中怎样才能建立和维护真正的合作呢？

第一，每一个人都有机会在不同时间针对不同事情成为团队的核心。如果总是由少数精英占据核心地位，总有些人永远都处于附庸位置，任何事情都由职位高的人说了算，那么这一群人就绝对不是真正的团队。能力较强，岗位较重要的成员，经常有机会充当团队的核心。能力较弱、岗位较次要的成员，就不一定经常有这样的机会。团队领导必须定期或不定期反思一下，在这段时间是不是有某个成员根本没在任何一件事情上当过团队的核心？如果有，那就要故意给他创造一个机会，让他当一次核心。例如，专门搞一次团队郊游，并交给这个人来组织。

在日常工作中，团队成员因职位不同而不可能完全平等。这种长期的不平等很可能导致下级产生一种附庸感和依赖心理，导致上级产生一种高高在上的感觉。为了防止产生这种依赖心理和高高在上的感觉，团队应该在适当的时候专门组织一些工作之外的团队建设活动。在这些活动中，没有什么领导和下级之分，大家完全平等。例如，每个人抽签出场，完全平等地在聚光灯下讲述自己的故事和梦想。每个人在讲述时，就自然成了团队的核心。这种工作之外的活动是对工作中的不平等关系的一种调和。

还有，团队领导要在适当的时候特别关注那些平时不被关注的人。你在一个意想不到的时间给一个人一个意想不到的关注，会让他十分感动，也会给其他成员留下很深刻的印象。例如，在项目阶段总结会上，特别表扬某位后勤人员。

第二，在团队中建立非职权的影响力。不应该所有的事情都由职位高的人说了算。到底由谁说了算，要看谁的相关知识多、相关技能强。在《西游记》西天取经团队中，唐僧从总体上讲是一位很不错的领导。不过，对于谁是妖怪，唐僧坚持自己说了算，而不让具有识别妖怪的火眼金睛的孙悟空说了算，这是一个严重的错误。如果让孙悟空说了算，就不仅能够正确识别妖怪，而且能够激励孙悟空。因为项目是跨专业的工作，所以项目经理不可能精通每一个专业领域。对于自己不精通的领域，当然应该由相应的专家说了算。这样，不仅能够保证决定会比较正确，而且还能够很好地激励这些专家。越是专家级的人物，对他们的激励越不需要是金钱。一是因为他们能够赚到想要赚到的钱，二是因为他们往往不是很在意钱。对于专家，需要用金钱以外的其他东西去激励他，例如工作自主权。

要真正实现基于知识和技能的影响力，还必须鼓励甚至要求有关人员做出应该做出的决定。每一个人都必须对自己权限范围内的事情做出决定，而不能动不动就把问题交给上级去做决定。做决定，不仅是一种权力，而且更是一种责任。领导千万不要把"下级动不动就把问题交给你来做决定"看成是下级对你的尊重，你甚至要把此看作是下级的无能和怕担责任。一个人如果什么决定都不做，就可以什么责任都不承担，可以没有任何主动性，就可以在一边等着看领导的笑话。你让他自己做决定，那他哪里有时间、有心情去看领导的笑话。

第三，在团队中要有大量的非正式沟通。正式沟通是团队规章制度中规定的、成员必须开展的沟通。非正式沟通是规章制度中未规定的、成员自愿开展的沟通。如果只有正式沟通，没有非正式沟通，那么团队就无法有效合作。非正式沟通对促进成员相互了解和合作，是非常重要的。

第四，成员一定要随时准备好给别人补位。就像一个足球队，在比赛的过程中，某个人缺位了，其他人就一定要去补位。做好自己的本职工作，这只是最基本的要求。在做好本职工作的同时，一定要考虑自己的工作与别人的工作的关系，一定要随时准备好给别人补位。

第五，成员愿意在任何时间工作，包括业余时间。只要是工作需要，我愿意在任何时间工作，无论是工作时间，还是业余时间。如果我是把工作当作事业的人，那么工作是一种乐趣，是一种享受，我当然就愿意在业余时间工作。你如果让我在业余时间不工作，我还会很难受。

■ 冲突解决

在项目团队中，要有关于解决冲突的显规则和潜规则。解决冲突，一定要高瞻远瞩，一定要心胸放宽一点、位置站高一点、眼光放远一点。即便是对技术方案的意见冲突，冲突各方也应该在摆事实讲道理的过程中放宽心胸、站高位置和放远眼光。对其他非技术性冲突就更应该如此。如果你觉得到处都是腥风血雨式的争斗，那么请反思一下：是不是自己的站位不够高？如果站得更高一些，所有的争斗也许都不存在了。就像坐飞机，飞到云层上面去了，那一定是一片阳光。

例如，马云在做支付宝的时候，就说过：支付宝的对手并不是VISA卡或银联卡，支付宝的目标是消灭现金。有了这个更高的目标，支付宝与银联卡就没有矛盾了。马云还说过，任何一家银行的竞争对手都不是另外一家银行，而是怎样建立新的金融服务体系。建立新的金融服务体系，这当然是一个更高层的考虑。站在这么高的层面去考虑问题，银行与银行之间就不会有短兵相接式的竞争。

我从小就是这样的人，你欺负我，我不会跟你硬斗，我会主动撤退并设法到一个更高层面去做出业绩，用另一种方式"战胜"你。当然，我并不会宣布我"战胜"了你，你可能也不知道我"战胜"了你。

对于把眼光放远一点，可以举亚马逊总裁贝佐斯的例子。他是非常典型的长期主义者。他有一句名言：只有从长远来看，股东与客户的利益才是完全一致的。如果站在眼前来看，股东的利益与客户的利益肯定是矛盾的，但从长远来看，例如，五年或十年，他们的利益就没有矛盾，甚至完全一致。

基础：认可与奖励

项目团队建设必须以认可和奖励作为基础。认可，就是业绩考核。业绩考核一定要随时进行。奖励，是日常考核之外的。奖励要经常开展。奖励要尽量多样化。奖励不能随时进行。如果随时进行奖励，太频繁了，太多了，奖励就会失去对团队成员的应有的激励作用。

■ 随时认可

业绩考核一定要融入日常工作随时开展。业绩考核，尽量不要专门做，而是融合在日常工作中自然而然地完成。现在，电脑这么发达，收集信息的工具这么发达，很容易在每一天自然地完成当天的业绩考核。

业绩考核制度一定要简单、透明、直接。要简单、透明、直接到这样的程度，以至于每一个人可以很清楚地知道：我这样做了，这个月能拿到多少收入。我不需要去做复杂的计算，更不需要去问人事部或财务部。像以前在鲁布革水电工程，日本承包商对工人的考核制度就符合简单、透明和直接的要求。现在，有些单位的业绩考核制度太复杂了。其实，越是复杂的业绩考核制度，就越没有用。那么，为什么会有这么复杂的业绩考核制度？很可能是人事部门想要找一些活儿干，想要证明其存在的合理性。

业绩考核，还要注意区分结构化工作和非结构化工作。结构化工作，是员工必须严格守规矩的，一步一步做，任何一步都不能违反。对结构化工作，在定工资标准时，一定要"高工资，大减法"。高工资是指如果每一步都做到位了，没犯任何错误，那么你拿到的收入是很高的。大减法是指你只要违反了其中任何一步，就要被扣工资，而且扣得很厉害。非结构化工作，是需要创新、无法规定具体步骤的工作。对非结构化工作，在定工资标准时，一定要"低工资，大加法"。低工资是指基本工资很低。大加法是指你每取得一个较好的业绩，就给你加工资，而且加得很厉害。绝对的结构化和绝对的非结构化，这是两个极端，中间还有各种结构化和非结构化程度不同的工作。在定工资标准时，需要认真考虑工作的结构化部分和非结构化部分的占比。

■ 经常奖励

在项目团队中，要经常开展奖励。我们中国人喜欢这样设奖：特等奖1人，一等奖3人，二等奖10人，三等奖20人。中国的传统文化，等级观念太强了，我们设奖也要如此区分等级。在这种等级式奖励结构之下，三等奖得主，相比二等奖和一等奖得主，还是输家。我看PMI的奖励结构，发现美国人好像更喜欢用并列式奖励结构。PMI设置了很多并列的奖项，而不分一等奖、二等奖和三等奖，不少奖项更是每年只选一个人、一个机构或一个项目。PMI也针对学生设立了各种奖学金和奖项，也是不分等级的。例如，我2001年所获得的PMI研究生论文奖，就没有等级区分，我是唯一的一个得奖者。我认为，在项目团队中，更适合采用美国的这种并列式奖励结构。项目管理是一种横向式管理，如果采用等级式奖励结构，就会破坏横向式管理的要求。传统管理是纵向式管理，等级式奖励结构比较适合在传统管理中使用。

别用金钱作为主要的奖励手段。否则，就会出现两个问题。一是金钱必须要越给越多，才能持续发挥激励作用。但是，你无法永远越给越多。像中国所谓职业足球，发展到今天，面临的一个巨大问题就是，如何纠正职业球员收入过高的问题。二是钱多了之后，人就很可能会失去上进心。钱多了仍然有上进心的人，虽然是有的，但毕竟是少数，也许只有10%的人。绝大多数人都是钱多了就会图安逸，图享乐。

别只用常规的奖励手段，而应该在适当的时候用一些非常规的奖励手段。非常规的奖励，不一定要花钱，不一定要有特别的仪式；甚至可以只是一句特别的话语。我经常出差，总是尽量保持酒店房间的干净整洁。有一次，我要退房，清洁工刚好在房间门口。她进房间看了之后，很快就出来跟我说："你的房间保持得真干净。"她的这句话对我就是一种非常规的奖励，比起酒店给我一些积分还要重要。

别只让少数人有机会获奖。为此，就应该少设综合奖，多设单项奖。单项奖的数量甚至可以多到让团队中90%的成员都有机会得。综合奖通常只有少数人有机会得。大多数成员都知道自己反正得不了综合奖，所以综合奖对激励大多数成员起不了什么作用。综合奖的作用是激励团队中前10%~20%的优秀成员，以便他们更好地引领团队。对团队中后80%~90%的普通成员，就需要用各种各样的单项奖去激励他们，以便他们发挥自己的优势为团队做贡献。作为普通成员，我知道自己有机会得单项奖，我就会努力去获奖。

大门：善始善终

项目团队建设，要以善始作为入口，以善终作为出口。团队建设一定要善始善终。

■ 善始

善始是指在团队成立时，一定要召开项目团队启动会议，让团队通过启动会议来形成有效的合作氛围。团队启动会议开完，成员之间就能够有效地合作了。团队启动会议不见得就是开一两小时，甚至可以开几天或一周。

善始也可以指在新成员加入团队时，安排一个正式场合让新老成员相互认识。不要让新老成员自然而然地去相互认识。

■ 善终

善终是指在成员要离开团队时，安排一个欢送仪式。善终也可以指整个项目结束时按正式程序来解散团队。要把开展项目后评价当作项目收尾阶段的一项非常重要的团队建设活动。

在项目团队解散之前，一定要进行认可和表彰，要发放相应的纪念品，要举行一个庆祝仪式，要吃一顿散伙饭并正式宣布团队解散。以前我们曾经讲过，散伙饭要吃到这样的程度：打开心结化矛盾，强化友谊留念想，依依不舍盼重逢。

必须记住，项目的成功不只是项目结束时仍在项目上的这些人的功劳，也是那些曾经在项目上工作的人的功劳。在项目结束、团队解散时，千万不要忘记通知他们一声，不要忘记向他们表示感谢。如果有可能的话，还要给他们发一点奖金。

项目团队建设，当然需要项目经理用良好的心态来摆正自己在团队中的位置。项目经理必须置身于团队之中，把自己看作是团队的一员，真诚实在地与团队成员打交道。他不能居高临下地去监管其他成员。成功的团队建设离不开项目经理，更离不开项目团队成员。

31

项目相关方管理

概述

前一个部分所讲的项目团队是狭义的。现在，讲广义的项目团队，即包含全部主要项目相关方在内的项目团队。广义的项目团队建设，就是要设法获得尽可能多的项目相关方对项目的支持。主要的项目相关方当然包括项目所在单位的领导。对领导和其他主要相关方，一定要从而不盲。我们要听他们的话，但是我们不会盲目行事。

先简要回顾一下以前曾经讲过的相关内容。项目相关方就是与项目有直接或间接关系的任何个人、小组、团体或组织。首先，要识别相关方，编制出相关方登记册。其次，要编制相关方参与计划，规定将如何与相关方沟通，将如何引导相关方参与项目，以便获得相关方对项目的支持。相关方参与计划的主要内容包括相关方登记册、相关方参与度评估矩阵、相关方沟通计划和相关方引导计划。

相关方参与度可以分成五个级别：不知晓，抵制，中立，支持，领导。对参与程度已经达到所需程度的相关方，要通过沟通和引导加以保持。对参与程度尚未达到所需程度的相关方，要通过沟通和引导来提升他们的参与程度。对较重要的相关方，应该针对每一个或每一类相关方专门编制沟通计划，确定将要开展的沟通活动，将要传递的沟通工件。虽然沟通是用来与相关方打交道的重要手段，但不是唯一手段。有些问题可以通过沟通去解决，有些问题并不是通过沟通就能解决的。对于靠沟通解决不了的问题，就要编制相关方引导计划，规定将采用其他方法去解决，以便把相关方的参与程度提升到所需程度。

鉴于项目管理文献中对如何管理不知晓型相关方写得很少。我就结合自己最近的跑步体会来讲一下该如何管理不知晓型相关方[①]。不知晓型相关方是不知道项目的存在，或者虽然知道项目的存在，但是不知道项目对他会有怎样的影响。不知晓型相关方对项目的态度是完全不确定的。对一个项目来说，不知晓型相关方的数量可能是很多的，会超出其他参与程度的相关方的数量。2020年1月1日，我在昆明海埂大坝跑步。海埂大坝游人很多，我就故意体验一下在这么多游人中穿梭跑步是什么感觉。在人群中穿梭不久，我就感觉到周围的这些游人其实都是我的跑步项目的不知晓型相关方，这正是体验怎么管理不知晓型相关方的极好机会。管理不知晓型相关方，最重要的一条就是不要干扰他们，让他们继续保持不知晓状态。所以，我在跑步过程中，要求自己不碰到任何一个人，特别是不碰到孩子。如果碰到了任何一个人，特别是碰到了孩子，那他们很可能成为我的跑步项目的抵制型相关方。在必要时，也可以把一些不知晓型相关方变成支持型相关方，例如，友好地请游人为我让路，并向他们表示感谢。

对项目相关方管理，应该特别注意：利益协调，处理抵制，强化支持，管理变革，留意潜在。

协调相关方的利益

管理项目相关方，最重要的一条就是要协调不同相关方之间的利益。我们一定要知道"利益决定立场"这个道理。对任何一个相关方，不要首先关注其立场，而要首先关注其利益。他之所以有这样或那样的立场，那是因为他有这样或那样的利益。我们很容易犯一个错误，就是过分关注自己的利益，又过分关注别人的立场。我们要改一下，既要关注自己的利益，也要关注别人的利益，要通过关注别人的利益来关注别人的立场。

协调相关方之间的利益，要从这三个方面入手：引导相关方的期望，注意相关方的利益关系，考虑多种多样的利益。

---

① 参阅微信公众号"drwangpm"的文章《新年第一跑的启示》。

■ 引导相关方的期望

我们要引导项目相关方对项目抱有合理的期望，防止他们对项目的期望太高。做项目的最终目的是让相关方满意。相关方对项目的满意度又取决于他实际得到的除以他期望得到的。如果所得比值大于1，他对项目就很满意；如果比值小于1，他就很不满意。

以前曾经讲过，在项目计划中有"项目范围说明书"。在项目范围说明书中，最重要的内容就是"项目除外工作"，即本项目必须不做的工作。明确告诉别人本项目必须不做什么，就可以防止别人对项目产生不合理的期望。如果别人对项目产生了不合理的期望，那么我们做得再好也是没用的，因为别人的不合理期望是无法去满足的。

■ 注意相关方的利益关系

可以用"利己"和"利人"这两个维度来看某件事是否应该做。如果对我有利，对别人也有利，那就是必须做的；如果对我有利，对别人既无利也无害，那就是可以做的；如果对我有利，但对别人有害，那就尽量不做。

注意相关方的利益关系，首先要寻找他们的共同利益。共同利益是指同一个利益，既是我想要的，也是他想要的。其次要寻找他们之间的利益联系。利益联系是指两个相关联的利益，如果我实现了我的利益，他就能够实现他的利益。最后才关注他们之间的利益冲突。利益冲突是此消彼长的两个利益，如果我赢了，他就自然会输。这三者的顺序不能搞反了，即不能首先关注利益冲突。

■ 考虑多种多样的利益

如果只看到物质利益或经济利益，那就很难协调利益冲突。如果能看到除物质利益或经济利益以外的其他多种多样的利益，那就比较容易协调所谓利益冲突。其实，非物质或经济利益的种类是很多的。例如，我通过做这件事，获得了愉快的心情，获得了新的人生感悟，实现了心灵成长，改善了人际关系，提升了个人信誉，更好地融入了项目管理职业群体，更好地融入了团队。这七种都是非物质或经济利益。

只有在关注物质或经济利益的同时，去关注各种各样的其他利益，才能真正有效地对利益进行协调，"无利之利为大利"这个说法也才说得通。无利之利为大利，第一个"利"是物质或经济利益，第三个"利"是非物质或经济利益。没有经济利益的事情，也许能给我带来很大的其他利益。例如，做志愿者，我虽然不能获得任何收入，但是能够获得愉快的心情，能够更好地融入项目管理职业社区，能够实现自我成长。

处理相关方的抵制[①]

有些相关方是反对项目的。他们为什么反对项目？前面曾经讲过，利益决定立场。大多数反对项目的人，都是因为他们的利益会受到损害。虽然也可能有别的原因，但是别的原因不是最主要的。处理项目相关方对项目的抵制，应该从这三方面入手：认识抵制，切勿强求，谈判交易。

■ 认识抵制

认识抵制是指切实了解相关方的抵制到底是什么样的抵制。抵制，可能是误解式抵制、感性抵制、理性抵制或政治性抵制。对不同性质的抵制，应该采用不同方法加以处理。误解式抵制，通常都可以通过沟通来解决。例如，可以采用"5-Why"方法，通过问他五个为什么来消除他的误解式抵制。每问一个为什么，就可以解决掉他的一部分误解。

对感性抵制，一定要用同理心（换位思考）去解决，而绝不能用摆事实讲道理的方法。你越是摆事实讲道理，对方的抵制就会越强烈。例如，住宅小区里有一个雕塑，已经好几十年了，已经过时了，需要拆掉建新雕塑。老雕塑的设计者就很可能抵制这个雕塑拆建项目，因为他对老雕塑有感情。如果雕塑拆建项目的项目经理去跟老雕塑的设计者说"老雕塑的确设计得不好"之类的道理，那对方就会更加抵制这个项目。

---

① 这部分内容参考了下列文献：罗德. 项目干系人管理 [M]. 邓伟升，汪小金，译. 北京：中国电力出版社，2014.

对理性抵制，就要用摆事实讲道理的方法去解决。理性抵制与感情无关，是他从理性上就认为这个项目有问题，从而抵制项目。这就需要你运用自己的专家权力去说服他。

对政治性抵制，就要从考虑相关方的利益出发去解决。政治性抵制是指相关方因为利益会受到损害而抵制项目。例如，我们要做一个公司改革项目，把两个部门合并。因为合并之后只需要一位部门经理，所以现在的两位部门经理就很可能抵制项目。处理政治性抵制，最好的办法就是设法减轻对相关方的利益影响，甚至可以设法为相关方创造出一些新的利益。

当然，也可能有极少数人会神经质式地反对项目。他们的反对是没有任何道理的。对这类抵制，唯一的办法就是回避他，不理他。

■ 切勿强求

千万不要去强求抵制型相关方立即支持项目。应该对相关方的态度表示理解，并帮助他们更好地了解项目情况，更合理地考虑问题。随着相关方对项目情况的更多了解，以及相关认识的提高，也许一段时间以后，他就不再抵制项目，而变成了中立型甚至支持型相关方。给相关方一定的时间去了解情况，提高认识，这是很重要的。

■ 谈判交易

通过与相关方谈判，达成某种交易，这是用于处理相关方抵制的常用方法。我可以给你什么，请你保持中立，或者请你支持项目。其实，项目经理可用来与相关方做交易的东西是非常多的。当然不局限于物质或金钱。你能够给出的物质或金钱往往是很少的，但是你能够给出各种各样的其他东西。

强化相关方的支持

千万不要认为那些支持型相关方对项目的支持是理所当然的。你如果不注意保持和强化他们对项目的支持，说不定随着时间的推移，他们逐渐地就会不支持项目。保持和强化支持，可以从这三个方面入手：保持知情，满足利益，表示感谢。

■ 保持知情

必须让支持型相关方持续了解项目的进展情况。千万不要让他们很长时间不了解项目情况，看不到项目绩效报告。如果不了解项目情况，那怎么可能支持项目呢？可以说，不了解则不支持。

■ 满足利益

必须设法满足支持型相关方在项目上的利益。正如以前讲过的，利益决定立场。你要让相关方持续地支持项目，就必须持续地满足他在这个项目上的利益。当然，这个利益也不局限于物质利益或经济利益。

■ 表示感谢

必须经常对支持型相关方表示感谢。通过向他们表示感谢，来获得他们对项目的持续不断的支持。表示感谢，其实是很容易的，只要你用心去做。也许只需简单的一句话、一个动作、一份邮件或一个卡片。感谢，真的不一定要花钱。

管理变革①

做项目，会引起或大或小的组织变革。变革又会对或多或少的人产生或大或小的影响。

■ 组织变革的类型

组织变革有三种基本类型。第一种是局部的工作程序的修改。这类变革非常低级、简单，不会对任何人形成威胁。例如，要在公司采用一种新的项目绩效报告的格式或范本。这种变革是可逆的。变革之后，如果发现新格式或范本并不好，还可以改回去。因为不会对任何人构成威胁，所以这种变革很容易推行，不会遇到什么

---

① 这部分内容参考了下列文献：Project Management Institute. 组织变革管理实践指南 [M]. 汪小金，译. 北京：中国电力出版社，2014.

反对。

　　第二种是推行某种新的管理方法或工作方法。这种变革不那么简单，会对某些人形成威胁，因为他们可能不愿意学习新方法，或者可能学不会新方法。例如，公司决定在明年全面推行基于《PMBOK®指南》的项目管理方法。有些快退休的人可能不想、没精力或没能力去学这个方法。这些人可能会抵制这种变革。这种变革通常是不可逆的。

　　第三种是改变公司的主流价值观。这种变革最复杂，会对很多人形成威胁，可能遇到很多人的抵制。这种变革是根本性的，不可逆的。例如，华为公司从2013年开始推行以项目为中心的变革。这个变革就是要改变华为公司过去的"以职能管理为主"的主流价值观。这个变革会威胁到传统职能部门的许多人。推行以项目为中心的变革之后，这些职能部门都要从过去的权力中心变成以后的服务中心。华为公司的做法值得许多公司学习。如果其他公司也要推行以项目为中心的变革，那么也要把包括财务部和人事部在内的各种职能部门都变成服务中心，不允许它们仍然是权力中心。

■ 管理组织变革的基本做法

　　为了使项目所带来的组织变革能够顺利推进，在做项目的过程中，应该不断开展意义构建活动。可以邀请一些发言人或代言人，广泛地向大家宣传项目的必要性和重要意义。每个人对项目的认识会有先有后，有深有浅。那些更早或更深入地认识到项目的意义的人，就可以帮我们宣传项目的意义和改革的意义。

　　大家对项目及其引发的组织变革很可能会有各种各样的疑问。他们的疑问往往是大同小异的。可以编制一份《常见问题解答文件》来统一回答他们的大多数疑问。这份文件应该定期更新，不能一成不变。当然，对个别相关方关心的特别问题，也应该以适当方式给予解答。

　　在做项目和推进变革的过程中，要经常且广泛地征求相关方的意见，特别是那些会受项目或变革的影响的相关方的意见。征求意见，既有利于获取相关方的支持，又有利于根据他们的意见来优化项目或改革方案。

除非特别需要，应该尽可能以循序渐进的方式推进变革，而不是突然地进行大变革。通常，人们对于渐进式变革更容易接受，对于突然的大变则难以接受。如果确有必要进行大变革，那最好先用一段时间做一些必要的铺垫，让人们有一定程度的心理准备。

留意潜在的相关方[①]

潜在的相关方是客观存在但未被识别出来的相关方。无论怎么强调要尽可能全面地识别项目相关方，也总是会有或多或少的相关方不能立即就被识别出来。潜在的相关方，一旦被识别出来了，就不再是"潜在的"了，就要按正常的相关方管理方法去分析和管理。

如果发生了以下情况，就需要认真分析是否有潜在的相关方存在。

- □ 项目发生了意外情况。为什么会发生这样的意外情况？很可能是背后有一个潜在的相关方在起作用。
- □ 项目的业绩或某个团队成员的业绩突然恶化。为什么业绩会突然恶化？很可能是背后有人在干扰甚至破坏。
- □ 某个相关方对项目的态度突然改变。例如，他一贯是支持项目的，今天却突然极力反对项目，这很可能是背后有人在做他的工作，对他施加影响。

[①] 这部分内容参考了下列文献：罗德. 项目干系人管理 [M]. 邓伟升，汪小金，译. 北京：中国电力出版社，2014.

32

管理好上级和客户

管理好你的上级[①]

上级是项目的重要相关方。每个人都有领导，那该怎样跟领导打交道？该怎样管理好你的上级？我们将从以下五个方面来阐述：认同组织目标、真诚协商项目目标、积极宣传项目管理、友好对待领导变化、持续开展高效沟通。

■ 认同组织目标

认同组织目标是指项目经理要主动了解组织的目标，对组织的目标表示赞赏和支持，并主动服务于组织目标的实现。组织目标包括组织愿景，即长远的战略目标；也包括中期的、较小的战略目标；还包括年度经营目标。愿景往往是口号式的，中期战略目标往往是量化的，年度经营目标则是很具体的业务目标（如要实现的利润）。高管人员通常会在与职能经理协商之后确定组织目标。项目经理上任管理某个项目时，需要面对既定的组织目标。高管人员直接关注组织目标的实现，因而项目经理必须主动表现出对组织目标的高度认同，拉近与高管人员的心理距离。

第一，认真理解组织的发展愿景，认真分析其内涵以及自己该如何帮助组织实现发展愿景。例如，某公司的发展愿景是，成为中国工程建设行业总承包第一品牌。对这个愿景，项目经理应该认真思考：什么是工程建设总承包？中国工程建设总承包的历史、现状和未来如何？该用什么测量指标来考核第一品牌的实现情况？基于这些思考，项目经理就能够使自己的言行符合组织愿景的要求，符合高管人员的要求。

[①] 本节的主要内容首发于：汪小金. 高情商的项目经理：向上管理的艺术 [J]. 项目管理评论，2016（6）：48–51.

除了用于表示发展愿景的口号，组织还有一些用于支持愿景的其他重要口号。这些口号分别从不同侧面体现了高管人员的价值观和主要追求。千万不要对这些口号视而不见，而应该用对待发展愿景类似的态度去对待它们。例如，对于"专业祝你成功"这句口号，你就应认真思考什么是"专业"，什么是"成功"，什么是这两者之间的联系。

第二，尽力明确项目对实现组织目标的作用，特别是对实现发展愿景和中期目标的作用。项目往往要作为项目集的一部分，并进而作为项目组合的一部分，才能为实现组织目标发挥极其重要的作用。项目经理应该密切配合项目集经理和项目组合经理，明确本项目在项目集和项目组合中的地位，防止本项目被孤立。只有把做项目变成实现组织目标不可或缺的一种手段，项目经理才能成为高管人员眼中有价值的人员。

第三，尽量减轻项目对当前日常运营的干扰，以及对实现年度经营目标的不利影响。在项目成果交付运营之前，项目需要消耗组织的人财物资源，会增加组织的工作负担。项目经理应该与相关职能经理密切合作，把日常经营目标实现受影响的程度控制在可接受的区间之内。这样，就可以不让高管人员陷入"鱼和熊掌不可兼得"的尴尬境地。千万不要仅看到自己的项目的重要性，千万不要为项目工作的开展而肆意去干扰日常经营工作。如果高管人员面临"支持项目"或"支持经营"的两难境地，就很可能选择"支持经营"，因为经营是立即就会产生收入的，而项目却是立即就要花钱的。

■ 真诚协商项目目标

项目经理是受高管人员委派，领导项目团队去实现项目目标的个人。如果项目目标是错误的，那么项目经理的工作就将必然是失败的。项目经理不可能或不应该去实现错误的目标，不可能或不应该去满足高管人员对项目的不合理要求。为了保证项目目标既切实可行又具有一定挑战性，项目经理必须积极参与项目目标的制定。

第一，协助高管人员制定合理的项目目标。虽然项目经理通常不直接领导项目的立项过程，但是应该设法参与，并在其中发挥重要的专业作用。高层级的项目目标通常是在项目立项过程中确定的。如果没有项目经理的参与，高管人员就得不到项目管理专业方面的必要支持，从而只能凭主观想象和良好愿望去确定项目目标，并因此很可能使项目一开始就立于"必败之地"。给高管人员提供必要的专业帮助，这是项目经理的利己利人之举。如果不为高管人员做好专业参谋，你就没有履行应尽的职责。

第二，对高管人员布置的项目目标进行专业分析和修正。如果项目经理没有机会参与项目立项过程，或者项目经理虽有机会参与，但高管人员早已有了先入为主的项目目标，那么，项目经理应该对该目标进行独立的专业分析，并向高管人员提出必要的修正建议。

提修正建议时，不要否定领导所定的目标。你可以跟领导说，他所定的目标是最乐观的情况，如果各种条件都很好才能实现；同时，向领导报告最悲观的情况，并建议领导把项目目标定在这两者之间。

也不要只提一种修正方案，防止高管人员感觉你是在逼他采纳该方案。而要提出至少两种可供选择的修正方案，以便高管人员感觉还是由他自主地做出决定。人们常说"领导是拍板者"。下级必须给领导准备好至少两块板，供领导选择一块来拍。

如果领导所定的目标是不可行的，你就一定要与领导谈判。用你的坦诚、专业和坚持与领导谈判。坦诚是指一定要该说的都说，把问题摆到桌面上谈开。专业是指充分展现你对项目情况的了解，以及你的项目管理专业知识和技能。坚持是指不要因领导一时不接受你的建议就立即放弃，而要设法用别的方式去说服领导，要允许领导花时间去理解你的建议。面对专业且讲理的项目经理，绝大多数高管人员都愿意听取并采纳合理的修正方案。

当然，与领导谈判项目目标，也需要运用一定的技巧。例如，适当恭维一下领导，允许领导一段时间后再做出决定，让领导对修正方案的编制有参与感。如果你在编制修正方案的过程中经常向领导汇报，请领导下指示和提要求，那么领导就会对修正方案的编制有参与感。既然修正方案是领导参与编制的，那他哪有不批准的道理？

第三，为实现项目目标争取必需的假设条件。假设条件是假设将会具备的前提条件。任何目标的实现都需要一定的假设条件。挑战性越大的目标，就需要越多越强的假设条件。如果高管人员强力坚持自己主观制定的、很激进的项目目标（如很紧张的工期），那么项目经理就必须向高管人员争取很多的假设条件，即那些必须由高管人员直接搞定或督促其他人员搞定的事情，并把这些假设条件写入项目计划。

■ 积极宣传项目管理

由于项目管理学科的历史较短，高管人员大多是因其运营业绩而被提拔上去的，并非项目管理专家，甚至根本不了解项目管理对组织的价值。他们很可能没有意识到项目管理是一种新型的系统工作方法，没有意识到项目管理有利于实现组织目标。这就要求项目经理积极向高管人员宣传项目管理。

第一，让高管人员切实了解项目管理对整个组织以及他们自身的好处。项目经理应该针对大多数项目在项目生命周期中的常见问题，以及高管人员在监管项目时遇到的主要难题，向高管人员宣传项目管理方法有助于解决这些问题和难题。例如，一旦建立了组织级项目管理方法论，各项目就能按照规范的基本流程得到管理，成功就主要取决于基本流程而非个人努力；一旦建立了规范的项目治理结构，高管人员在项目上的角色就不至于错位，他们就能够真正明确自己该管什么和不该管什么，就能够有效地"抓大放小"。

第二，引导高管人员在整个组织中建立统一的项目管理方法论。如果没有这样的组织级项目管理方法论，那么项目管理和项目经理在组织中就没有应有的地位，项目所面临的组织环境就得不到保证，项目就不可能依靠规范的基本流程去取得可重复的成功。对于项目管理，项目经理通常比高管人员懂得更多。如果你不去积极引导高管人员建立组织级项目管理方法论，你就没有尽到自己应尽的职业责任。

第三，引导高管人员为项目建立规范的项目治理结构。项目治理结构是项目的高层决策制定机制，用于有效制定项目的重大决策。许多项目的失败其实都可以从不规范的项目治理中找到根源。对于较重要的项目，高管人员应该专门为其建立一个由5~7人组成的项目治理委员会（相当于项目领导小组）。该委员会负责做出项目的重要决策。它做出的项目决策无须再报组织中的职能部门会签，也无须再报组织中的高层领导审批。项目经理将根据这些项目决策开展对项目的具体管理工作。

■ 友好对待领导变化

高管人员对项目的态度可能发生变化，直接监管项目的高管人员可能离职，不直接监管但支持项目的高管人员可能离职，新任高管人员可能有计划或突然空降组织。这些变化都会对项目产生不同程度的积极或消极影响。项目经理应该友好地对待这些变化，并设法扩大对项目的积极影响，削弱对项目的消极影响。

第一，把可能发生的高管人员态度变化当作项目风险来管理。其中既有变得更加支持项目的机会，也有变得不太支持甚至反对项目的威胁。项目经理应该认真分析可能导致高管人员态度变化的各种因素，以及态度变化可能给项目造成的影响，然后采取相应的管理措施，以加强机会、减轻威胁。例如，新项目上马、本项目进展不顺、与高管人员沟通不够，都是可能导致高管人员不再像过去那样支持本项目的重要原因。

第二，真诚友好地与即将离职的高管人员告别。项目经理应该感谢他们曾经给予项目的指导和支持，并对他们的未来送上真诚的祝福。这个世界其实很小，今天分手的人，以后仍有可能再度携手合作。今天的友好告别，可以为以后的合作奠定良好基础。即便以后不再合作，这样做也是非常必要的，一是出于你自己的职业要求，二是可以让其他高管人员看到你的为人处世之道。

第三，尽早主动接触新任高管人员。对于新上任的、将与项目有密切关系的高管人员，项目经理应该尽早以合理方式主动向他们汇报项目情况，并请他们对项目提供指导和支持。在汇报项目情况的同时，还要主动帮助他们了解其他相关情况。汇报之前，一定要做好充分准备，力图给他们留下很好的第一印象。千万不要被动地等他们来找你了解项目情况。

■ 持续开展高效沟通

主动认同组织目标、真诚协商项目目标、积极宣传项目管理和友好对待领导变化，所有这些都离不开与高管人员的持续且有效的沟通。此外，项目经理还应该依靠持续不断、简明扼要和通俗易懂的沟通，在整个项目执行过程中获得高管人员对项目的指导和支持。

第一，用持续不断的沟通，确保高管人员对项目情况的持续了解。如果不能持续了解项目情况，他们就不可能支持项目，更不可能主动提供指导和帮助。没有人愿意支持一件自己不了解的事情。当然，这并不是说每天都要与高管人员沟通。高管人员很忙，还有除本项目之外的许多其他工作。除了定期向高管人员汇报，项目经理还应该抓住高管人员可能出现的适当机会，向他们做即时、简短且轻松的口头汇报，例如，利用电梯偶遇或茶歇偶遇的机会进行"一分钟陈述"。让高管人员持续了解本项目正在良好进展中，有利于保持和提升他们对项目的支持。

第二，用简明扼要的沟通，确保高管人员掌握项目的总体进展情况。越是高级别的高管人员，就越是关心这三个方面，即原则、大局和动态，而越不必关心项目的具体细节。向高管人员汇报时，应该清楚阐述项目正在按项目治理委员会规定的主要原则开展，项目的大局是健康的，以及项目的动态发展情况（包括需请高管人员提供的指导和帮助）。例如，项目经理应该定期报送相互衔接的"一页纸报告"，即：用一页稍厚的A3纸张（双面印刷）概述项目的进展，再对折成A4规格。限定书面报告的篇幅，特别有利于真正简明扼要。如果必须向高管人员报送长篇报告，那也应该在长篇报告的前面附上一页至三页的"可执行概述"（Executive Summary），使领导看了这个概述后就可以做决策，甚至不必看报告全文。一份较长篇的报告应该由这五个部分构成：摘要、可执行概述、目录、正文、附录。

第三，用通俗易懂的沟通，确保高管人员一听就懂或一看就懂。无论是口头还是书面汇报，都应该使用高管人员易懂的语言。应该少用一般人不易理解的项目管理专业术语，除非高管人员本人就是项目经理出身。除了使用文字，还要多使用精美且直观的图表。图表必须让人一看就懂，不要因过于花哨或逻辑不清而给人造成混乱。通俗易懂的汇报，不仅能够减轻高管人员了解项目情况时的工作负担，而且还可以让他们从中得到某种享受。

为了使你的报告不会被领导抛在一边，需要特别注意以下四点。

□ 使用领导易懂的语言。如果用他们看不懂的语言，他们当然就会把报告丢在一边。

- ☐ 让领导知道这份报告是专门为他而写的，而并非给所有领导的报告都千篇一律。
- ☐ 对较长篇报告，在前面包括"可执行概述"。
- ☐ 给领导写一封单独的说明信（Cover Letter），附在报告前面，一同交给领导。

■ 物色项目冠军

关于怎么管理好你的上级，这里再补充一点，就是要设法在高管人员中找到至少一位"项目冠军"（project champion）。项目冠军不是一个正式头衔或正式岗位。项目冠军不是项目发起人或项目客户。项目发起人或客户支持项目，是理所当然的。如果他们说这个项目很好，别人可能认为他们是在"王婆卖瓜，自卖自夸"。

高管人员中非常支持项目且与本项目没有直接利益关系的人，适合当"项目冠军"。项目冠军会以非正式方式大力支持项目。项目冠军要为项目做两件事。第一件事是他们要不停地游说项目的重要性。他们不是偶尔说一说，不是只针对个别人说一说，而是一有机会就向很多人说项目的重要性。第二件事是当项目遇到困难时，他们要设法为项目获得公司领导和员工尽可能大的支持来克服困难。

适合当项目冠军的人，必须是：

- ☐ 来自公司高级管理层的广受尊重的人员，且与项目没有直接利益关系。
- ☐ 具有优秀的沟通能力和游说能力。
- ☐ 了解组织中的政治氛围，具有很好的政治能力。

管理好你的客户①

客户当然是项目的重要相关方。做项目，最终是要满足客户的需求。关于管理好你的客户，将从以下三个方面来阐述：谁是客户，客户的需求是什么，如何满足客户的需求。首先要搞清楚谁是客户，其次要搞清楚客户的需求是什么，然后搞清

---

① 本节的主要内容首发于：汪小金. 高情商的项目经理：管理好你的客户 [J]. 项目管理评论，2017（3）：46-50.

楚如何满足客户的需求。大讲堂之所以用这些内容结尾，就是为了首尾呼应，呼应第一场的内容"源于需求"。

■ 谁是客户

在工商管理和日常生活中，一般都把客户定义成产品或服务的购买者。这个定义是很有问题的。它太片面了。如果根据这个定义去做事情，那就是，谁出钱，谁就是我的客户。这样一来，我就只需要满足出钱者的需求，而不用考虑其他人的需求。例如，媒体发布商业广告，就只需要考虑出钱做广告者的需求，而不用考虑广告受众的需求，这自然就会导致各种虚假广告。为什么在工商管理中会这样定义？工商管理的重点是市场销售，是卖产品，当然就必须关注谁是买主。

项目管理就很不一样了。在项目管理中，项目经理把成果做出来之后，不需要去卖成果，而只需要把成果交给出钱做项目的发起人。注意，项目经理不是把成果"卖"给发起人，而是"交"给他，他不要还不行。项目经理与发起人不是卖方与买方的关系，而是被委托方与委托方的关系。基于这种考虑，项目管理中对客户的定义就比较特别。

在PMI 1996年发布《PMBOK®指南》中，把客户定义成了"将使用项目产品的个人或组织"，并指出可能有多种层次的客户，例如，某个新药研发项目的客户就包括将要开处方的医生、用药的患者和付药费的保险公司。在2000年发布的《PMBOK®指南》（第2版）中，还特地说明了"客户"和"用户"通常是同义词，虽然有时"客户"专指购买者，而"用户"专指"使用者"；并指出在处理利益相关方的利益矛盾时，应该优先考虑客户的利益。

以PMI的上述定义为基础，我把客户定义成：项目成果的直接使用者和间接使用者。项目成果，可以是中间或最终成果，可以是有形产品或无形服务。直接使用者是直接使用项目成果的人，如将来服用新药的患者；间接使用者则是与直接使用者在使用项目成果时发生直接联系的人，如将来为新药开处方的医生，以及为新药付钱的保险公司。

这个定义强调了客户是产品或服务的使用者，没有突出客户作为付钱者的特性。它把付钱者也归入直接使用者或间接使用者的范畴。如果某人自己付钱购买又自己使用，那么付钱者就是直接使用者。如果某人付钱购买后交给别人使用，那么付钱者就是间接使用者。

这个覆盖面很宽的定义，体现了项目经理应该具备的博大胸怀。只有设法满足尽可能多的客户的需求，才能获得尽可能多的人的支持，才能极大地提高项目成功的可能性。如果只把客户定义成付钱购买者，那么就只需满足付钱者的需求，这就如同刊登广告的媒体只需满足付钱登广告者的需求而无须考虑看广告者的需求，无疑是非常片面的。

当然，多种客户之间可能存在利益矛盾。在处理客户之间的利益矛盾时，通常应该优先考虑直接使用者（最终端客户）的利益。例如，在新药研发项目上，应该优先考虑患者的利益，而不是医生或保险公司的利益。

■ 客户的需求是什么

从客户对自身需求的认知程度来看，客户需求包括说得清楚的明显需求、说不清楚的模糊需求，以及尚未意识到的潜在需求。对于明显需求，通常用访谈或问卷调查即可搞清楚。对于模糊需求，通常应该与客户一起讨论，引导客户逐渐明确并清晰表达。对于潜在需求，则只能通过仔细观察和思考加以揣摩。只满足客户已表达出来的明显需求，也许还不足以让客户满意，不足以为客户创造应有的价值，因为客户最需要的东西可能是他自己尚未意识到的。创新程度越高的项目，客户的模糊需求和潜在需求就越多，并越难明确和揣摩。

客户需求也可以分成从低到高的客观需要、主观想要和发展期望。低层需求是高层需求的基础，高层需求是低层需求的延伸。越是高层需求就越难以清晰表达。即便是低层的客观需要，其中也可能包含某些不易清晰表达的需求。满足客观需要，能够消除客户的不满意感。满足主观想要，能够打造客户的满意感。满足发展期望，则能够打造客户可持续的满意感。例如，对于出版社出版一本新书的项目，读者的客观需要是内容正确，主观想要是可读性强，发展期望是有长期的生命力（不易过时）。

必须防止"以己之心度人之腹"，错误地把自己的需求当作客户的需求。我自己有这样的需求，别人不一定也有这样的需求。必须防止把客户需求看成是一成不变的。客户未来的需求不一定等同于现在的需求，现在的需求也不一定等同于过去的需求。在持续时间较长或创新程度较高的项目上，客户需求通常会随项目进展和情况变化而有所改变，甚至可能有很大改变。必须防止以偏概全，误把客户的单个需求当作全部需求。客户的需求往往是多方面的，且可能相互竞争或矛盾。例如，对于新产品研发项目，客户对新产品既有功能多的需求，又有使用简便的需求，还有价格低廉的需求。功能多的产品，使用起来往往很难简便，价格也往往很难低廉。

应该使用多种方法和技术来全面识别客户需求，而不能片面判断或主观臆测。需求识别方法有三大类：文件分析法、直接调查法和推理判断法。它们并不相互排斥，可以联合使用。每种方法又需要借助适用的技术来实现。文件分析法是指通过分析客户制作的各种文件来识别客户的相关需求。文件可以是音频、视频或书面文件，可以是正式或非正式文件。个人、群体或组织的需求一定会或多或少地体现在相关文件中。可以采用各种技术来做文件分析，例如，寻找关键词——在文件中出现了某些关键词，就代表客户有某种需求；概括文件要点——一个要点就代表了某种需求。直接调查法是指借助适用技术对客户进行面对面或远程调查，如个别访谈、头脑风暴会、需求讨论会或直接观察。各种技术各有优势和局限，例如，访谈有利于识别出明显需求，但无法识别出潜在需求。通常，联合使用多种技术，才能较全面地识别出客户需求。推理判断法是指凭经验间接地推断出客户的某些需求，例如，从客户的某个需求推断出该客户的另一个相关联的需求，基于某个客户的某种需求推断出另一个客户的相同或类似需求。推理判断法适用于无法用文件分析或直接调查来识别的需求。有些客户，你无法获取他们的文件，或者无法直接对他们进行调查。

■ 如何满足客户需求

在识别客户真实和全面的需求之后，就必须考虑如何满足客户的需求。当然，不一定要去满足客户的全部需求。事实上，没有任何一个项目应该或能够满足客户的全部需求。这不仅是因为需求数量多且相互竞争或矛盾，而且是因为项目有严格的时间和成本限制。如果试图去满足客户的全部需求，那就必然导致不能很好地满足客户的任何单个需求。

必须对数量繁多的客户需求进行归类、排序和筛选。首先，对相似的需求进行归类，以便减少需求的数量。归类既可针对同一客户的几种相似需求，也可针对不同客户的同类型需求。其次，对需求进行优先级排序，以便分清需求的轻重缓急。应该基于同一个客户的不同需求的相对重要性，以及不同客户的相对重要性，来对所有需求进行优先级排序。例如，第一重要客户的第三重要的需求，很可能比第三重要客户的第一重要的需求更加重要，要排在更靠前的位置。最后，根据现实可行的原则，筛选出排序靠前的一些需求，以便据此确定项目的范围边界，以及初步的时间、成本和质量要求。

必须对相互竞争或矛盾的需求进行平衡。平衡不仅要针对不同客户的各种需求，而且要针对同一客户的多种需求。例如，对于新手机研发项目，同一客户既想要手机的体积小，又想要屏幕大。应该找出相互竞争或矛盾的全部需求，加以分析，找出合理的平衡方法。

应该对客户需求进行具体化和可测量化。具体化是指从客户的各种需求中识别出产品应具备的功能或服务应具备的特性，并据此确定项目的范围要求和质量要求。例如，从客户想要用手机打电话的需求中，就可以识别出拟研发的手机必须具备拨号、接收语音、发送语音等具体功能，每一项功能又必须达到一定的质量要求，例如，语音接收器在多长时间内不会出现故障。可测量化是指设计一些具体的测量指标来验证所需功能的存在，测试功能的技术能力是否达到既定的质量要求。例如，实际打一次电话来验证手机打电话功能的存在，用一定时间的烧机试验来测试语音接收器能否正常工作那么长时间。

根据客户需求确定了项目范围和质量要求之后，还必须确定为实现这些要求所需要的时间和成本。如果所需时间太长或成本太高，那么就必须回头重新筛选或平衡需求，重新确定范围和质量要求。然后，根据新的范围和质量要求，重新确定所需时间和成本。可能需要多次循环，才能达到范围、质量、时间和成本要求之间的基本平衡。

在项目的范围、质量、时间和成本要求达到基本平衡之后，还需要考虑来自项目团队内外部的哪些不确定性事件（风险）会妨碍这些要求的实现，测算出实现这些要求的可能性。如果可能性太低（如低于50%），就必须回头重新确定项目的范围、质量、时间和成本要求，并达到新的基本平衡。

必须在承认客户需求会发生变化的同时，设法管理好客户需求的变化。首先，从源头上防止客户需求在项目执行期间出现不必要的变化。这是指全面且系统地做好客户需求的识别、筛选、平衡、具体化和可测量化。不做好这些工作，就会误解或遗漏客户的一些重要需求，或者造成项目计划无法切实反映客户真实和全面的需求，从而导致在项目执行期间进行本不必要的需求或计划修改。

其次，在确定项目目标和编制项目计划时，就应该让客户知道哪些需求无法在本项目得以实现。这既有利于防止客户对项目抱有不合理的期望，又有利于防止客户以后再提出这些需求。如果客户对项目抱有不合理的期望，那么项目经理就无法让客户满意，因为不合理的期望是无法满足的。对于那些看似合理但因时间或成本限制而无法满足的需求，必须专门用书面形式把它们明确排除在项目范围之外。

最后，用敏捷方法主动引导客户需求的有序变化。在创新程度较高且持续时间较长的项目上，如产品研发项目和IT开发项目，客户需求通常并非一开始就能明确，而是需要随项目进展而逐渐明确。对于这类项目，必须把整个项目生命周期划分成一些迭代期。在得到最终产品之前，通过每一个迭代期开发出产品原型（初级产品）并交客户评审，以便客户提出新的需求。客户需求在一个迭代期内不能变化，但在两个迭代期之间通常会变。

无论是对客户需求进行识别、筛选、平衡、具体化、可测量化，还是引导客户需求的有序变化，都离不开与客户进行及时、持续和有效的沟通。与客户沟通，必须遵守"尊重、理解和坦诚"的原则。项目经理应该始终以充分尊重客户的态度来与客户沟通；应该尽力理解客户的各种需求，哪怕是看似不合理的需求；应该坦诚地与客户一起分析各种需求的合理性，坦诚地提出自己的专业意见。任何不坦诚的言行，都是对自己和客户的不负责任。

与客户的高效沟通，有助于项目经理把客户需求转变成现实可行的项目计划。

项目经理应该通过严格执行项目计划去实现客户需求。在执行项目计划的过程中，也应该通过与客户的高效沟通，保持客户对项目执行情况的了解。在并非采用敏捷方法的项目上，如果客户在项目执行期间因自身需求变化而要求改变项目计划，那就必须严格按照项目变更管理的流程加以处理。在与客户的日常沟通中，必须经常提醒客户项目变更不能随意进行，而必须严格执行既定的流程。

把尽可能多的人包罗进客户范畴，尽可能全面地识别客户需求，合理筛选和平衡客户需求，主动引导和管理客户需求变化，并通过高效沟通和严格执行去满足客户需求。这是项目经理管理好客户的根本之道。

敏捷项目的客户管理

在敏捷项目上，该怎样与客户打交道？前面曾说过，用敏捷方法做项目，对项目团队成员的要求非常高。项目团队成员必须要能力很强、自觉性很高，必须是通用的专才。这里，再强调另外一点，那就是，用敏捷方法做项目，对客户的要求也非常高。如果客户不够成熟，不能有效配合项目团队的工作，那么用敏捷方法就必然失败。

客户必须频繁且深入地参与项目。如果客户没有时间或不愿意频繁且深入地参与项目，那么用敏捷方法就必然失败。

客户必须平等对待项目团队。客户绝对不能够高高在上，绝对不能认为"我是项目的出资人，项目团队必须要听我的"。只有平等对待项目团队，项目团队才能有足够的激情、热情和创造力。

客户必须及时评审原型，提出评审意见。项目经理今天做出原型并交给客户，客户不能说"我现在没有时间，一周以后才有时间评审"。越是创新性高的项目，项目团队的思路就越不能被打断，就越要有连贯性。今天项目团队交付了原型，客户明天就要评审，后天就要提出评审意见，大后天项目团队就可以开始下一轮迭代。

结束语

人类的历史就是应对变化和主动求变的历史。当今的人类世界，变化速度还在日益加快。人工智能的发展正在促进工作的智能化，通信网络的发展正在促进团队的虚拟化，未来不确定性的加剧正在促进企业的敏捷化。工作智能化、团队虚拟化和企业敏捷化，是正在兴起的工作方式变革的新方向。

随着工作的智能化，越来越多的重复性工作交给机器去做，人类必然会越来越多地做独特性项目。随着团队的虚拟化，人类可以越来越不受时间和空间的限制去做各种各样的项目。随着企业的敏捷化，整个组织会在日益去中心化的同时，依靠许许多多小规模团队去完成各种各样的项目。在当今和未来世界，人与机器的本质区别就在于：人会做项目，而机器不会！不会做项目的人，将只能做机器的助手，甚至完全被机器取代。

实现了敏捷化的企业，就像是这样的一艘大船：驾驶室是高瞻远瞩的战略管理，决定和掌握航行的方向；船身前半部分是作为日常运营的重复性工作，主要由机器自动开展，以保持稳定地向前航行；船身后半部分是作为项目的各种独特性工作，主要由人来开展，以不断提供新的航行动力（见图0-1）。每个项目都是一个执行特别任务的小分队，所做出的成果会成为开展日常运营的新基础和新动力，使航行更加快速和更加精准。如果没有新动力，航行很快就会停止，方向就会落空。

对于个人，道理也是一样的。每个人都应该在持续稳定地前进的同时，通过完成一个又一个项目来为前进提供新动力，更快速和更精准地朝自己的战略方向前进。

　　为了更有效地做项目，每一个组织和个人都需要学习和应用项目管理方法。有些组织和个人需要学习和应用专业的项目管理方法，有些组织和个人只需学习和应用简易的项目管理方法。祝愿每个组织和个人都借助项目管理方法去提高工作效率和效果，造福社会和人类！

图0-1　战略管理、项目和运营